DIE WELT DER DELPHINE

Jacques-Yves Cousteau
von der Académie française

Yves Paccalet

DIE WELT DER DELPHINE

Aus dem Französischen von
Michael von Killisch-Horn

Herbig

Für die wissenschaftliche Beratung dankt der Verlag
Herrn Dipl.-Biol. Wolfgang Schmid, Meckenbeuren

Schutzumschlagmotiv: Sunset/Gérard Lacz
Lektorat: Maria Schmid und Knut Krüger
Herstellung: Franz Nellissen
Satz: Typographischer Betrieb Biering-Numberger, München
Gesetzt aus: 10/12 Punkt Bookman
Druck und Binden: Mohndruck, Graphische Betriebe GmbH, Gütersloh
Printed in Germany
ISBN 3-7766-1960-0

INHALT

Dieses Buch wäre in dieser Form nicht möglich gewesen ohne die Mannschaften der *Calypso*, die seit 45 Jahren die Meere durchkreuzen und die Delphine grüßen.
Seine wissenschaftliche Kompetenz verdankt es auch den wertvollen Bemerkungen und Hinweisen, die Anne Collet, eine Autorität auf dem Gebiet der Walkunde, beim Lesen des Manuskripts formuliert hat.
Seine Eleganz verdankt es den Zeichnungen Gabriel Paccalets sowie den Fotos von Flip Nicklin und seinen Kollegen.

Ihnen allen sei gedankt.

DAS LÄCHELN UND DER TORPEDO

Eines Morgens erschien ein Delphin vor dem Landungssteg der Villa der Asburys in Florida. Von Jean Asbury und ihren beiden kleinen Töchtern Tina und Kelly auf den Namen Dolly getauft, wurde er liebevoll in die Familie aufgenommen. Die Mädchen spielten mit Dolly, die zum Haustier geworden war: Sie badeten mit ihr, hielten sich an ihrer Flosse fest ... Auch Dolly schien die Asburys mindestens solange in ihr Herz geschlossen zu haben, wie sie sich ihrer annahmen.

Dolly ist ein Tümmlerweibchen, und ihr Gesicht verdankt seinen immer freundlichen Ausdruck »einem gewissen Lächeln«, das laut Konrad Lorenz nur ein verzerrter Mundwinkel sein soll. Gewiß, Zuneigung läßt sich nicht in einem Diagramm erfassen und auf einer Skala oder einem Tonband festhalten. Und doch kam Dolly angeschwommen und legte ihren Kopf auf Jean Asburys Knie – und nur auf ihre –, wenn es ihr nicht gutging. Ein reflexartiges Verhalten oder eine sentimentale Illusion? Die Wissenschaft läuft manchmal Gefahr, die Wahrheit nicht zu sehen, weil sie von Wundern nichts wissen will ...

Unsere Ermittlungen hatten jedoch ergeben, daß Dolly und ihr Lächeln vier Jahre zuvor im Trainingszentrum für Delphine in Kay West gezielt eingesetzt worden waren. Und wozu? Um Bomben oder Torpedos zu feindlichen Zielen zu transportieren, wo sie selbst ein grausames Ende gefunden hätte! Zu ihrem Glück war sie ein schlechter Rekrut, denn nachdem sie ihre explosive Last erfolgreich transportiert hatte, brachte der Dickkopf sie manchmal zum Absender zurück! Als schlechter Soldat wurde Dolly entlassen – in die Freiheit. Das Lächeln hat in diesem Fall den Torpedo überlebt.

Einladung

DIE TRÄUME DES MEERES

Morgendämmerung über der Cortez-See ... Gold und Rosa vermischen sich mit den Blautönen. Die Calypso zieht ihre Bahn. Die Delphine tauchen wie durch Zauberhand auf. Einen Augenblick zuvor war da nur die Unendlichkeit der Wellen gewesen. Mit einem Mal sind die Tiere überall. Pfeilschnell fliegen sie dahin, streifen den Schiffsrumpf, blasen und lassen ihre graublaue Haut bewundern, auf der cremige Reflexe schimmern. Die ironischen Winkel ihrer Lippen und ihr schwarzumrandetes Auge sind zu erkennen.

Es sind Gemeine Delphine (Delphinus delphis). *Sie machen ihrem Ruf als Betriebsnudeln alle Ehre. Sie wirbeln und tänzeln, schießen aus dem Wasser, erheben sich ebenso kraftvoll wie anmutig in die Luft und fallen in einer Gischt von Spritzern zurück. Pirouetten. Schläge mit dem Schwanz gegen die Wolken ...*

Manchmal vollführen sie ihre Sprünge rasch hintereinander dicht über dem Wasser. Manche lassen sich auf der Bugwelle treiben. Andere schlängeln sich wie Meeresschlangen. Wieder andere bewegen, den Kopf unter Wasser, die Sichel ihrer Schwanzflosse außerhalb des Wassers hin und her. Einer der Tänzer schnellt mit einer solchen Kraft empor und erreicht eine solche Höhe, daß er sich dreimal spiralförmig dreht, bevor er zurückfällt. Dann gerät die Vorstellung ins Stocken. Ein Paar zeichnet ein schaumiges Omega und verschwindet. Das Ballett endet. Ein Sonnenreflex läßt die samtige Haut eines Nachzüglers aufschimmern. Ein paar Blasen steigen auf: Die Tiere sind im Blau verschwunden. Die Delphine sind die Träume des Meeres.

Zahllos sind die Begegnungen der Calypso *mit diesen Waltieren. Gemeine Delphine im Mittelmeer oder in der* Cortez-See, *Große Tümmler bei Florida, weißblaue Delphine bei Gibraltar, Langschnabeldelphine im Pazifik, Fleckendelphine in der Karibik, Grindwale bei den Azoren, rosa Botos und graue Tucuxis im Amazonas, Melonenköpfe bei den Marquesas-Inseln, Weißseitendelphine bei Hawaii, Commerson-Delphine am Kap Horn, Hector-Delphine bei Neuseeland, Kurzschnabeldelphine bei Borneo, Narwale bei Alaska, Belugas im St.-Lorenz-Golf, Schwertwale in der Queen-Charlotte-Straße, bei Neuguinea, Patagonien, in der Antarktis ...*

Magische Momente. Augenblicke der Gnade. Des Nachdenkens auch, denn der Delphin ist kein gewöhnliches Tier. Er lebt vermutlich sein Leben, ohne irgend etwas von irgend jemandem zu verlangen, doch wir haben aus ihm ein moralisches und philosophisches Geschöpf gemacht. Er kommt uns »moralisch« vor, weil er in dem Ruf steht, den ertrinkenden Seemann zu retten, und weil er sich weigert, uns anzugreifen, während doch gerade manche von uns ihn töten, um ihn zu essen, um Fischköder aus ihm zu machen, oder einfach nur zu ihrem Vergnügen ...

Er kommt uns »philosophisch« vor, weil er durch die Form seines Mundes immer glücklich aussieht. Und weil dadurch das Lachen nicht länger das Alleineigentum des Menschen ist ... Der Delphin macht in seinen Mundwinkeln die Ironie der Biosphäre sichtbar: Das Tier lächelt selbst dann, wenn es krank ist, selbst wenn es im Sterben liegt. Wir nehmen an, daß es uns zu ewigem Glück einlädt.

Der Delphin ist ein Tier, doch wir betrachten ihn als Vorbild: Wir sehen in ihm den Bewohner einer Welt, in der man sich Zeit nimmt zum Leben. Wir stellen uns vor, daß er uns ein Wertesystem anbietet, das sich von dem unterscheidet, in dem die brutale Gewalt das Sagen hat. Mit seiner Hilfe zeigen wir, daß eine gemeinschaftsfähige und intelligente Art mit der Natur freundschaftlich umgehen kann, ohne sie zu verschmutzen oder zu verwüsten. Er steht für eine Art exotische Zivilisation, in der die Häuser aus Wellen und die Tempel aus Korallen bestehen und in der die Individuen nackt leben, ohne Werkzeuge, ohne Schwerter und Maschinen, in einem azurblauen Paradies.

Der Mensch besitzt eine hohe Meinung von sich selbst. Er predigt, daß Gott oder die Evolution aus ihm das vollkommenste Wesen gemacht haben, das einzige, das eine Seele, ein Gewissen und Vernunft besitzt. Das fortschrittlichste Produkt der Schöpfung oder der Desoxyribonukleinsäure ... Selbst wenn es nur künstlerische Vision oder journalistisches Hirngespinst ist, der Delphin stellt diese Ansicht vollkommen in Frage. Er gilt als intelligent. Selbst wenn ihm dies zu Unrecht unterstellt wird, ist der Mensch nicht länger der einzige, der auf den Adel des Wissens Anspruch erheben kann. Die Waltiere und die Primaten haben sich etwa zur selben Zeit, vor 65 bis 55 Millionen Jahren, nach dem Aussterben der Dinosaurier, vom gemeinsamen Stamm der Säugetiere gelöst. Beide erreichen ihren Höhepunkt in Arten mit einem großen Gehirn. Erblicken wir darin (Poesie der Wissenschaft!) einen zweifachen und erhabenen Aufstieg des Lebens zur Intelligenz. Einerseits im Meer; andererseits auf dem festen Land.

Der Delphin verführt. Er unterjocht. Die Kinder lieben ihn. Die Erwachsenen sind vernarrt in ihn. Schriftsteller und Maler verehren ihn. Er wird zu mehr als einem springenden und muskulösen biologischen Torpedo. Er ist Teil unserer Vorstellungswelt und unserer Träume. Wir vergessen, daß er im Meer ein gefährliches Raubtier ist, das Schrecken verbreitet in den Reihen der Kalmare und Sardinen. In unseren Augen ist er das freundliche und weise Geschöpf, welches das Kind auf seinen Rücken nimmt, um es in die Schule zu bringen. Er ist ein verschobenes Bild unser selbst, in einer Welt ohne Technik, aber nicht ohne Erfolg; ohne Häuser, ohne Autobahnen und ohne Fabriken, aber nicht ohne eine Moral des Glücks. Es wird sich vielleicht erweisen, daß wir unsere Wünsche für die Realität nehmen, und daß wir aus Scham darüber, daß wir den Planeten verwüsten, über die scheinbar freundlichen oder intelligenten Verhaltensweisen von Arten in Verzückung geraten, deren Gewaltlosigkeit und Klugkeit weniger gesichert sind, als man glaubt.

Was soll's. Der Delphin wird eine einzigartige Kreatur bleiben. Er verleiht seinen Zauber einer blauen Welt, die uns erschreckt und fasziniert, und in die wir eintauchen möchten wie in einen mütterlichen Schoß. Kein Mensch wird vermutlich jemals wissen, ob die Delphine denken, sich Gedanken über unsere Stärken und Schwächen machen. Vielleicht teilen sie einige unserer Vergnügen. Vielleicht verstehen sie nichts davon und begnügen sich mit ihrem täglichen Kalmar. Sie wären jedenfalls erstaunt über die Absurdität, daß einige von uns sich bemühen, sie besser kennenzulernen und zu beschützen, während andere sie harpunieren oder in ungeheuren Netzen ertränken.

Dieses Buch ist eine Hommage an alle Delphine des blauen Planeten. Eine Freundschaftserklärung. Ein Geschenk. Eine Feier. Und ein bescheidener wissenschaftlicher Beitrag. Es erhebt nicht den Anspruch, die Übersetzung des ersten Wortes, das die Delphinmama ihrem Neugeborenen zuflüstert, in der Sprache der Menschen anzubieten. Es illustriert eine ganz banale Beobachtung: Die Menschen besitzen im Gehirn einen Raum zum Träumen. Die Delphine nehmen darin einen Ehrenplatz ein.

Vernon, Mai 1995

1

FEUCHTE PORTRÄTS

Die Calypso *hält Kurs auf Santorin. Weißblaue Streifendelphine* (Stenella caeruleoalba) *flitzen durch das königsblaue Wasser des Ägäischen Meeres bis in den gewaltigen Krater des erloschenen Vulkans. Im 15. Jahrhundert vor unserer Zeitrechnung wurde durch die Explosion der Insel die minoische Zivilisation vernichtet.*

Minoische Fresken im Palast von Knossos auf Kreta zeigen frisch wie am ersten Tag den Tanz der blauen Delphine in den Wellen. Die Schicksale der Delphine und der Menschen kreuzen sich: Die einen wecken Träume und inspirieren den Künstler; die anderen sind besessen von Macht und Krieg. Bei Santorin scheinen die Delphine zu zeigen, daß unsere Zivilisationen sterblich sind.

Der blasende Geist. Geister des Meeres. Der Geist einer Wissenschaft ... Die Disziplin, die sich mit den Waltieren beschäftigt, die Walkunde, beginnt mit dem Griechen Aristoteles. Der Schwarzgrindwal oder tropische Pilot-Wal ist erst seit 1846 bekannt, vor allem die Varietät siebboldi, *die im Nordpazifik lebt.*

Walkunde

DIE ERBEN VON ARISTOTELES Die Vertreter der Wissenschaft von den Cetacea (von lat. *caetaceus*, griech. *ketos*: ›großer Fisch‹) bzw. Walkunde haben keinen Grund, stolz zu sein, denn kein anderer Zweig der Naturgeschichte hat seit der Antike so wenig Fortschritte gemacht. In Freiheit lassen die Delphine und Wale sich kaum blicken. Und wenn sie abtauchen, gibt der Mensch es auf, ihnen zu folgen. Die in Meeresparks gesammelten Daten sind wenig relevant: Wer wollte schon aus dem Studium von Gefangenen Schlüsse ziehen?

Wer war der erste Walforscher? Ein prähistorischer Mensch natürlich, den die springenden Wassergeschöpfe faszinierten ... Seit der Bronzezeit sind die Delphine den Minoern vertraut, die sie auf ihren Fresken in Knossos darstellten. Zwei Jahrhunderte vor Christus beschreibt das Wörterbuch *Erh Ya* in China den Jangtsedelphin oder *baiji*. Im indischen *Mahabharata* findet man den Gangesdelphin oder *Susu* erwähnt.

Der Begründer der Walkunde heißt Aristoteles und lebte im 4. Jh. v. Chr. Er ist Grieche, ein Sohn des Meeres also. In seiner bewundernswerten *Geschichte der Tiere* schreibt er (VI, 12): »Der Delphin, der Wal und die anderen Waltiere haben keine Kiemen, sondern ein Spritzloch, und sind lebendgebärend. [...] Keiner dieser Fische hat Eier. Sie bilden einen Embryo, der sich wie beim Menschen zum Fötus ausdifferenziert. [...] Der Delphin und der Tümmler produzieren Milch für ihre Babys. Sie holen sie in ihren Körper, solange sie klein sind. Sie wachsen schnell: Die Jungen erreichen innerhalb von zehn Jahren ihre endgültige Größe. Die Schwangerschaft dauert zehn Monate. [...] Die Jungen folgen ihrer Mutter lange, und diese hängt an ihnen.« Der Text irrt sich darin, daß das Neugeborene nach Belieben in den Mutterleib zurückkehrt; aber er sagt mehr Wahres als die meisten unserer Zeitgenossen ...

Herodot, Xenophon und andere erwähnen die Wale. Doch die zweite Stütze der antiken Walkunde ist der Römer Plinius der Ältere (23–79 n. Chr.). Plinius mischt Aristoteles und frei Erfundenes: »Der Delphin übertrifft an Schnelligkeit alle Fische. Der Vogel ist nicht so flink, der Pfeil nicht so behende.« Näher an der Wahrheit ist er, wenn er erzählt, wie ein Schwert- oder Pottwal (»orca«) im Hafen von Ostia strandet und von Kaiser Claudius an der Spitze seiner Legionen bekämpft wird; faszinierend, wenn er erzählt, wie Fischer und Delphine sich zusammentun, um den Fisch zu fangen, der zu den Weihern des Languedoc zieht, oder untersucht, was sie mit dem Menschen verbindet: »Der Delphin ist nicht nur der Freund des Menschen, er liebt die Musik. Er freut sich an den Klängen der *symphonia*, vor allem der Wasserorgel. Der Mensch ist ihm vertraut, er hat keine Angst vor ihm. Er kommt zu den Booten, spielt, springt, schwimmt um die Wette mit ihnen und überholt sie, selbst wenn sie voll im Wind segeln.«

Vergil besingt die Delphine in der *Aeneis*. Strabon spricht von ihnen in seiner *Geographica*. Plutarch erwähnt sie im 1. Jahrhundert, Arrian, Lukian von Samosata, Aulus-Gellius, Pausanias und Oppianus im 2., Porphyrios und Elian im 3., Festus im 5. Jahrhundert ... Das Mittelalter kennt sie weniger als Aristoteles, auch wenn die Wikinger dreiundzwanzig Walarten unterscheiden. Albert der Große erwähnt die Ungeheuer des Ozeans in seinem *De Animalibus*. Gleichzeitig beschreibt in Island das *Kong-Skug-Sio* oder *Speculum Regale* diese sonderbaren Meeresgeschöpfe.

In der Renaissance blüht die Walkunde. Conrad Gesner in Zürich (*Historia animalium*, 1551–1587) und Ambroise Paré in Paris (*Des monstres tant terrestres que marins*) staunen über die Größe der Wale und die Schnelligkeit der Delphine. Pierre Belon und Guillaume Rondelet begründen die moderne Walkunde: Der eine veröffentlicht in Paris die *Histoire naturelle des poissons marins* (1551), auf lateinisch *De Aquatilibus* (1553); der andere, befreundet mit Paré und Rabelais, gibt in Lyon sein *De Piscibus* ... (1554) in Druck. Die maßgeblichen Arbeiten des 17. Jahrhunderts stammen von Aldrovandi aus Bologna, von De L'Ecluse (oder Clusius) aus Antwerpen, Athanasius Kircher aus Rom, Thomas Bartholin aus Kopenhagen, Jonston aus London, Worms aus Amsterdam, Sir Hugh Willoughby aus Oxford, Sir Robert Sibbald aus Edinburgh.

Im 18. Jahrhundert verfaßt John Ray in London seine *Synopsis methodica avium et piscium* (1713). Der Däne Egede (oder Eggede) faßt in seiner *Darstellung Grönlands* (1729) das Wissen der Epoche über die Waltiere der Eismeere zusammen. Die *Voyage à la rivière des Amazones* (1745) des Franzosen Charles Marie de la Condamine behandelt das Rätsel des rosa Delphins. Der *Bericht über Island* ... (1746) des Deutschen Jan Anderson beschreibt Belugas und Narwale. 1751 veröffentlicht der Deutsche Wilhelm Steller, Begleiter des Dänen Vitus Bering, in Sankt Petersburg *De Bestiis marinis*. Es folgen der *Versuch über die Naturgeschichte Norwegens* (1752/53) des Dänen Pontoppidan und *Le Règne animal* (1756) des Franzosen Brisson. Der Schwede Carl von Linné klassifiziert die Waltiere in seinem *Systema naturae* (1758). Weitere Werke stammen von Johann Erxleben aus Berlin, Othon Fabricius aus Leipzig und Georg Borowski aus Berlin.

Als der französische Naturforscher und Entdecker Charles Marie de La Condamine einen merkwürdigen rosa Delphin beschreibt, der im Amazonas schwimmt, entzückt er zwar, überzeugt aber kaum. Der rosa Delphin oder boto *oder* boutou *existiert aber wirklich. Eine Nase wie Cyrano!*

Im 19. Jahrhundert erscheinen die Studien über den Gangesdelphin des Deutschen Lebeck (Berlin 1801) und des Engländers William Roxburgh. Bernard de Lacépède veröffentlicht 1804 in Paris seine *Histoire naturelle des cétacés*: eine Mischung aus Romantik und Wissenschaft. Auf Pierre Campers *Observations anatomiques* ... (Paris 1820) folgen Harlans *Fauna americana* (Philadelphia 1825), Rissos *Histoire naturelle de l'Europe méridionale* (Paris 1826), Frédéric Cuviers *Histoire naturelle des mammifères* (Paris 1826), René Lissons *Histoire naturelle des cétacés* (Paris 1828), John Edward Greys *Spicilegia Zoologica* (London 1828)... In Frankreich entstehen die Werke von Henri-Marie de Blainville, Etienne Geoffroy Saint-Hilaire, Alcide d'Orbigny, Paul Gervais. In Großbritannien forscht Sir Richard Owen, dessen Arbeit William Flower fortsetzt (*List of the Specimens of Cetacea*, 1885).
In Deutschland studiert nach Carl Rudolphi Hermann Burmeister die Delphine Südamerikas. Karl Siebold arbeitet in München, Daniel Eschricht in Kopenhagen. In den Niederlanden entsteht das Werk von Herman Schlegel. Der Schwede Wilhelm Lilljeborg interessiert sich für die Fossilien und die Genealogie der Wale. Der Fachmann der zweiten Hälfte des 19. Jahrhunderts ist der Belgier Pierre-Joseph van Beneden.
In den Vereinigten Staaten treten der Schweizer Louis Agassiz und der Norweger Leonhard Stejneger hervor. Während Spencer Baird zahlreiche *Odontoceti* beschreibt, setzt William Dall die Arbeiten von Agassiz fort. Fasziniert von Herman Melvilles *Moby Dick* (1851), gibt der Walfänger Charles Melville Scammon *The Marine Mammals of the Northwestern Coast of North America* heraus (1874). Es folgen Thomas Gill und Frederick William True (*Contributions to the Natural History of the Cetaceans*, 1889).
Hier endet die Zeit der Pioniere, und es beginnt diejenige der wissenschaftlichen Moderne. Nüchterner, zumindest dem Anschein nach ...

Paläontologie

DIE FRAGE NACH DEN URSPRÜNGEN Das Omanbecken, östlich der Insel Socotra. Die Sonne brennt. Die *Calypso* fliegt dahin. Ein Großer Tümmler (*Tursiops truncatus*) tanzt für eine Gruppe Artgenossen. Ein Traumballett ... In diesen Gewässern beginnt das Epos der Wale. Stellen wir uns die Erde zu Beginn des Tertiär vor, nach dem Aussterben der Dinosaurier, vor 65 Millionen Jahren. Indien hat seine Reise nach Norden noch nicht beendet, an deren Ende es Asien erschüttert und den Himalaja auftürmt. Der Superkontinent im Norden (Laurasien) und der im Süden (Godwanaland) sind durch ein riesiges Thetis-Meer getrennt, dessen heutige Überreste das Mittelmeer, das Kaspische Meer und der Arabisch-Persische Golf sind. In der griechischen Mythologie personifiziert Thetis, Tochter der Erde (Gaia) und des Himmels (Uranos), die Fruchtbarkeit des Meeres.
Hier plätscherten in der Tat die Vorfahren der Delphine und Wale herum – die Archaeoceti (von griech. *arkhaios* ›alt‹ und *ketos* ›großer Fisch‹). In Pakistan, nahe dem Himalaja, im Gebiet von Ganda Kas, wird 1980 der *Pakicetus attocki* entdeckt, 1981 dann sein Vetter, der *Pakicetus inachus*. Ein Schädel und ein paar Knochen, 54 bis 52 Millionen Jahre alt. Das Studium dieser Fossilien veranlaßt die Fachleute, sich andere aus derselben Gegend noch einmal vorzunehmen, wie den *Ichthyolestes* und den *Gandakasia*, Huftiere der Ordnung der Condylarthren und der Familie der Mesonychidae. Gemeinsame Vorfahren also der Cetacea und der Artiodactyla, zu denen man auch die Schweine, die Flußpferde, die Kamele und die Wiederkäuer zählt. Vor 60 Millionen Jahren, im Paläozoikum, sind die Mesonychidae von mittlerer Größe. Ihre fünf Zehen haben keine Krallen, aber jeweils einen kleinen Huf. In der Nähe des Thetis-Meers fangen fleischfressende Arten dieser Familie, wie der wolfartige *Mesonyx*, die Tiere der Sümpfe. Im Eozän, vor 55 Millionen Jahren, wird das Klima der Erde trockener, und der Meeresspiegel steigt. Die Sümpfe verschwinden allmählich. Die »Wölfe der Küsten« stehen vor der Wahl zu sterben oder zu schwimmen. Sie werden zu Archaeoceti.

Die Wirbeltiere haben das Wasser im Devon vor 360 Millionen Jahren als Amphibien verlassen. Manche haben versucht, dorthin zurückzukehren, vor allem die Reptilien, wie die Plesiosaurier und die Ichthyosaurier im Mesozoikum. Kein Säugetier hat sich dieser Herausforderung so gut gestellt wie die Waltiere, wie das Beispiel dieser beiden Atlantischen Fleckendelphine zeigt.

Die Ältesten der Gruppe, die Pakiceti, 54 bis 52 Millionen Jahre alt, haben noch das Gebiß der Landsäugetiere, »heterodont« genannt, weil Schneide-, Eck- und Backenzähne sich in ihm unterscheiden. Der *Pakicetus* erinnert an einen 1,80 Meter langen Seehund. Man nimmt an, daß er ein ungeschickter Schwimmer war und noch eine behaarte Haut hatte. 1992 fördern in Pakistan, in Kuldana, Ausgrabungen ein anderes Fossil zutage: den *Ambulocetus natans*. Dieses 52 Millionen Jahre alte Tier mißt 2 bis 3 Meter und wiegt 300 Kilogramm. Seine vier 40 Zentimeter langen Füße erlauben ihm das Gehen an Land.

Im Verlauf von mehreren Millionen Jahren bilden die Archaeoceti die typische Morphologie ihrer Ordnung aus: torpedoförmiger Körper, kurzer Hals, verkümmerte hintere Gliedmaßen. Ihre Hände werden breiter und kräftiger. Ihnen wächst ein flacher Schwanz, der als Antrieb dient. Ihre Nasenlöcher wandern zur Stirn, um das Luftholen an der Oberfläche zu erleichtern. Sie bilden kompakte Ohrknochen aus, Höhlen im Schädel, in denen sich Fett ansammelt, und einen Luftbeutel (eine Paukenhöhle – *bulla tympanica*), der ihr Innenohr isoliert: dadurch können sie beim Tauchen hören.

Sie entwickeln sich im lauen und freundlichen Thetis-Meer. Man kennt Fossilien aus dem mittleren Eozän (48 bis 42 Millionen Jahre alt), die in der Oase Al-Fayyum in Ägypten ausgegraben wurden: einen Schädel des *Protocetus atavus*, einen Unterkiefer des *Pappocetus lugardi*, mehrere Wirbel des

Der Beluga, dieser große weiße Delphin der Arktis, illustriert den Gang der Entwicklung bei den Zahnwalen, die zu »akustischen« Tieren werden, indem sie ein biologisches Sonar ausbilden. Dieses Organ der Echolot-Orientierung besteht vor allem aus einer dicken fetthaltigen Stirn»melone«, welche die Schallwellen verstärkt.

Eocetus schweinfurthi. Diese »alten Cetacea« erobern die Weltmeere. Manche ähneln bereits dem Delphin. Andere strecken sich wie der *Zygorhiza* (Vereinigte Staaten), der 6 Meter mißt.

Der verblüffendste Archaeocetus der zweiten Generation ist der Basilosaurus oder Zeuglodon. Er hatte Schlagzeilen gemacht. 1832 birgt man achtundzwanzig Wirbel aus dem Boden von Louisiana. Der amerikanische Geologe James Harlan schreibt sie einem riesigen Reptil zu, das er *Basilosaurus* nennt (von griech. *basileus* ›König‹ und *sauros* ›Eidechse‹). 1839 findet man den Schädel dieses »Königs der Eidechsen«. Mit einem Blick erkennt der Brite Sir Richard Owen, daß es sich keineswegs um ein Reptil handelt, sondern um ein Säugetier. Aufgrund des Gebisses benennt er die Art in *Zeuglodon* (»vereinte Zähne«) um.

Ähnliche Knochen werden in Alabama und in South Carolina gefunden. Der Fossilienjäger Albert Koch fügt bedenkenlos mehrere Wirbelsäulen zusammen und stellt 1845 in New York eine Chimäre von 35 Metern aus, die er als »Große Meeresschlange« ankündigt.

Der echte Zeuglodon (*Zeuglodon cetoides*) lebte vor 45 bis 38 Millionen Jahren. Er mißt 15 bis 20 Meter und wiegt 5 bis 6 Tonnen. Spitzer Kopf, Nasenlöcher auf der Stirn, beweglicher Hals, gewundener Körper ... Ob er eine Rückenflosse besaß, ist unbekannt. Seine hinteren Gliedmaßen besitzen noch einen Beckenring und Oberschenkelknochen. Nackte oder kaum behaarte Haut. Aber wie sein Vetter, der *Prozeuglodon isis*, taucht er nicht sehr tief. Man vermutet, daß er sich zur Paarung und zum Gebären an die Küste schleppt.

Ab der zweiten Hälfte des Eozäns bilden sich zwei Familien von Archaeoceti heraus: die Protocetidae (Protoceti, Pappoceti, Eoceti) und die Basiliosauridae, aufgespalten in Basilosaurina und Dorudontina. Die 5 Meter langen

Für ein Säugetier ist die Rückkehr ins Meer ein steiniger Weg. Es muß einen torpedoförmigen Körper ausbilden, seine hinteren Gliedmaßen verlieren, seine vorderen zu Brustflossen umgestalten, seine Nasenlöcher auf seinen Schädel wandern lassen usw. Diese Atlantischen Fleckendelphine (links) verkörpern Anmut und Stärke.

Dorudonen (*Dorudon osiris, D. intermedius, D. zitteli*) haben Brustflossen, Rückenflosse und den halbmondförmigen Schwanz des Delphins.
Zu Beginn des Oligozäns vor 38 Millionen Jahren verschwinden die meisten dieser Tiere durch Katastrophen. Die Überlebenden bringen vier neue Familien hervor, die auf die wohlklingenden Namen Agorophiidae, Squalodontidae, Aetiocetidae und Cetotheriidae hören. Poesie der Wissenschaft! Die jeweiligen Stammbäume sind schwer zu verfolgen ... Der evolutive Knoten ist im Oligozän (vor 38 bis 25 Millionen Jahren) und zu Beginn des Miozäns zu suchen: Die Nasenlöcher werden zu Spritzlöchern. Die Schädelknochen schieben sich nach hinten ineinander. Die Kiefer strecken sich. Zu dieser Zeit teilt sich die Ordnung in zwei Unterordnungen: die Odontoceti oder Zahnwale und die Mysticeti oder Mystacoceti oder Bartenwale. Der letzte Archaeocetus, der neuseeländische *Kekenodon*, stirbt vor 30 Millionen Jahren aus.
Die Zahnwale entwickeln eine Anpassungsstrategie, die auf der Echolot-Ortung beruht. Ihre Welt wird akustisch. Sie »erfinden« ein biologisches Sonar, um ihre Beute aufzuspüren. Die Bartenwale neigen zum Gigantismus – mit einem gewaltigen Maul in Form einer Planktonreuse. Die Odontoceti bilden lauter gleichartige konische Zähne aus (homodontes Gebiß), mit denen sie glitschige Beutetiere, Fische oder Tintenfische, festhalten. Die Mystacoceti verlieren ihre Elfenbeinzähne (die beim Fötus als Keime angelegt sind), und entwickeln auf ihrem Oberkiefer lange hornige befranste Platten: die Barten.
Die Agorophiidae verkörpern die ersten echten Odontoceti. Im Oligozän grüßen sie die letzten Mesonychidae und die letzten Basilosaurier. Sie haben einen kurzen Schnabel und dreieckige Zähne nach Art der Haie. Sie sterben im niederen Miozän, vor 20 Millionen Jahren, aus. Ihr Geschlecht lebt jedoch in der Familie der Squalodontidae fort.
Die Squalodontidae (der Name bedeutet »Haifischzähne«) sind untersetzt und schnell. Ihre Lebensweise – Nomadismus und Raubtierhaftigkeit – erinnert an die des Schwertwals. Ihre »Haifisch«zähne sind vorne spitz und hinten breiter. Der älteste, der 2,50 Meter lange *Prosqualodon*, besitzt einen überdimensionalen Schnabel. Die Squalodontidae sterben vor dem Ende des Miozäns aus. Ihre Erben, die Rhabdosteidae oder Eurhinodelphidae, sind eine Art langnasige Cyranos. Sie leben in den Meeren und Flüssen des Pazifik. Der australische *Eurhinodelphis* zeigt eindeutig mit der Echolot-Orientierung verbundene Knochenstrukturen.

Für die Säugetiere, deren Neugeborene ihren ersten Atemzug in der Luft beim Verlassen des mütterlichen Bauches tun müssen, bedeutet die Anpassung an das Leben im Wasser zahlreiche Veränderungen in bezug auf Schwangerschaft, Geburt und Stillen. Was Zärtlichkeit nicht ausschließt, wie hier zwischen dieser Pottwalmutter und ihrem Jungen zu sehen ist.

Poesie der Evolution ... Die großen morphologischen und physiologischen Umgestaltungen, die den Waltieren das schnelle Schwimmen und das tiefe Tauchen gestatten, sind bereits im Miozän vor 15 Millionen Jahren abgeschlossen. Die direkten Vorfahren dieses Langschnabeldelphins sprangen zu einer Zeit über den Wellen, in der auch der »Weiße Superhai« schwamm ...

Die Rhabdosteidae starben vor 15 Millionen Jahren aus. Im mittleren Miozän leben sie noch zusammen mit anderen Kindern der Squalodontidae, wie dem argentinischen *Diochotichus* oder dem italienischen *Squalodelphis*. Eine dritte aus den Squalodontidae hervorgegangene Familie kommt zum Durchbruch: die Kentriodontidae. Diese kleinen kurzschnabeligen Tiere gedeihen bis zum Pliozän (vor 15 Millionen Jahren). Ab der Mitte des Miozäns bringen sie vier neue Familien hervor. Die erste, von der nur eine Art des oberen Miozäns beschrieben ist, ist die der Albireonidae. Die drei anderen sind die Monodontidae, die Phocaenidae und die Delphinidae.

Als Monodontidae werden Narwale und Weißwale bezeichnet. Man nimmt an, daß sie in den Gewässern Kaliforniens auftauchen. Sie haben wenige, im übrigen merkwürdige Zähne und keine Rückenflosse.

Die Phocaenidae – oder Schweinswale – stammen vom selben Kentriodontidae-Vorfahr ab wie die Delphinidae. Ihre ältesten Fossilien stammen aus dem oberen Miozän und wurden an der Westküste der beiden amerikanischen Kontinente entdeckt.

Die Delphinidae (Delphine, Schwertwale, Grindwale) sind die vollkommensten, die schlauesten und die geselligsten unter den Odontoceti. Wir besitzen von ihnen 11 Millionen Jahre alte Fossilien. Man nimmt an, daß sie sich vor 15 oder 16 Millionen Jahren von den Kentriodontidae abgespalten haben. Vollkommene Formen. Triumph des Meeres ...

Die Delphinidae (Delphine, Schwertwale, Grindwale) sind die vollkommensten, die schlauesten, die geselligsten unter den Odontoceti.

Der Ursprung der anderen Odontoceti liegt tiefer im dunkeln. Kehren wir ins Oligozän und zu den Agorophiidae zurück. Es ist nicht unmöglich, daß letztere nicht nur die Squalodontidae hervorbringen, sondern vier Familien: die Physeteridae (Pottwale), die Ziphiidae (Schnabelwale), die Platanistidae (Flußdelphine im weiten Sinne) und die Acrodelphidae (nur als Fossilien).

Die Physeteridae mit ihrem gewaltigen Kopf scheinen nach manchen Analysen ihrer DNA den Bartenwalen recht verwandt. Das älteste bekannte Pottwalfossil, gefunden in Patagonien, stammt aus dem niederen Miozän (23 Millionen Jahre). Die Ziphiidae (Schnabelwale) könnten über die Squalodelphidae von den Squalodontidae abstammen. Zahlreiche Fachleute fassen sie zu einem Zweig zusammen, der sich ab dem Oligozän von den Agorophiidae trennt. Die Flußdelphine, die man früher in die einzige Familie der Platanistidae einordnete, bilden heute mit den Acrodelphidae, den Platanistidae im strengen Sinn, den Pontoporiidae, den Iniidae und den Lipotidae die Überfamilie der Platanistoidea. Sie stammen von Meeresdelphinen ab, wie die fossilen Zwischenstufen (*Saurodelphis*, *Anisodelphis* ...) beweisen.

Man kennt einen jüngeren Ahnen der Iniidae d. h. des rosa *boto* Amazoniens: den *Ischyrorhynchus* Südamerikas. Die Pontoporiidae (der La-Plata-Delphin) sind die einzigen heutigen Delphine, deren Schädel symmetrisch ist. Die Lipotidae mit der Art des Jangtsedelphins (*baiji*) sind mit ihnen verwandt. Die Platanistidae (*Susus* des Indus und des Ganges) haben ursprüngliche Merkmale bewahrt (bewegliche Arme, beweglicher Hals) und einen merkwürdigen Kopf.

Bleiben die Bartenwale. Die Mystacoceti bilden sich gegen Ende des Eozäns heraus. Sie stammen von den Protocetidae ab, die im Oligozän zwei Familien hervorbringen: die Aetiocetidae und die Cetotheriidae.

Die ältesten Aetiocetidae stammen aus dem mittleren Oligozän. Der *Aetiocetus* wurde in Oregon in 28 Millionen Jahre alten Schichten gefunden. Sein Maul ist noch mit Elfenbeinzähnen besetzt. Der *Mammalodon*, der in 24 Millionen Jahre alten Sedimenten in Australien (Victoria) gefunden wurde, besitzt bereits riesige Kiefer für das Durchkämmen. Seine Zähne sind nach

Seit den achtziger Jahren weiß man mehr über die Ursprünge und die Entwicklung der Ordnung der Waltiere. Der große Vorfahr, 55 Millionen Jahre alt, ist der Mesonyx (oben), ein kleiner haariger Paarhufer der Sümpfe. Der Protocetus tritt später auf (48 Millionen Jahre), dann der Basilosaurus oder Zeuglodon, früher als »Große Meeresschlange« beschrieben (45 Millionen Jahre) und der Dorudon (40 Millionen Jahre).

Art der Fünf auf dem Würfel angeordnet. Die Aetiocetidae sterben zu Beginn des Miozäns aus, werden aber von den Cetotheriidae (*Cetotherium*) abgelöst. Die heutigen vier Familien der Mystacoceti stammen nicht von letzteren ab. Nur die Balaenopteridae stammen mit Sicherheit von ihnen her. Die Balaenidae (oder Glattwale) folgen ihrer Spur ab dem Ende des Oligozän, ausgehend von einem Zweig der Aetiocetidae. Das älteste bekannte Fossil – der *Morenocetus* – wurde in Patagonien ausgegraben, in derselben Ablagerung wie der älteste Pottwal: Die Riesen schwammen nebeneinander vor 23 Millionen Jahren.

Die Familie der Neobalaenidae, die nur aus dem Zwergglattwal besteht, stammt wie die der Eschrichtiidae, deren einzige Art heute der kalifornische Grauwal ist, von einem geheimnisvollen Geschlecht ab. Die Balaenopteridae gliedern sich in zwei Unterfamilien: die Megapterinae (Buckelwal oder Megaptera) und die Balaenopterinae (die Finnwale). Fossilien von ihnen, die Verwandtschaft mit den Cetotheriidae zeigen, wurden in Europa und in Amerika gefunden. Die ältesten stammen vom Beginn des Miozäns. Keines ist so groß wie unser Blauwal – dieses riesige Ungeheuer.

Der Subtropische Fleckendelphin (rechts) scheint ein Narziß zu sein, dessen Spiegel die Meeresoberfläche ist. Ein Bild der Vollkommenheit: Am Ende einer mehr als 55 Millionen Jahre dauernden Entwicklung zählen die modernen Delphine zu den Geschöpfen mit dem raffiniertesten Körperbau. »Nichts Schweres oder Aufgesetztes«, würde Verlaine sagen. Die Kunst der Linie. Biologische Effizienz.

SYSTEMATISCHE EINTEILUNG DER WALTIERE

Die Natur läßt sich nicht in unsere Schemata pressen. Der Taxonom ist ein Maler, der an einem Bild arbeitet, das andere begonnen haben und das er nicht fertigstellen wird. Er überarbeitet und strukturiert um. Nicht ohne schlechtes Gewissen. Hinsichtlich der Waltiere (Cetacea) ist die Aufgabe schwierig. Manche Arten kennen wir nur durch einige wenige Beschreibungen gestrandeter Exemplare; kein Mensch hat sie jemals lebend gesehen. Hier nun eine Klassifikation der heutigen Cetacea.

ORDNUNG DER CETACEA

UNTERORDNUNG DER ODONTOCETI

• Überfamilie der Platanistoidea

FAMILIE DER PLATANISTIDAE
- Gattung *Platanista* (2 Arten)

FAMILIE DER PONTOPORIIDAE
- Gattung *Pontoporia* (1 Art)

FAMILIE DER INIIDAE
- Gattung *Inia* (1 Art)

FAMILIE LIPOTIDAE
- Gattung *Lipotes* (1 Art)

• Überfamilie der Delphinoidea

FAMILIE DER MONODONTIDAE

Unterfamilie der Delphinapterinae
- Gattung *Delphinapterus* (1 Art)

Unterfamilie der Monodontinae
- Gattung *Monodon* (1 Art)

FAMILIE DER PHOCAENIDAE

Unterfamilie der Phocaenoidinae
- Gattung *Australophocaena* (1 Art)
- Gattung *Phocaenoides* (1 Art)

Unterfamilie der Phocaeninae
- Gattung *Phocaena* (3 Arten)
- Gattung *Neophocaena* (1 Art)

FAMILIE DER DELPHINIDAE

Unterfamilie der Orcellinae
- Gattung *Orcaella* (1 Art)

Unterfamilie der Steninae
- Gattung *Steno* (1 Art)
- Gattung *Sotalia* (1 Art)
- Gattung *Sousa* (2 Arten)

Unterfamilie der Delphininae
- Gattung *Lagenorhynchus* (6 Arten)
- Gattung *Lagenodelphis* (1 Art)
- Gattung *Delphinus* (2 Arten)
- Gattung *Tursiops* (1 Art)
- Gattung *Stenella* (2 Arten)

Unterfamilie der Lissodelphinae
- Gattung *Lissodelphis* (2 Arten)

Unterfamilie der Cephalorhynchinae
- Gattung *Cephalorhynchus* (4 Arten)

Unterfamilie der Globicephalinae
- Gattung *Peponocephala* (1 Art)
- Gattung *Feresa* (1 Art)
- Gattung *Pseudorca* (1 Art)
- Gattung *Orcinus* (1 Art)
- Gattung *Grampus* (1 Art)
- Gattung *Globicephala* (2 Arten)

• Überfamilie der Ziphioidea

FAMILIE DER ZIPHIIDAE
- Gattung *Berardius* (2 Arten)
- Gattung *Hyperoodon* (2 Arten)
- Gattung *Ziphius* (1 Art)
- Gattung *Tasmacetus* (1 Art)
- Gattung *Mesoplodon* (13 Arten)

• Überfamilie der Physeteroidea

FAMILIE DER KOGIIDAE
- Gattung *Kogia* (2 Arten)

FAMILIE DER PHYSETERIDAE
- Gattung *Physeter* (1 Art)

UNTERORDNUNG DER MYSTACOCETI

FAMILIE DER BALAENIDAE
- Gattung *Balaena* (1 Art)
- Gattung *Eubalaena* (1 Art)

FAMILIE DER NEOBALAENIDAE
- Gattung *Caperea* (1 Art)

FAMILIE DER ESCHRICHTIIDAE
- Gattung *Eschrichtius* (1 Art)

FAMILIE DER BALAENOPTERIDAE

Unterfamilie der Megapterinae
- Gattung *Megaptera* (1 Art)

Unterfamilie der Balaenopterinae
- Gattung *Balaenoptera* (5 Arten)

Siebenundsechzig Arten von Zahnwalen verzaubern heute die Meere und die großen Flüsse der Erde. Eine magische Vielfalt, zum Beispiel der Atlantische Fleckendelphin, den die Taucher der Mannschaft von Cousteau in seinen Wasserwohnungen begrüßt haben ... Die Delphine führen mit Eleganz den Geleitzug Neptuns an.

Der Geleitzug Neptuns

Die Delphine und ihre Vettern – die Odontoceti – sind schön. Elegant. Untersetzt. Von der Evolution für die unermeßlichen Weiten der Meere ausgestattet. Manche sehen merkwürdig aus – ein Buckel auf der Stirn oder eine Nase wie ein Stuhlpfosten. Zu bewundern sind verschiedene Größen, vom Kleinen Schwarzen Delphin Chiles bis zum Schwertwal, ganz zu schweigen vom riesigen Pottwal. Gemeinsam ist ihnen der torpedoförmige Körper, das einzige Spritzloch, die Flossenarme, die sowohl umarmen wie rudern, der flache zweilappige Schwanz, die Echolot-Orientierung, das große Gehirn ... Hier nun der Geleitzug Neptuns – mit Temperafarben gemalt, wie es sich gehört. Manche dieser Porträts werden unscharf sein, andere schärfer wirken. Die Beschreibungen werden zusammenfassen, was die Walforscher über die Morphologie der Arten, ihre Freßgewohnheiten, ihre Umwelt, ihre Verbreitung und ihre Anzahl festgehalten haben.

1. DER INDUS-PLATANISTA

***Platanista minor*, Owen 1853, Familie der Platanistidae**

Die Anrainer des Flusses Indus in Pakistan behaupten, er sei blind, besitze jedoch magische Kräfte. Sie nennen ihn *susu*. Das Wort »Platanista« bezeichnete die Art bereits unter Alexander dem Großen; es soll sich vom Namen der Wassernymphe Plataia, Tochter des Flußkönigs Asopos, herleiten. *susu* ahmt das Zischen (»suss ...«) nach, das dieser Delphin beim Blasen hervorbringt. In Sindh heißt er *bulhan*. 1853 zeigt man einen Schädel Sir Richard Owen, der das Tier zu einer Varietät, *minor* genannt, des Ganges-Delphins erklärt. Länge: 1,50 bis 2,50 Meter. Gewicht: 50 bis 90 Kilogramm. Neugeborenes: 70 Zentimeter, 8 Kilogramm. Sein Äußeres: langer, leicht spatelförmiger Schnabel. Zwischen 27 und 33 Zähne pro Kieferhälfte. Winzige Augen. Beweglicher Hals. Dreieckige Rückenflosse. Trapezförmige Brustflossen. Graubraune Haut auf dem Rücken und an den Seiten, auf dem Bauch hell.

Der *susu* liebt Strömungen und tummelt sich in den Wirbeln. An der Oberfläche neigt er sich zum Blasen auf die rechte Seite: Sein Spritzloch, nach links verschoben, besitzt rechts eine Art Kamm, der verhindert, daß Wasser eindringt. Nahrung: Krebs- und Weichtiere, Welse, Karpfen. Die Pakistani behaupten, er fresse Vögel. Die Djabers-Fischer ködern ihn mit lebenden Reihern. Die Art ist fast blind (das Auge hat keine Linse), aber in dem schlickhaltigen Wasser ist die Sicht sowieso schlecht. Der *susu* verfügt über ein Sonar von verblüffender Genauigkeit: zwischen 1 und 150 Töne auf Frequenzen zwischen 1000 und 300 000 Hertz.

Das Tier bevölkerte früher den Indus fast in seiner ganzen Länge, vom Fuß des Himalaja bis zum Delta, sowie die Fünf Flüsse des Punjab. Im mittleren Abschnitt des Flusses, vor allem zwischen Guddu und Sukkhur (170 km), sieht man ihn kaum mehr. Er leidet unter der Wasserverschmutzung und wird, obwohl geschützt, weiterhin gejagt. Fischer essen ihn. Sein Öl gilt als Aphrodisiakum. 1974 wurde seine Zahl auf weniger als 1000 Exemplare geschätzt. 1986 zählte man 429. Er ist vom Aussterben bedroht.

Der Indus-Platanista oder susu *war bereits Aristoteles bekannt. Die Soldaten Alexanders des Großen hatten Gelegenheit, seine Bewegungen in dem Fluß zu bewundern, dessen Namen er trägt. Das Tier kann die Fische im schlammigen Wasser dank seines erstaunlich präzisen Sonars jagen. Heute ist er leider vom Aussterben bedroht.*

2. DER GANGES-PLATANISTA (GANGES-DELPHIN)

***Platanista gangetica*, Roxburgh 1801, Familie der Platanistidae**

Der *susu* des Ganges durchgeistert die heiligen Texte Indiens. Plinius erwähnt ihn in seiner *Naturgeschichte*. Die Inder verwechseln ihn bisweilen mit dem Gavial. Anfang des 19. Jahrhunderts beschrieben ihn zwei Naturforscher: 1801 der Holländer Lebeck und 1803 der Brite Roxburgh, der ihn *Delphinus gangetica* nennt. 1828 benennt der Franzose René Lesson ihn in *Susu platanista* um. Der Name *susu* leitet sich vom bengalischen *susuk* ab. Er wird auch *sousa* auf Hindi genannt, *sansar* auf Sanskrit, *sishuk*, *suchhum* usw. Länge: 1,70 bis 2,50 Meter. Gewicht: Männchen: 40 bis 70 Kilogramm; Weibchen: 50 bis 90 Kilogramm. Neugeborenes: 75 Zentimeter, 8 Kilogramm.

Der Ganges-Platanista oder *susu* hat diesen lokalen Namen erhalten, weil sein Blasen wie »susss...« klingt. Lautmalerische Poesie für ein heiliges Waltier, das für die Inder die Reinkarnation eines Sohns des Königs Baghirata ist, der einst den Ganges (Ganga) bat, auf die Erde herabzusteigen, um den von Trockenheit bedrohten Boden zu befruchten.

Ähnelt dem Indus-Platanista: Beide Arten unterscheiden sich nur geringfügig in den Schädelknochen. Schmaler, leicht spatelförmiger, 40 (bis 58) Zentimeter langer Schnabel. 27 bis 33 Zähne pro Kieferhälfte. Kleine Augen ohne Linse. Beweglicher Hals. Dreieckige Rückenflosse. Trapezförmige Brustflossen. Dunkles Graubraun auf dem Rücken, am Bauch heller.
Er scheint wie für den Fluß geschaffen. Es wurde beobachtet, daß er in einem Rinnsal eine Brustflosse wie einen Eispickel benutzt, um vorwärtszukommen. Er jagt Garnelen, Weichtiere, Welse und Chapuas (*Aspidoparia moror*). Man hat ihn eine Gans verschlingen sehen. In der Tiefe schwimmt er auf der Seite, was ihm den englischen Spitznamen *side swimmer* eingetragen hat, und durchwühlt den Schlamm mit seiner Flosse. Präzise Echolot-Orientierung. Töne zwischen 1000 und 380 000 Hertz. Pfiffe, Grunzen, Zwitschern.
Früher fand man den *susu* von den Ausläufern des Himalaja bis zum Delta im Ganges und seinen Nebenflüssen (Yamuna, Gogra, Gandak usw.) sowie im Brahmaputra, Meghna und Karnaphuli. Dämme haben sein Reich geteilt und verkleinert. Er wird immer noch wegen seines Öls gejagt, dem Heilkräfte nachgesagt werden. Gesamtzahl: 4000 Exemplare, davon 40 in Nepal. Bedrohte Tierart.

3. DER LA-PLATA-DELPHIN

Pontoporia blainvillei, Gervais u. d'Orbigny 1844, Familie der Pontoporiidae

Merkwürdig, zierlich, scheu lebt er zwischen zwei Welten, Fürst eines riesigen Mündungsgebietes ... 1842 von einem französischen Archäologen, dem Comte de Fréminville, in der Nähe Montevideos entdeckt, wird er 1844 beschrieben: Gervais und d'Orbigny nennen ihn zu Ehren ihres Kollegen de Blainville *Delphinus blainvillei*. 1846 benennt der Engländer Gray ihn in *Pontoporia blainvillei* um. *Pontoporia* leitet sich von griech. *pontos* ›Meer‹ und *poros* ›Loch‹ her. In Argentinien und Uruguay heißt er *franciscana* ›Franziskaner‹. Länge: 1,50 bis 1,80 Meter. Gewicht: 35 bis 50 Kilogramm. Neugeborenes: 70 bis 80 Zentimeter, 7 Kilogramm.
Spitzer Schnabel, gewölbte Stirn, deutlicher Hals. 50 bis 60 Zähne pro Kieferhälfte. Sichelförmiges Spritzloch (kein Spalt wie bei den anderen Flußdelphinen). Dreieckige Rückenflosse. Trapezförmige Brustflossen. Dunkles Ockerbraun auf dem Rücken, dazu Gelb auf dem Bauch. Babys dunkel. Im Alter werden sie so weiß, daß die Seeleute von Montevideo sie »Gespenster« nennen. Schnelle Schwimmer. Nahrung: Garnelen, Taschenkrebse, Seegurken, Polypen, Kalmare und Fische. Über ihre Echolot-Orientierung ist wenig bekannt. Die Art lebt im Río de la Plata, diesem riesigen Golf, in den sich der Río Paraná und der Río Uruguay ergießen. Sie zieht kaum flußaufwärts, weshalb man sie eigentlich nicht als Flußdelphine bezeichnen kann. Im Sommer schwimmt sie ins Meer hinaus, patrouilliert nördlich des Kontinentalplateaus und reist nach Norden bis in die Breite von São Paulo und nach Süden bis zur Península Valdés. Zahl unbekannt: einige Tausend. Die Art ist bedroht durch die Netze der Fischer und den Schiffsverkehr von Buenos Aires und Montevideo.

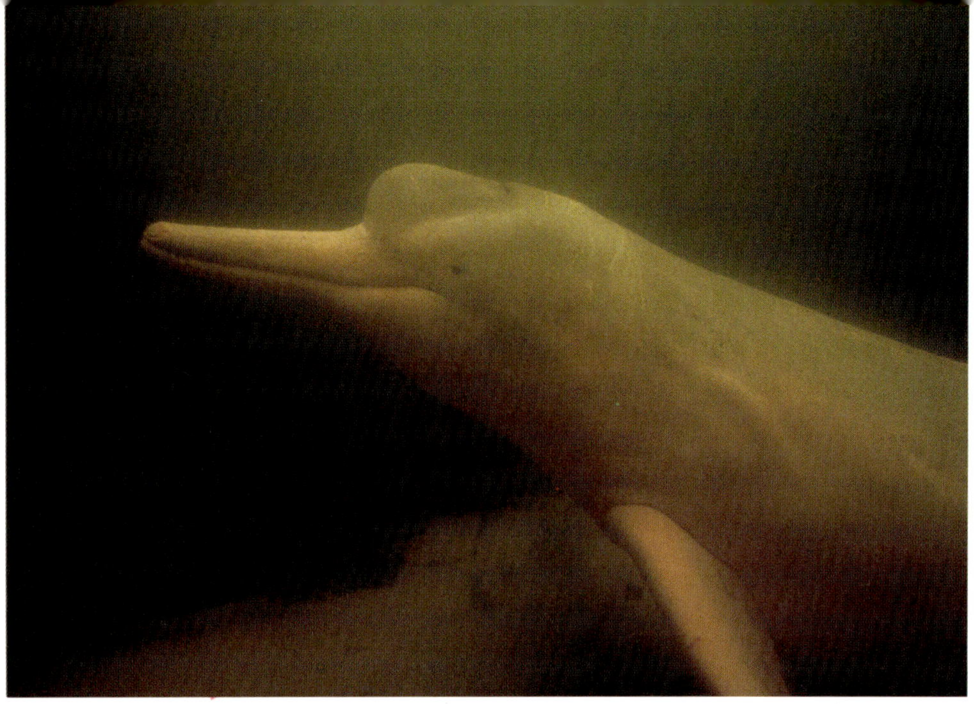

Der rosa Amazonas-Delphin oder boto *oder* boutou *bläst in großer Zahl im Amazonas- und Orinoco-Becken. Scheu, geschmeidig, seltsam, fürchtet er sich nicht vor den Schiffen, interessiert sich aber auch kaum für sie. Die Biegsamkeit seiner Wirbelsäule, außergewöhnlich für ein Waltier, gestattet es ihm, im überschwemmten Wald zwischen Wurzeln und Stämmen hindurchzuschlüpfen.*

4. DER ROSA AMAZONAS-DELPHIN

***Inia geoffrensis*, de Blainville 1817, Familie der Iniidae**

Der *boto* (oder *boutou* oder *botu*) hat eine auffallende, fast menschliche, fleischrosa Haut. Es heißt, er verlasse das Wasser, um die jungen Mädchen oder jungen Männer zu verführen ...
1807 findet der Franzose Etienne Geoffroy Saint-Hilaire einen Schädel – im Museum von Lissabon, den Armeen Napoleons folgend. Georges Cuvier nennt das Tier *Delphinus rostratus*. De Blainville benennt ihn in *Delphinus geoffrensis* um. 1826 fängt Alcide d'Orbigny während einer Expedition auf dem Río Guaporé ein Exemplar, das er *Inia boliviensis* nennt. Heute unterscheidet man drei Unterarten: den Amazonas-Delphin (*Inia geoffrensis geoffrensis*), den Madeira-Delphin (*I. g. boliviensis*) und den Orinoco-Delphin (*I. g. humboldtiana*).
Länge: Männchen: 1,80 bis 2,80 Meter; Weibchen: 1,80 bis 2,40 Meter. Gewicht: 80 bis 160 Kilogramm. Neugeborenes: 80 Zentimeter, 12 Kilogramm. Überdimensionaler Schnabel, »lächelnde« Mundwinkel. Schnauze und Kinn haben einen ungewöhnlichen »Bart« aus etwa fünfzig Härchen. 24 bis 34 Zähne pro Kieferhälfte (rechts mehr als links); die vorderen sind konisch, die hinteren abgeflacht. Heterodontes Gebiß: Manche Amazonas-Fische haben einen dicken Panzer, der zerquetscht werden muß. Der Kopf bewegt sich auf einem Hals, der gelenkiger ist als bei den anderen Walen: Er läßt sich um 90 Grad drehen. Stark vorgewölbte Melone. Kleines Auge. Das biegsame Rückgrat ist dem Schwimmen im überschwemmten Urwald angepaßt. Dreieckiger Rückenkamm. Spatelförmige Brustflossen, in denen die Finger gut sichtbar sind.
Die Baby*botos* haben eine graublaue Haut, die auf dem Rücken dunkler ist. Der Bauch ist zunächst durch einen Fleischton aufgehellt. Mit zunehmendem Alter dehnt dieser sich auf die Seiten und den Rücken aus. Bei einigen erwachsenen Tieren bleiben Rücken und Schwanzflosse blau. Im Alter werden sie weiß.
Der *boto* jagt paarweise oder in kleinen Gruppen, häufig vom grauen Delphin (*tucuxi*) begleitet, vorzugsweise am Zusammenfluß der »Schwarzwasser«- und »Weißwasser«flüsse, in denen es von Krusten- und Weichtieren und Fischen wie Wels und Piranha wimmelt. Eine Lust ... Die Art durchkreuzt ein riesiges Reich – das Land der Tausend Flüsse. In der Hochwasserzeit, von Januar bis Mai, wenn der Fluß das niedrige Land überschwemmt, wandert der *boto* in den Wald. Blasen zwischen den Bäumen ... 20 bis 80 Töne in der Sekunde, auf Frequenzen zwischen 25 und 200 000 Hertz.
Dieser Delphin lebt im Amazonas- und Orinoco-Becken und vom Ozean bis zum Fuß der Anden, manchmal 3500 km vom Meer entfernt. Durchschnittlich kommt auf einen Quadratkilometer Fluß oder See ein Paar. Insgesamt

mehrere Zehntausend ... Leider wird der *boto* immer noch von den *caboclos* zu Handelszwecken (man gewinnt Öl aus ihm) oder aus Aberglauben (man fürchtet, daß dieser »Zauberer« einen Sohn oder eine Tochter raubt) gejagt. Er ist bedroht durch Waldabholzung, Dämme und Wasserverschmutzung, insbesondere durch das Quecksilber, das die Goldsucher in den Flüssen verbreiten.

Wie andere Flußdelphine besitzt der boto *wenig leistungsfähige Augen – Knöpfchen, die im trüben Wasser fast nutzlos sind und sich im übrigen allmählich zurückbilden. Sein Sonar ist jedoch ein Wunder an Präzision. Das Tier jagt mit List früchte- oder fleischfressende Piranhas und Welse.*

5. DER JANGTSE-DELPHIN

Lipotes vexillifer, Miller 1918, Familie der Lipotidae

Der Fürst des Chang Jiang (»Langer Fluß«), Jangtse oder Blauen Flusses – der geographischen und historischen Schlagader Chinas. Die Chinesen nennen ihn *baiji*, *beiji* oder *baijitun*, was »weißer Delphin« bedeutet. Das Wörterbuch *Erh Ya* beschreibt ihn 200 v. Chr. In der Dichtung besingt man ihn als die Reinkarnation einer ertrunkenen Prinzessin.

1914 findet der Amerikaner Hoy ein gestrandetes Exemplar am Ufer des Dongting-Sees. Er zeigt den Schädel dem Naturforscher Miller, der der *Lipotes* (von griech. *leipos* ›entfernt‹) *vexillifer* (›Fahnenträger‹) genannten Art 1918 eine Monographie widmet.

Länge: 2 bis 2,50 Meter. Gewicht: 80 bis 120 Kilogramm. Neugeborenes: 75 Zentimeter, 10 Kilogramm.

Ein blasendes Geheimnis mit zierlichem Kopf. Schädel rechts stärker entwickelt. Etwas nach oben gebogener Schnabel. 30 bis 35 Zähne pro Kieferhälfte. Winziges Auge. Dreieckiges Spritzloch zwischen zwei verknöcherten Muskeln. Ausgeprägter Hals. Dreieckige fettgepolsterte Rückenflosse. Gerundete Brustflossen. Haut blau- oder rauchgrau, auf dem Rücken dunkler, am Bauch weiß.

Der Geist des Jangtse bläst kraftvoll und nutzt die Hochwasser des Sommermonsuns, um die Nebenflüsse und die fernen Seen zu besuchen. Er frißt Karpfen, Welse, Garnelen, Taschenkrebse. Knacklaute auf Frequenzen zwischen 8000 und 120 000 Hertz. Pfiffe, Knirschen.

Zu der Zeit, die der Dichter Li Po besingt, schwamm der *baiji* in großer Zahl im Chang Jiang, seinen Nebenflüssen (Wu, Han) und seinen Seen (Dongting,

Poyang). Heute zählt er mit seinem Nachbarn aus Szetschuan, dem Großen Panda, zu dem Dutzend der bedrohtesten Säugetiere der Welt. Im Unterlauf des Jangtse, flußabwärts von Yidu, in Chongqing und in den Drei Schluchten ist er nicht mehr zu finden; vielleicht ist er auch aus dem Dongting-See verschwunden. Insgesamt gibt es weniger als 300 Exemplare auf 1500 Kilometer Länge. Wird der *baiji*, seit 1975 geschützt, anderswo als in Reservaten wie Tongling überleben können?

6. DER WEISSWAL (BELUGA)

***Delphinapterus leucas*, Pallas 1776, Familie der Monodontidae**

Ein weißer Delphin, aber nicht Moby Dick! Die Inuit verehren und essen ihn. Als erster beschreibt ihn 1776 der deutsche Naturforscher Peter Simon Pallas. Ein Delphin des Schnees! Pallas nennt ihn folglich *Delphinus leucas* (›weißer Delphin‹). 1804 führt Lacépède die Gattung Delphinapterus (›flossenloser Delphin‹) ein. Es existieren vielleicht drei Unterarten dieses Wals: der Grundtyp (*D. leucas leucas*), die größere Unterart des Ochotskischen Meeres (*D. l. dorofeevi*) und die kleinere der Barentssee (*D. I. marisalbi*).

Der weiße Wal oder weiße Schweinswal hat auch andere Namen erhalten. Auf russisch bedeutet *beluga* (*belucha*) »weißes Geschöpf«. Die Ainu sprechen vom *pechuga*, die Tschuktschen vom *puulia*.

Man nennt den Beluga auch »Weißwal«; besser wäre »Weißdelphin«. Das Tier ist allerdings nicht makellos. Bei der Geburt ist der Beluga dunkelrotbraun. Schneeweiß wird seine Haut erst im Erwachsenenalter und behält auch dann oft einen etwas cremefarbenen Ton mit braunen Flecken an den Armen und am Schwanz. Eine faszinierende Gestalt ...

Länge: Männchen 4,50 (bis 6) Meter; Weibchen 4 (bis 5) Meter. Gewicht: Männchen: 650 (höchstens 1500) Kilogramm; Weibchen: 400 (bis 900) Kilogramm. Neugeborenes: 1,30 bis 1,50 Meter, 35 bis 40 Kilogramm.

Runder Kopf. Die Form der Melone variiert. Kleine leuchtende Augen. Spritzloch nach links verschoben. 8 bis 11 konische (häufig gekrümmte) Zähne pro Oberkieferhälfte, 8 oder 9 pro Unterkieferhälfte. Der Rücken hat keine Flosse, aber einen kurzen unebenen Kamm; Unter dem Packeis wäre eine hohe Rückenflosse hinderlich. Kurze ovale Brustflossen. Die Schwanzlappen krümmen sich bei den alten Tieren.

Das Junge ist dunkelrotbraun. Diese Farbe behält es ein Jahr, dann bekommt es eine grau-schieferfarbene Marmorierung (in Québec nennt man es daher »bleuvet«). Mit ca. drei Jahren verblaßt die Haut. Die erwachsenen Tiere sind weiß (leicht cremig); manche behalten an den Flossen und am Schwanz braune Flecken.

Der Beluga frißt Ringelwürmer, Asseln, Ruderfüßler, Weichtiere, Fische wie z.B. Kabeljau, Heringe, Zwergdorsche. Er schätzt Lachse, Renken und Saiblinge. Er schwimmt kilometerweit unter dem Packeis, das er durch Stöße mit Kopf und Rücken zerbricht, um zu blasen – wenn es nicht dicker als 15 Zentimeter ist. Man hat beobachtet, wie er sich auf das Eis hochhievt. Der Grund dafür ist unbekannt.

Die Art bringt eine verblüffende Bandbreite von Lauten hervor. Diese Triller, diese Pfiffe und dieses Gezwitscher auf verschiedenen Frequenzen (vor allem zwischen 3000 und 12000 Hertz) brachten ihm seinen Spitznamen »Meer-Kanarienvogel« ein. Das Tier erzeugt auch Ultraschall bis zu 150000 Hertz für die Echolot-Orientierung.

Hochgradig gesellig, lebt der Beluga in Gruppen von zehn bis dreißig Tieren, die sich manchmal zu großen Zusammenkünften versammeln. Sein Verbreitungsgebiet schließt das Arktische Eismeer und die Zuflüsse ein. Das Tier bevorzugt das Kontinentalplateau, schwimmt bisweilen aber weit ins Meer hinaus. Im Winter zieht es nach Süden (in den Atlantik bis nach Connecticut und Irland; in den Pazifik bis Honschu und Britisch-Kolumbien). Im Sommer

Der Beluga liebt die Gesellschaft seiner Artgenossen. Er ist eine der geselligsten Arten innerhalb der hochgradig gemeinschaftsfähigen Ordnung der Waltiere. Die weißeren erwachsenen Tiere beschützen und erziehen die Jungen, deren Haut, wie man hier sieht, noch grauviolett ist. Lange Zeit wegen seines Fetts und seiner Haut gejagt, ist der weiße Delphin der Arktis seltener geworden.

schwimmen manche Tiere die Wasserläufe kilometerweit hinauf – mehr als 1000 im Yukon, im Mackenzie, im Ob, im Jenissej oder in der Lena. 1966 schwamm ein verirrtes, auf den Namen »Moby Dick« getauftes Tier den Rhein bis nach Koblenz hinauf.

Die Eingeborenen der Arktis haben den »Weißwal« schon immer im Eis gejagt. Sie sind auf sein Öl und sein Fleisch, aber auch seine Haut aus, aus der sie ›Walleder‹ machen. Sie haben das Recht behalten, jedes Jahr 3000 Tiere zu töten (sie verletzten jedoch zweimal soviel). Zum Glück ist die kommerzielle Jagd eingestellt worden.

Die Art zählt nicht mehr als 40 000 bis 50 000 Exemplare. Man hat einige Herden geschätzt – Ochotskisches Meer: 5000; Chukchi-Meer: 1500; Laptew-, Kara- und Barentssee: 8000 bis 10 000; Hudson Bay, Davisstraße und Grönlandmeer: 14 000; Beaufort-Meer: 5000; Cook Strait: 300; Bristol Bay: 1500. Die Herde des St.-Lorenz-Golfs zählte früher 5000 Exemplare; kaum 450 haben überlebt, geschützt seit 1970, jedoch vergiftet durch einen Cocktail aus Pestiziden und Schwermetallen. Sieht so die Zukunft ihrer Rasse aus?

7. DER NARWAL

● ***Monodon monoceros*, Linné 1758, Familie der Monodontidae**

Das Einhorn des Meeres, das die träumenden Kinder ins Land des blauen Eises führt ... Der Narwal hat nur zwei Zähne im Oberkiefer. Der linke wird beim Männchen sehr lang, er durchbohrt die Oberlippe und wird zu einem mehr als zwei Meter langen gewundenen Degen. Rekord: 3 Meter, bei einem Durchmesser an der Basis von 8 Zentimetern und einem Gewicht von 10 Kilogramm!

Die Völker des Nordens kennen das »Einhorn« seit grauer Vorzeit. Der Schwede Carl von Linné gibt ihm 1758 seinen gelehrten Namen: *Monodon* (›Einzahn‹) *monoceros* (›Einhorn‹). Das norwegische Wort *narwhal* bedeutet ›Strandgut-Wal‹. Viele Sprachen haben das Wort übernommen. Für die Inuit ist er der *kallilugruk* (Alaska), der *tugalik* (Kanada) oder der *kelleluak-kakortok* (Grönland).

Länge ohne Degen: Männchen 5 (maximal 6,20) Meter; Weibchen 4 (maximal 5,10) Meter. Gewicht: Männchen 1600 (bis 1800) Kilogramm; Weibchen 900 (höchstens 1500) Kilogramm. Neugeborenes: 1,70 Meter, 80 Kilogramm.

Tonnenförmiger Körper. Runder Kopf. Kurzer, dicker Schnabel. Kleine Augen. Sichelförmiges, leicht nach links verschobenes Spritzloch. Ovale, am Ende eingeschlagene Brustflossen. Die Rückenflosse beschränkt sich auf ein paar

Folgende Doppelseite:
Der Narwal hat mit seinem langen gedrehten Elfenbeinzahn den Mythos vom Einhorn entstehen lassen. Im arktischen Eismeer sucht dieses sagenhafte Tier Königskrabben, Garnelen, Kalmare, Lachse oder Kabeljau, die es gewiß nicht mit seiner »Waffe« aufspießt. Diese hat andere Funktionen – soziale vor allem.

Höcker. Die Lappen des Schwanzes sind halbmondförmig und leicht konvex. Die Originalität der Zähne verdient es, daß man sie näher betrachtet. Im Mutterleib hat der Narwal vier im Oberkiefer. Das erwachsene Tier besitzt nur noch zwei. Diese 20 Zentimeter tief im Kiefer verankerten Elfenbeinstücke wachsen in Form einer gegen den Uhrzeigersinn gedrehten Spirale. Der linke Zahn des Männchens wird zum Degen. Der rechte wird bisweilen ebenfalls lang, bleibt aber kürzer. Auch manche Weibchen schwingen die Waffe, die bei ihnen weniger als 1 Meter mißt. Es wurden sogar Weibchen mit zwei Degen beobachtet.

Die Babys haben eine blaugraue, am Bauch verwaschene Haut. Wenn sie größer werden, sind sie mit weißen Flecken übersät, zuerst am Unterbauch, dann am Bauch und an den Seiten. Der Rücken geht ins Braun-Olivgrüne und bekommt später braunschwarze Flecken. Die alten Tiere werden weiß. Das Tier patrouilliert in den Fahrrinnen des Packeises. Er frißt Kalmare, Schwimmkrabben (Krill), Königskrabben (*Kaempferia*), Steinbutt, Kabeljau, Heilbutt, Lachse, Heringe usw. Man hat angenommen, die Männchen benützten ihren Degen, um den Fisch aufzuspießen. Das wäre aber sinnlos. Man hat geglaubt, sie wühlten mit ihrer Lanze in den Bodenablagerungen. Man hat sogar gefürchtet, sie verursachten die Ölpest, indem sie die Pipelines aufstechen. Absurd. Das Einhorn benutzt seinen Spieß auch nicht, um das Eis aufzubrechen. Solange das Packeis weniger als 15 Zentimeter dick ist, machen sie es wie der Beluga: Sie stoßen kräftig mit dem Kopf gegen das Eis. Die Knacklaute der Echolot-Orientierung bleiben in einem engen Frequenzbereich von 15 000 bis 25 000 Hertz. Der Narwal erzeugt tiefere Töne. Er gibt gutturale Klagelaute von sich und stößt Pfiffe aus, die 5 Kilometer weit zu hören sind. Der Kanadier P. Beamish hat die Hypothese aufgestellt, das Horn verstärke die Schallwellen. Es vibriert, wenn der Narwal klappert. Die Verstärkung soll zwei Funktionen haben: Sie schockt die kleinen Beutetiere (»Schrei, der tötet«) und gibt den Männchen Anlaß zu einzigartigen Ultraschallduellen.

Das erwachsene Tier hat, abgesehen vom Schwertwal, keinen natürlichen Feind. Der Eisbär oder der Hai der Arktis kann ein Junges verschlingen. Der Mensch ist grausamer. Das Einhorn ist von den Inuit seines Fleisches, seines Fetts, seines Leders und seines Zahns – aus wunderbarem Elfenbein, das sich schnitzen läßt – wegen gejagt worden. Eine Köstlichkeit der Inuk-Küche, das *muktuk*, wird mit dem Speck und der Haut des Narwals (oder des Beluga) zubereitet. Solange man mit Kajak und Handharpune auf Fang ging, wurden nur sehr wenige Tiere getötet. Doch die Völker der Arktis kaufen Motorboote und Gewehre. Heute interessiert nur noch die Verteidigungswaffe. 1 Fuß (30 Zentimeter) dieses Elfenbeins bringt 100 Dollar, ein ganzer Zahn 2000. Die Zahl der jährlich getöteten Tiere übersteigt die Geburtenziffer, und die Verschmutzung (Pestizide, Schwermetalle) senkt die Fruchtbarkeitsrate.

Die Verteidigungswaffe des Narwals wird beim Männchen enorm lang. Sie ist ein oberer linker Zahn, der hypertrophiert ist und den Oberkiefer durchbohrt. Das Männchen benutzt sie, um seine Konkurrenten herauszufordern (links). Man glaubt, daß dieses Horn die akustischen Wellen verstärkt. Manchmal können auch zwei »Degen« wachsen (oben).

Weltweit existieren 20 000 bis 30 000 Tiere. Der Lebensraum des Narwals umfaßt das Arktische Eismeer sowie den äußersten Norden des Pazifik und des Atlantik. Die stärkste Gruppe (10 000 Tiere) lebt in der Davisstraße, in der Baffin Bay und in der Grönlandsee. Die Gruppe der russischen Arktis spaltet sich vielleicht in eine östliche und eine westliche Unterart (die Herde der Barentssee ist jedoch fast ausgerottet). Man hat Einhörner in der Kamtschatka-Bucht, im Prince William Sound, bei Neufundland und in der Nordsee bis nach Holland schwimmen sehen. Diese Irrfahrten nach Süden sind selten geworden.

8. DER BRILLEN-SCHWEINSWAL

***Australophocaena dioptrica*, Barnes 1985, Familie der Phocaenidae**

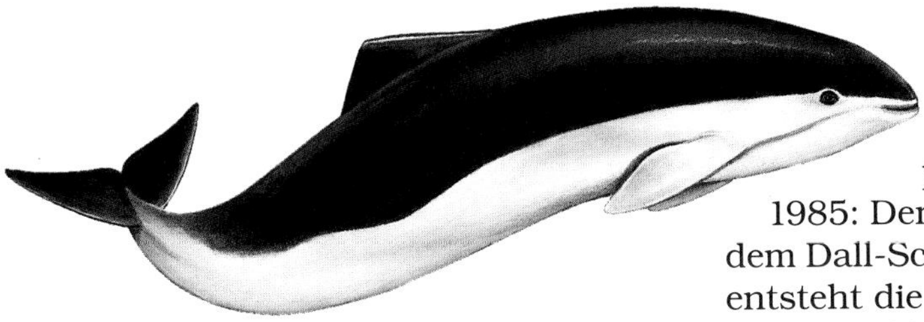

Er trägt eine Brille: die Augen schwarz umrandet – die Karikatur eines Intellektuellen des Meeres. 1912: Der argentinische Naturforscher F. Lahille beschreibt ein gestrandetes Exemplar, das er *Phocaena dioptrica* (Brillen-Schweinswal) nennt. 1985: Der Amerikaner L. C. Barnes stellt die Verwandtschaft des Tiers mit dem Dall-Schweinswal fest, dessen südliches Gegenstück es vielleicht ist. So entsteht die Gattung *Australophocaena*.
Länge: 1,60 (maximal 2,20) Meter. Gewicht: 50 bis 60 (maximal 85) Kilogramm. Neugeborenes: 70 Zentimeter, 6 Kilogramm.
Kleiner Kopf. Schnabellose Schnauze. 18 bis 23 seitlich abgeflachte Zähne pro Oberkieferhälfte. 16 bis 19 pro Unterkieferhälfte. Sichelförmiges Spritzloch. Stumpfe dreieckige Rückenflosse. Gerundete Brustflossen.
Die Haut ist auf dem Rücken schwarz, am Bauch weiß, mit einer deutlichen Grenze, die an der Schnauze beginnt, sich über das Auge zieht und an den Seiten gewellt ist. Es gibt keine graue Übergangszone, außer am Schwanz, der bei den alten Tieren von einem hellgrauen Ring umschlossen ist. Das Auge hat diese merkwürdige Brille. Eine dunkle Linie betont den Mund, der sich bis auf die oben und unten weißen Brustflossen zieht.
Über das Leben dieser Wale, von denen knapp zwanzig gestrandete Exemplare untersucht wurden, ist fast nichts bekannt. Er scheint recht heimisch in den Küstengewässern, von Uruguay bis Neufundland und bei den Falkland-Inseln. Sein Lebensraum reicht bis nach Südgeorgia, vielleicht bis zur Antarktischen Halbinsel. Gestrandete Tiere wurden auf den Kerguelen, den Auckland-Inseln (Neuseeland), in Neuseeland selbst und in Tasmanien gesehen.

Der Brillen-Schweinswal (oben) und der Dall-Schweinswal (unten). Ersterer ist ein Mysterium, das tief im Süden schwimmt. Letzterer ist den Metzeleien durch die Japaner ausgesetzt. Der Dall-Schweinswal besitzt Zahnfleischhöcker, die glitschige Beutetiere festhalten und auch »Zahnfleischzähne« genannt werden.

9. DER DALL-SCHWEINSWAL

***Phocaenoides dalli*, True 1885, Familie der Phocaenidae**

Schwarzweiß – ein schwimmender Vasarely! Er beschleunigt mit einer solchen Kraft, daß er eine Schaumspur zurückläßt. Daher nennt man ihn auch »Schaum-« oder »Propeller-Schweinswal«.
Der Amerikaner W. H. Dall fängt 1873 auf der *Humboldt* einen Wal, den F. W. True als »Alaska-Schweinswal« beschreibt und *Phocaena dalli* nennt. Das Tier wird auch »True-Schweinswal« genannt.
Länge: 1,80 (bis 2,35) Meter. Gewicht: 135 (bis 220) Kilogramm. Neugeborenes: 80 Zentimeter, 20 Kliogramm.
Kleiner Kopf, ohne Schnabel. Vorspringender Oberkiefer. 19 bis 29 spießartige Zähne pro Kieferhälfte, die merkwürdigen Zahnfleischhöcker oder »Zahnfleischzähne« nicht mitgerechnet, die glitschige Beutetiere fest-

halten. Leicht gekrümmte Rückenflosse. Brustflossen sichelförmig. Schwanzstiel stark stromlinienförmig. Rücken kohlschwarz, Bauch und Seiten schneeweiß, ebenso wie das Ende der Rückenflosse und die Schwanzlappen. Brustflossen weißgestreift. Es gibt Tiere mit starker Schwarzpigmentierung, Albinos und gestreifte Exemplare.
Der Dall-Schweinswal ernährt sich von Fischen wie Seehecht, Hering usw., und vor allem von Kalmaren. Bisweilen stellt er in der Tiefe den Beilfischen nach. Knacklaute um die 12 000 Hertz. Die Art lebt in Gruppen von etwa zwölf Tieren. 1953 wurde allerdings im Japanischen Meer eine Bank von 8 Kilometer Länge und 2,5 Kilometer Breite gesichtet. Der Dall-Schweinswal lebt in den kühlen Wassern des Nordpazifik von Japan über die Beringstraße bis nach Kalifornien. Eine große Zahl lebt im Ochotskischen Meer. Im Sommer wandert er ins Beringmeer. Die Gesamtzahl scheint hoch: zwischen 750 000 und 1 750 000 Exemplare. Früher töteten die Japaner jährlich 2000 bis 3000; enttäuscht über das Moratorium über die Waljagd von 1986 haben sie die Art »geerntet«, deren Fleisch sie zum Teil essen. 38 000 Fänge 1988, 40 000 1989. Seitdem werden die Zahlen geheimgehalten.

10. DER SCHWEINSWAL (auch Meerschwein, Braunfisch, Kleiner Tümmler)

***Phocaena phocaena*, Linné 1758, Familie der Phocaenidae**

Man nennt ihn auch »Hafen-Schweinswal«, aber es ist schon lange her, daß man ihn in einem Hafen gesehen hat! Vielleicht kam er zur Zeit von Aristoteles nach Piräus oder nach Stockholm zu der Zeit (1758), als Carl von Linné ihn *Delphinus phocaena* (›Seehund-Delphin‹) nannte. 1817 führt Cuvier die Gattung *Phocaena* ein. Die Art variiert kaum. Manche Autoren unterscheiden dennoch zwei Unterarten: eine im Schwarzen Meer (*P. p. relicta*, Abel 1905) und eine im Nordpazifik (*P. p. vomerina*, Gill 1865).
Länge: 1,40 bis 1,50 (maximal 2,05) Meter. Gewicht: 45–50 (bis 90) Kilogramm. Neugeborenes: 70 Zentimeter, 7 Kilogramm. Trotz seiner geringen Größe strahlt das Tier Kraft aus. Kleiner Kopf, ohne Schnabel. 19 bis 28 spatelförmige und an der Spitze abgerundete Zähne pro Kieferhälfte. Rückenflosse an der Basis verbreitert, aber dreieckig. Ovale Brustflossen.
Die Haut, dunkelgrau bis bräunlich am Schädel, auf dem Rücken, an der Rückenflosse und am Schwanz, ist mit hellen Flecken verziert und hellt sich an den Seiten ins Perlgraue auf. Bauch weiß. Die grauschwarzen Brustflossen heben sich deutlich vom Weiß der Vorbrust ab: Eine dunkle Linie verbindet sie an den Fugen. Die alten Tiere werden weiß. Albinos wurden gesichtet.
Der Schweinswal flieht vor Schiffen. Wenn er bläst, ragen nur Nacken und Rückenflosse aus dem Wasser. Leise Knacklaute von niedriger Frequenz (1000 bis 2000 Hertz). Die Art ernährt sich von Fischen (Heringe, Anschovis usw.), die sie bis in eine Tiefe von 100 Metern verfolgt, sowie von Kalmaren, Garnelen und Würmern. Sie liebt die Flußmündungen, wandert im Frühjahr zu den kalten (im Herbst lauen) Gewässern und schwimmt bisweilen die Flüsse hinauf: Sie wurde in der Maas, 300 Kilometer vom Meer entfernt, gesehen. Der Schweinswal lebt in den gemäßigten und kalten Küstengewässern der nördlichen Hemisphäre, wo die jährliche Durchschnittstemperatur unter 15 Grad bleibt. Er lebt im Schwarzen Meer, im Azovmeer, im Mittelmeer, in der Nordsee und in der Ostsee. Im Atlantik tummelt er sich von Mauretanien bis Spitzbergen und von South Carolina bis zur Hudson Bay. Im Pazifik sieht man ihn von Niederkalifornien und Südjapan bis zur Beringstraße. Im Sommer schwimmt er im Nordpolarmeer, im Weißen Meer und in der Karasee.
Er wurde viel gejagt. In Frankreich und England galt er wie der Wal als »Königsfisch«: Man servierte ihn an der Tafel François I. und Henry VIII. Bis in die Mitte des 20. Jahrhunderts dezimierten die Skandinavier ihn in der Nord- und Ostsee. Die Russen richteten im Schwarzen Meer ein solches Blutbad an, daß die Fischereigebiete 1966 geschlossen wurden.
Einst gab es Hunderttausende, ja vielleicht sogar Millionen von Schweinswalen. Ihre heutige Zahl wird auf weniger als 50 000 im nordwestlichen Atlantik und auf weniger als 300 000 im nordöstlichen Atlantik geschätzt.

Der Burmeister-Schweinswal oder Schwarzschweinswal schwimmt vor den Küsten und in der offenen See vor Peru, Chile und Argentinien. Er besitzt eine seltsame dornenbewaffnete Rückenflosse.

11. DER BURMEISTER-SCHWEINSWAL

Phocaena spinipinnis, Burmeister 1865, Familie der Phocaenidae

Er wird auch »Schwarzschweinswal« genannt – in der Tat ist er dunkel wie das Haar der Mädchen Perus, Chiles und Argentiniens, an deren Küsten er lebt. 1865 fängt ein Fischer ein Exemplar im Rio de la Plata und zeigt es dem deutschen Naturforscher Hermann Burmeister. Dieser stellt fest, daß dieser Wal eine »merkwürdige, dornenbesetzte Rückenflosse« besitzt, und nennt die Art *Phocaena spinnipinnis* (›Dornenflossen-Schweinswal‹). Weitere Bezeichnungen: »Schwarzschweinswal«, »Dunkler Schweinswal«, »Dornenschweinswal«.
Länge: 1,50 (maximal 1,80) Meter. Gewicht: 50 (bis 80) Kilogramm. Neugeborenes: 60 Zentimeter, 7 Kilogramm.
Flacher Kopf, ohne Schnabel, vor dem Spritzloch leicht eingedrückt. 14 bis 16 spatelförmige Zähne pro Kieferhälfte oben, 17 bis 19 unten. Spitze dreieckige Rückenflosse, an deren vorderer Basis kleine Höcker sich in drei Reihen zu einem fleischigen Dorn vereinen (allerdings nicht immer). Breite Brustflossen. Die Haut ist dunkelgrau mit blauem Schimmer, einem hellen Fleck am Bauch und (häufig) einem doppelt gebogenen weißen Fleck in der Nähe des Anus. Ein pechschwarzer Streifen läuft von den Brustflossen zum Kinn.
Ein lebendes Geheimnis: Ein Dutzend ist seit 1865 von Fischern gefangen worden. Kein gestrandetes Tier ist bekannt. Vier Beobachtungen auf offener See durch Natalie Goodall (1979) in der Magellanstraße und im Beagle-Kanal. Man nimmt an, daß dieser Wal Kalmare und Fische (Seehechte, Meerbrassen usw.) frißt. Über sein soziales Leben und seine Laute ist nichts bekannt.
Der Burmeister-Schweinswal lebt in den Gewässern des Atlantik und Pazifik von der Spitze Südamerikas, von Uruguay im Osten und vom Norden Perus im Westen bis zum Kap Horn und zu den Falkland-Inseln. Seine Zahl ist unbekannt.

12. DER KALIFORNISCHE SCHWEINSWAL

Phocaena sinus, Norris und McFarland 1958, Familie der Phocaenidae

Die Mexikaner nennen ihn *vaquita* (›kleine Kuh‹) oder *cochito*. Seine anderen Namen »Golf-« oder »Kalifornischer Schweinswal« spielen auf die Tatsache an, daß er nur im Golf von Kalifornien oder Cortez-See vorkommt.
Ein scheues, winziges Waltier – und eines der bedrohtesten. 1950 entdeckt der amerikanische Walforscher Kenneth S. Norris einen Schädel an einem Strand von San Felipe. 1958 bildet er mit McFarland die Bezeichnung *Phocaena sinus*. Auf lateinisch bedeutet *sinus* »Tasche» und »Meerbusen, Golf«.
Länge: 1,35 (maximal 1,50) Meter. Gewicht: 35 (bis 55) Kilogramm. Neugeborenes: 50 Zentimeter, 5 Kilogramm.

Er ist der Liliputaner unter den Schweinswalen. Gedrungener Körper. Runder Kopf ohne Schnabel. Höckerige Stirn. Stupsnase. 20 oder 21 spatelförmige Zähne pro Oberkieferhälfte, 18 pro Unterkieferhälfte. Gebogene Rückenflosse. Breite Brustflossen.
Die Haut ist graugemustert: dunkelgrau der Schädel, der Rücken, die Brustflossen, der Schwanz; mittelgrau die Seiten, mit einem walförmigen Fleck (merkwürdige Natur); hellgrau das Kinn, die Brust, der Bauch. Manche Exemplare sind bräunlich, viele werden im Alter weiß. Nahrung: Kalmare, Tintenfische, Garnelen, Fische (Umber). Langsam, aber geschickt in seichtem Gewässer, wagt sich das Tier auch in große Tiefen, in denen seine Vettern scheitern würden. Knacklaute kaum bekannt, um 1000 Hertz.
Der *cochito* lebte früher in Gruppen von dreißig oder vierzig Tieren. Heute sind die Gruppen durch die Dezimierung kleiner. Dieser Bewohner des Cortez-Meeres kommt heute fast nur noch in der nördlichen Hälfte des Beckens vor. Er verfängt sich in den Netzen der Fischer, die Haie und Teufelsrochen jagen. Er wird bedroht durch die Bewirtschaftung des Colorado River und die Verwüstungen durch die Touristen. Zahl: höchstens ein paar hundert.

Der Kalifornische oder Golf-Schweinswal lebt nur in dem schmalen Meeresstreifen, der die mexikanische Halbinsel von Niederkalifornien säumt. Ein Einheimischer, der zunehmend seltener wird. Er ertrinkt in den Fischernetzen und wird von den großen Dämmen bedroht, welche die Mündung des Colorado fast ausgetrocknet und das lokale Ökosystem durcheinandergebracht haben.

13. DER CUVIER-SCHWEINSWAL ODER INDISCHE SCHWEINSWAL

***Neophocaena phocaenoides*, G. Cuvier 1829, Familie der Phocaenidae**

Dieser asiatische Wal wird auch »flügelloser (oder flossenloser) Schweinswal« genannt, weil er keine Rückenflosse hat; sein Rücken ist jedoch nicht glatt. Hinter der Stelle, an der sie normalerweise sitzt, hat er einen niedrigen Kamm, eine Reihe von Knollen, die einer orientalischen Legende zufolge die Überbleibsel einer Bewaffnung sein sollen. 1829 beschreibt Cuvier einen Schädel, den der Naturforscher Jean Dussumier aus Indien mitbringt. Er nennt das Tier *Delphinus phocaenoides* (delphinartiger Schweinswal). 1899 bildet Theodore Palmer den Namen *Neophocaena* (›neuer Schweinswal‹). Heute nimmt man an, daß es drei Unterarten gibt: die Südostasiens (*Neophocaena phocaenoides phocaenoides*), die Chinas, Koreas und Japans (*N. p. sunameri*) und die des Jangtse (*N. p. asiaeorientalis*).

Der »flügellose«, das heißt »flossenlose« Schweinswal zeichnet sich dadurch aus, daß er keine Rückenflosse hat. Man begegnet ihm vor allem in den Gewässern im Süden Asiens. Er schwimmt teilweise die großen Flüsse hinauf, wo er mit dem Platanista, dem Irrawaddy-Delphin oder dem baiji des Jangtse zusammentrifft. Scheu, aber lebhafter Schwimmstil ...

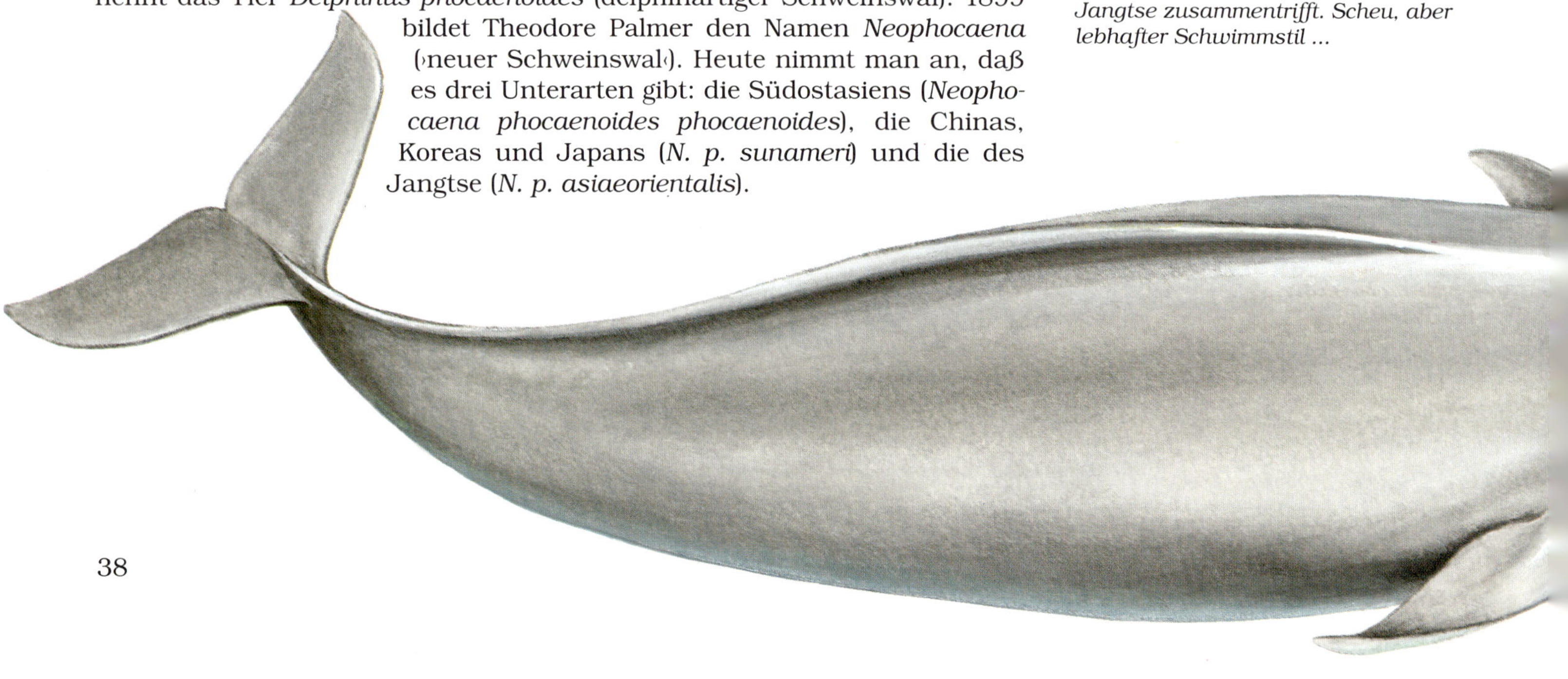

Der Irrawaddy-Delphin oder Kleine Kurzschnabelschwertwal zeigt ein merkwürdiges »Lächeln« und eine plattnasige Schnauze. Das Tier macht sich wie zum »Vergnügen« Haltungen zu eigen, die auf uns »drollig« wirken: Es schlängelt sich, »stellt« sich auf seinen Schwanz, spuckt Wasser. Über die wirkliche Bedeutung der meisten seiner Verhaltensweisen wissen wir so gut wie nichts.

Länge: 1,50 (maximal 1,90) Meter. Gewicht: 35 (bis 45) Kilogramm. Neugeborenes: 60 Zentimeter, 6 Kilogramm.
Kugelförmiger Kopf. Plattnasige Schnauze. Deutlicher Hals. 13 bis 22 spitze oder spatelförmige Zähne pro Kiefernhälfte. Breite Brustflossen.
Der flossenlose Schweinswal ist nur tot »schwarz«. Die Haut des lebenden Tiers ist dunkelgrau, auf dem Rücken schiefergrau. Kinn und Bauch hell. Augen rosa. Augenhöhlen und Kinn sind kohlschwarz pigmentiert, so daß er wie ein maskierter Bandit wirkt. Die Jangtse-Varietät ist einheitlich dunkelgrau.
Er ist ein kraftvoller Schwimmer. Nahrung: Fische, Kalmare, Garnelen. Verschiedenartige Laute, Vogelgezwitscher, Knacklaute.
Er ist an den Küsten verbreitet – vom Arabisch-Persischen Golf über Pakistan und Indien (einschließlich Indus, Ganges und Brahmaputra), Südostasien und China bis nach Japan. Im Jangtse bis zum Dongting-See. Bisweilen wird er auch in Südafrika, Neuguinea und Nordaustralien gesichtet. Zahl unbekannt.

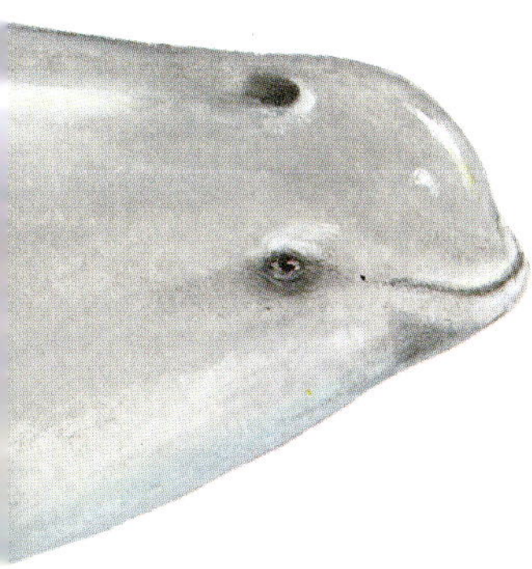

14. DER IRRAWADDY-DELPHIN

Orcaella brevirostris, Gray 1886, Familie der Delphinidae

Die Art hütet ihr Geheimnis, obwohl sie seit 1866 bekannt ist, als der Engländer Sir Elliot aus Bengalen den Schädel eines »Kurzschnabel-Schweinswals« (*Phocaena brevirostris*) mitbringt. Fünf Jahre später nennt der Schotte Anderson ein in Burma im Irrawaddy-Fluß beobachtetes Tier »Kleiner Flußschwertwal« (*Orcaella fluminalis*). Gray kombiniert beide Beschreibungen.

Der Irrawaddy- oder Kurzschnabeldelphin wird in Borneo *pesut* und in Malaya *lumba lumba* genannt. Manche Walforscher wollten ihn mit dem Narwal und Beluga unter die Monodontidae (Gründelwale) einreihen, er ist aber doch ein Delphinidae (Delphin). Man unterscheidet heute eine zahnlose Unterart der Flüsse auf Borneo (*Orcaella brevirostris pelletieri*), nach François-Xavier Pelletier, der ihn beschrieb.

Länge 2 (maximal 2,50) Meter. Gewicht: 100 (bis 120) Kilogramm. Neugeborenes: 80 Zentimeter, 10 Kilogramm.

Elegante Silhouette. Runder Kopf ohne Schnabel. Große Melone. Fleischiger Mund. Kugelförmige Augen. Spritzloch nach links verschoben. Geradliniger Mund. 12 bis 19 konische Zähne pro Kieferhälfte. Deutlicher Hals. Sichelförmige Rückenflosse. Elliptische Brustflossen. Die Haut färbt sich graublau, am Bauch heller, mit weißen Narben bei den alten Tieren.

Der Irrawaddy-Delphin liebt die Öffentlichkeit nicht: Wenn er atmet, ragt sein Spritzloch kaum heraus. Kambodschanische Fischer haben jedoch beobachtet, wie er sich auf seinem Schwanz stehend wie ein Zirkusdelphin rückwärts bewegt! Er zieht die trüben Gewässer vor, die reich an Krustentieren, Weichtieren, Fischen (Karpfen, Welse) und Fischbrut sind. Seine Knacklaute sind wenig bekannt. Er schwimmt in kleinen Gruppen in den Küstengewässern des Indo-Pazifiks, vom Golf von Bengalen über Südostasien, Indonesien und Neuguinea bis nach Nordaustralien. Während der Hochwasserperiode des Sommermonsuns schwimmt er Hunderte von Kilometern die Flüsse hinauf: den Indus, Ganges, Brahmaputra, Meghna, Irrawaddy, Saluen, Mae Nam Chao Phraya, Mekong, Mahakam, Digul ... Manche Gruppen verbringen ihr ganzes Leben im Süßwasser. Andere unternehmen lange Meereswanderungen. Man schätzt ihre Anzahl auf mehrere zehntausend Exemplare. Der Irrawaddy-Delphin wird bedroht durch die großen Flußdämme, die Verschmutzung, die Abholzung der Mangroven und die Überfischung, die ihn seiner Beute beraubt.

15. DER RAUHZAHN-DELPHIN

***Steno bredanensis*, Lesson 1828, Familie der Delphinidae**

Er trägt seine Spitznamen »Schnabel-«, »Schmalschnabel-« oder »Langschnabeldelphin« zu Recht. Ein Cyrano! Zu Beginn des 19. Jahrhunderts untersucht Georges Cuvier den Schädel eines nahe Brest gestrandeten Wals. Er bringt irrtümlich ein Stück Haut des rosa Amazonas-Delphins damit in Verbindung und nennt seine Schimäre *Delphinus frontatus*. Der Bretagne-Delphin ist jedoch von van Breda naturgetreu gemalt worden. 1828 benennt René Lesson das Exemplar in *Delphinus bredanensis* um. 1846 führt Gray die Gattung *Steno* (von griech. *stenos* ›schmal‹) ein. Er wird auch »Breda-« oder, wegen seiner gefurchten Zähne, »Rauh/Furchenzahndelphin« genannt.

Der Steno- oder Breda-Delphin (vom Namen des Malers van Breda, der ihn zu Beginn des 19. Jahrhunderts dargestellt hat) besitzt auf seinen Kiefern erstaunliche gefurchte Zähne. Obwohl er in allzu großer Zahl in den Netzen der industriellen Fischer umkommt, kennt man ihn kaum. Er schwimmt in den drei großen Ozeanen unseres Planeten.

Länge: Männchen 2,40 (höchstens 2,75) Meter; Weibchen 2,20. Gewicht: 130 (bis 160) Kilogramm. Neugeborenes: 90 Zentimeter, 15 Kilogramm.
Fliehende Melone. Schnabel seitlich zusammengedrückt, wie beim Ichthyosaurus des Mesozoikums. 20 bis 27 gefurchte Zähne pro Kieferhälfte. Hohe sichelförmige Rückenflosse. Dreieckige Brustflossen. Dunkelgraue oder schwarzviolette Haut auf dem Rücken, an den Seiten mittelgrau. Runde weiße oder rosa Flecken übersäen die Seiten und vereinigen sich am Bauch in einer weißen Fläche.
Der Steno schwimmt schnell und mit den Schiffen um die Wette. Er frißt Fische und Kopffüßler: Kalmare, Tintenfische, Polypen. Knacklaute auf Frequenzen von 1000 bis höchstens 150 000 Hertz.
Die Art ist in allen drei großen Ozeanen zu Hause, zwischen dem nördlichen und südlichen 45. Breitengrad, und wird auch im Mittelmeer gesichtet. Manchmal patrouilliert sie am Rand des Kontinentalplateaus, wo es reichlich Kalmare gibt. Manche Gruppen scheinen große Wanderungen zu unternehmen. Der Breda-Delphin jagt mit den Thunfischen und stirbt in den Netzen der Industriefischer. Die Japaner töten jährlich Hunderte wegen des Fleisches bei der Izu-Halbinsel und der Insel Iki. Wie viele dieser Delphine sich noch in den Wellen tummeln, ist unbekannt.

16. DER GRAUE AMAZONAS-SOTALIA

● ***Sotalia fluviatilis*, Gervais 1853, Familie der Delphinidae**

Tucuxi nennen ihn die Tupí-Indianer. 1853 untersucht Gervais in Paris einen Amazonas-Delphin-Schädel, den er *Delphinus fluviatilis* nennt. 1855 studiert er einen Kadaver, dessen helle Haut auf einen *Delphinus pallidus* schließen läßt. 1864 beschreibt der Belgier van Beneden in Louvain einen *Delphinus guianensis*. 1866 führt der Engländer Gray die Gattung *Sotalia* ein. Der graue Amazonas- Delphin oder Sotalia oder Mündungs-Delphin erhält in den meisten Sprachen den Namen *tucuxi*. Man unterscheidet drei Unterarten: *S. f. fluviatilis* im Amazonas; *S. f. guianensis* (dunkler) im Orinoco und in den Flüssen Guayanas; *S. f. brasiliensis* im Süden Amazoniens.
Länge: 1,40 (maximal 1,90) Meter. Gewicht: 35 (bis 50) Kilogramm. Neugeborenes: 60 Zentimeter, 7 Kilogramm.
Der Sotalia ähnelt einem kleinen Tümmler. Runder Kopf. Gänseschnabel. Der »lächelnde« Mund ist mit 26 bis 35 konischen Zähnen pro Kieferhälfte bewehrt. Stumpfe dreieckige, nach hinten gekrümmte Rückenflosse, Spatelförmige Brustflossen. Jungtiere schwärzlich, mit hellem Bauch. Erwachsene Tiere mittelgrau, manchmal bräunlich. Zwei perlgraue diagonale Flecken zieren jede Seite. Kinn, Kehle und Brust hellrosa. Der graue Delphin fängt Weichtiere, Krustentiere und Fische. Knacklaute von mehr als 50 000 Hertz. Dieses Waltier stößt auch seltsame Rufe auf einem einzigen Ton aus. Während der Regenzeit verteilt er sich im überschwemmten Wald. Er lebt an der Ostküste Südamerikas, Panamas, bei Rio de Janeiro, manchmal bis zur Höhe von São Paulo. Er schwimmt im Orinoco bis oberhalb von Ciudad Bolivar. Im Amazonas bis Iquitos in Peru. Seine Zahl wird auf einige zehntausend geschätzt.

17. DER INDO-PAZIFISCHE BUCKEL- ODER CHINESISCHE WEISSDELPHIN

● ***Sousa sinensis*, Osbeck 1757, Familie der Delphinidae**

Auf seinem Rücken hat er die Rückenflosse seiner zoologischen Gattung, doch dieser Fortsatz sitzt auf einem Buckel, der ihm das Aussehen eines Quasimodo verleiht. 1757 beschreibt der Deutsche Per Osbeck einen »weißen Delphin«, den er *Delphinus sinensis* nennt. 1960 erwecken Fraser und Purves Grays 1866 eingeführte Gattung *Sousa* wieder zum Leben. So entsteht für die Wissenschaft der *Sousa sinensis*. Drei Unterarten werden unterschieden: *S. s. sinensis* (China und Borneo), *S. s. lentiginosa* (gefleckt, Golf von Bengalen), *S. s. plumbea* (Indien, Arabien, Ostafrika). Das Tier erhält fast überall den Namen *Sousa*. In Arabien nennt man es *darfil*, in Indien *malar*.
Länge: 2 (maximal 3) Meter. Gewicht: 85 (bis 140) Kilogramm. Neugeborenes: 90 Zentimeter, 20 Kilogramm.
Die Jungen ähneln dem Tümmler. Beim erwachsenen Tier sammelt sich das Fett des Rückens, bis es diesen Buckel bildet, dessen Funktion unbekannt ist. Zylindrischer Schnabel. 30 bis 38 Zähne pro Kieferhälfte. Dreieckige oder sichelförmige Rückenflosse, die bei Tieren mit hypertrophiertem Buckel schlaff wird. Spatelförmige Brustflossen. Die Haut schimmert in allen Schattierungen – von Weiß über Hellgrau, Graublau, Stahlgrau bis Anthrazit. Manche Tiere haben keine Flecken, andere Tupfer oder Punkte. Die Jungen sind einheitlich cremefarben. Die Alten dunkeln nach.

Der erwachsene Indo-pazifische Buckeldelphin oder sousa hat auf dem Rücken einen fetthaltigen Buckel, der seine Rückenflosse hochzuheben scheint. Wozu mag dieser bizarre Fortsatz dienen? Man weiß es nicht. Es handelt sich vielleicht um eine Energiereserve und Lipide (Fette), die wie beim Dromedar in Wasser umgewandelt werden können.

Der *Sousa* des Indo-Pazifik sucht in der Nähe der Riffe und Mangroven nach Krustentieren, Weichtieren, Fischen. Er schwimmt manche Flüsse hinauf. Eher nächtliche Lebensweise. Knacklaute um 25 000 Hertz. Rhythmische Pfiffe. Die Art ist ständig vom Kap der Guten Hoffnung und Madagaskar über das Rote Meer, Indien und Indochina bis zum Jangtse, manchmal bis nach Nordaustralien unterwegs. Zahl unbekannt.

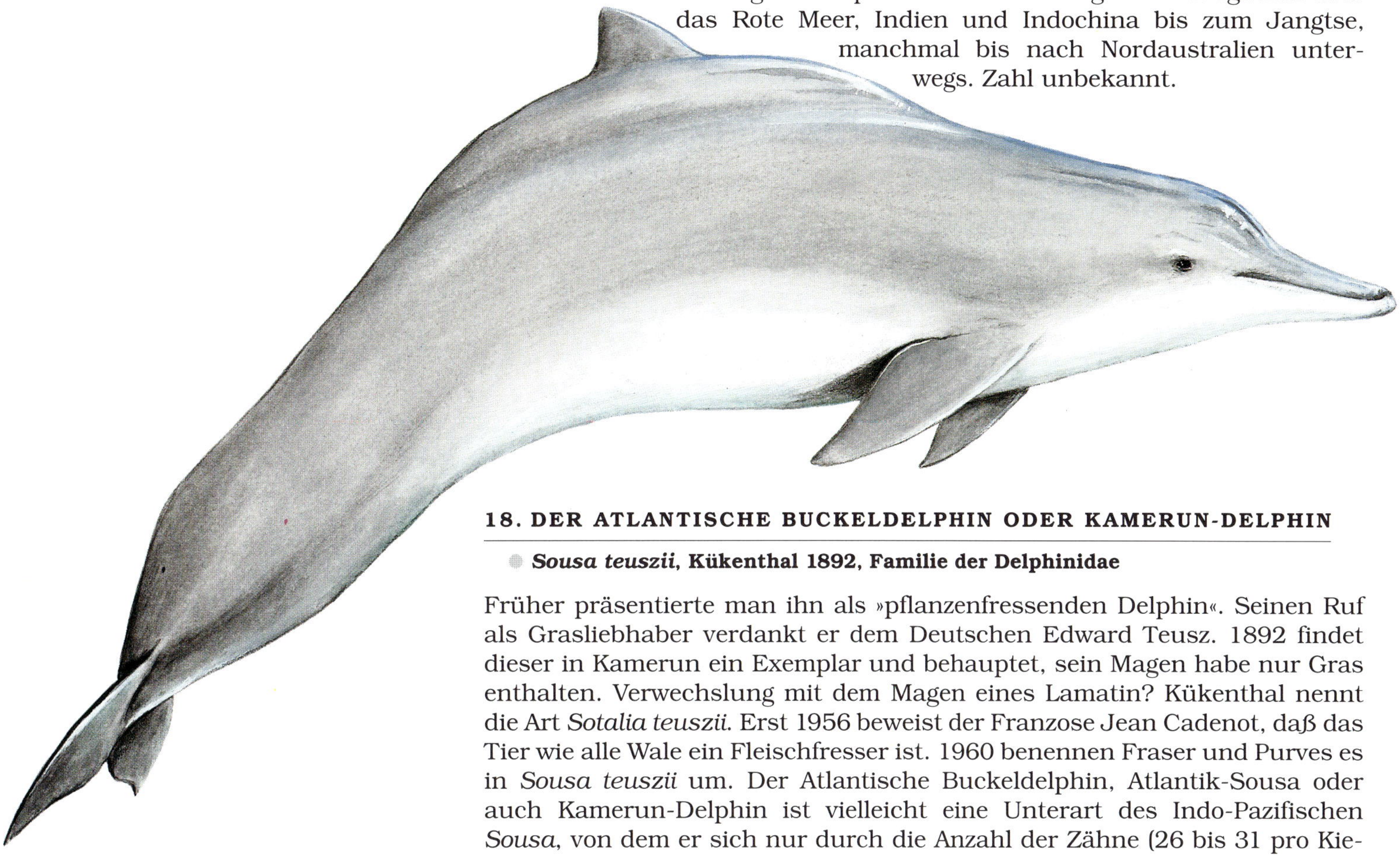

Der Atlantische Buckeldelphin oder sousa *ist vielleicht nur eine Unterart der vorhergehenden. Das einzige Waltier, das die Flüsse Afrikas hinaufschwimmt, zählt auch zu denen, die sich mit den Menschen zum Fischfang verbünden. Zusammen mit dem Großen Tümmler gehört er zu den Arten, welche die Fische zu den Netzen der Imragen bei der Banc d'Arguin in Mauretanien treiben.*

18. DER ATLANTISCHE BUCKELDELPHIN ODER KAMERUN-DELPHIN

***Sousa teuszii*, Kükenthal 1892, Familie der Delphinidae**

Früher präsentierte man ihn als »pflanzenfressenden Delphin«. Seinen Ruf als Grasliebhaber verdankt er dem Deutschen Edward Teusz. 1892 findet dieser in Kamerun ein Exemplar und behauptet, sein Magen habe nur Gras enthalten. Verwechslung mit dem Magen eines Lamatin? Kükenthal nennt die Art *Sotalia teuszii*. Erst 1956 beweist der Franzose Jean Cadenot, daß das Tier wie alle Wale ein Fleischfresser ist. 1960 benennen Fraser und Purves es in *Sousa teuszii* um. Der Atlantische Buckeldelphin, Atlantik-Sousa oder auch Kamerun-Delphin ist vielleicht eine Unterart des Indo-Pazifischen *Sousa*, von dem er sich nur durch die Anzahl der Zähne (26 bis 31 pro Kieferhälfte) und Wirbel unterscheidet.
Länge: 2 (maximal 2,60) Meter. Gewicht: 90 (bis 140) Kilogramm. Neugeborenes: 90 Zentimeter, 15 Kilogramm.
Runde Melone. Langer Schnabel. Die sichelförmige Rückenflosse sitzt beim erwachsenen Tier auf einem enormen Buckel. Spatelförmige Brustflossen. Der Buckeldelphin frißt Weichtiere und Fische (Heringe, Meeräschen usw.). Er lebt gern in Gesellschaft der Tümmler und anderer Waltiere und jagt mit dem Menschen. Er gehört zu den Delphinen, die das Volk der Imragen an der Küste Mauretaniens zur gemeinsamen Jagd auf die Meeräschen »ruft«.
Zahl unbekannt. Der einzige afrikanische Flußdelphin scheint in den Flußmündungen Senegals, Gambias, Voltas und Nigers heimisch zu sein, die er bis dorthin hinaufschwimmt, wo die Gezeiten noch spürbar sind. Man findet ihn vom Norden Mauretaniens bis nach Angola.

19. DER WEISSSCHNAUZENDELPHIN

***Lagenorhynchus albirostris*, Gray 1846, Familie der Delphinidae**

Sein Reich ist der Nordatlantik. Nehmen wir an, daß er Jacques Cartier bis nach Kanada gelotst hat. Der Engländer Gray benennt nach ihm 1846 die Gattung *Lagenorhynchus* (Kurzschnabeldelphine) (von griech. *lagenos* ›Fläschchen‹ und *rhynchos* ›Schnabel‹). Auf lateinisch bedeutet *albirostris* ›weißer Schnabel‹.
Länge: 2,70 (maximal 3,20) Meter. Gewicht: 180 (bis 275) Kilogramm. Neugeborenes: 1,20 Meter, 40 Kilogramm.
Der größte Kurzschnabeldelphin. Kurzer, dicker Schnabel. 22 bis 28 große Zähne pro Kieferhälfte. Sehr große sichelförmige Rückenflosse. An der Basis breite, spitzzulaufende Brustflossen. Die Haut ist scheckig und mit grauen Flächen versehen. Rücken, Brustflossen und Schwanzflosse sind kohl-

schwarz. Wangen weißgeflammt. Dunkle Seiten mit einem Silberstreif. Grauweißer Sattel. Schneeweißer Bauch. Die alabasterweiße Schnauze spielt manchmal ins Graue, Rosa oder Schwarze.
Er schwimmt sehr schnell und holt die Passagierdampfer spielend ein. Er ernährt sich von Kalmaren, Polypen, Krustentieren, Fischen. Knacklaute unbekannt.
Herdentier; in der Placentia Bay (Neufundland) wurden 1953 massenhaft gestrandete Tiere gefunden. Er liebt die kühlen Gewässer des Nordatlantik von Cape Hatteras bis zum Golfe de Gascogne mit dem Golfstrom als südlicher Grenze. Kommt auch in der Nord- und Ostsee vor. Im Sommer dehnt er seine Futtersuche bis nach Grönland, Spitzbergen und ins Arktische Eismeer aus. Seine Anzahl wird auf 50 000–200 000 geschätzt.

Innerhalb der Gattung Lagenorhynchus gehört der dunkle Delphin zu den elegantesten. Das erste Tier dieser Art, das wissenschaftlich beschrieben wurde, wurde 1832 auf der berühmten Weltreise der Beagle gefangen, an welcher der junge Charles Darwin teilnahm und auf der er begann, an die Evolution der Arten zu glauben.

20. DER ATLANTISCHE WEISSSEITENDELPHIN

Lagenorhynchus acutus, Gray 1828, Familie der Delphinidae

Sein Name trügt: er hat gar keine weißen Seiten! Sie sind grau, mit zwei langen Flecken – einem gelben und einem cremefarbenen, die nur die Laune des Lichts silbrig färbt. Die Art wird 1828 durch den Engländer John Gray unter dem Namen *Delphinus acutus* (›Spitzdelphin‹, in Anspielung auf seine spitze Rückenflosse) in die Wissenschaft eingeführt. 1841 widmet der Deutsche Schlegel dieses Waltier seinem Kollegen Daniel Eschricht (*Delphinus eschrichtii*). 1846 nimmt Gray es in die Gattung *Lagenorhynchus* auf.

Länge: 2,40 (maximal 3) Meter. Gewicht: 180 (maximal 250) Kilogramm. Neugeborenes: 1,10 Meter, 35 Kilogramm.
Kleiner Kopf. Abgeschwächte Melone. Kurzer Schnabel. 30 bis 40 Zähne pro Kieferhälfte. Spitze Rückenflosse. Brustflossen an der Basis breit, nach hinten gekrümmt. Die Haut ist vom Oberkiefer bis zum Schwanz anthrazit und hat einen bläulichen Schimmer. Graue Seiten, geschmückt mit zwei hellen Flammen. Das Auge wirkt geschminkt. Eine dunkle Linie verbindet Mund und Brustflossen. Weißes oder graues Kinn. Kehle und Bauch fleckenlos.
Das Tier jagt in Gruppen Kalmare, Tintenfische und Fische (Heringe, Makrelen). Knacklaute wenig bekannt. Herdentrieb: 1974 strandeten zweihundert bei Linleg Cove in Maine (USA). Die Art teilt ihr Reich im Atlantik mit ihrem weißschnabligen Vetter, von Cape Hatteras bis zum Golfe de Gascogne und bis in die Ostsee, mit dem Golfstrom als südliche Grenze. Zahl: zwischen 50 000 und 200 000.

21. DER SCHWARZWEISSE SPRINGER

***Lagenorhynchus obscurus*, Gray 1882,**
Familie der Delphinidae

Eine dunkle Schönheit ... 1826 beschreibt der Franzose René Lesson einen Delphin aus Patagonien, den er *Delphinus superciliosus* nennt. Es ist derselbe, den der Engländer Gray 1828 nach einem beim Kap gefundenen Schädel und einem Stück Haut als *obscurus* bezeichnet. 1832 fängt die Mannschaft der *Beagle* (Kapitän: FitzRoy, Naturforscher: Darwin) ein Waltier, das Waterhouse *Delphinus fitzroyi* nennt. Dieselbe Art reiht True 1889 in die Gattung *Lagenorhynchus* ein.
Länge: 1,80 (maximal 2,10) Meter. Gewicht: 120 (bis 150) Kilogramm. Neugeborenes: 70 Zentimeter, 8 Kilogramm. Der kleinste unter den Kurzschnauzendelphinen. 24 bis 36 Zähne pro Kieferhälfte. Eher kurze Rückenflosse. Spitze Brustflossen. Haut auf dem Rücken dunkel, am Bauch weiß mit grauen Flächen. Auf den Seiten der Vorbrust ein Fleck in Form eines Delphins. Auf den Seiten des Unterleibs leuchten zwei weiße Flammen.
Der Schwarzweiße Springer hält sich bevorzugt in Küstennähe zwischen den Riffen auf. Im Frühjahr wandert er in die kalten subantarktischen Gewässer, im Herbst nach Norden. Er frißt Weichtiere (Kalmare, Tintenfische), Krustentiere, Fische (schwarze Tiefenbarsche, Anschovis). Knacklaute unbekannt. Die Art ist in Patagonien, Südafrika, Südaustralien und Neuseeland heimisch. Man grüßt ihn bei den Falkland-Inseln und den Kerguelen. Er könnte eine zirkumpolare Verbreitung haben, mit Lebensräumen, die nicht miteinander in Verbindung stehen. Zahl unbekannt.

22. DER PAZIFISCHE WEISSSTREIFENDELPHIN

***Lagenorhynchus obliquidens*, Gill 1865, Familie der Delphinidae**

Dem Adjektiv *obliquidens* nach müßte er schiefe, geneigte Zähne haben. Wer ihn so bezeichnet hat, hat sie sich nicht angeschaut. 1865 beschrieb der Amerikaner Gill drei Schädel dieses Waltiers, die in der Nähe von San Francisco gefunden worden waren. Die Art wird auch »Pazifischer Weißstreifen-«, »Schiefzahn-« oder »Gill-Delphin« genannt.
Länge: 2 (höchstens 2,40) Meter. Gewicht: 100 (bis 140) Kilogramm. Neugeborenes: 80 Zentimeter, 10 Kilogramm.
Kleiner Kopf. Kurzer Schnabel mit leicht vorstehendem Oberkiefer. 23 bis 33 Zähne pro Kieferhälfte. Sichelförmige Rückenflosse, bei den Jungen spitz, bei den alten Tieren harpunenförmig, manchmal von erstaunlichen Aus-

Der Pazifische Weißstreifendelphin wird auch (volkstümlich und gelehrt) »Schiefzahn-Delphin« genannt. Oder auch »Gill-Delphin«. Sein Schnabel ist kurz, sein Rücken dunkel und sein Auge schalkhaft und im übrigen hübsch schwarz geschminkt. Man zählt zwei Populationen, eine im Nordosten des großen Ozeans, die andere im Nordwesten.

maßen. Kurze Brustflossen. Schwarze Schnauze. Das dunkelgrau umrandete Auge kontrastiert mit dem hellen Gesicht. Eine dunkle Linie verbindet Mund und Brustflossen, die schwarz sind wie der Rücken, die Vorderseite der Rückenflosse (die Hinterseite ist grau) und der Schwanz. Ein grauer Streifen läuft über die Seiten bis zum Anus. Bauch fleckenlos.
Schneller Schwimmer und guter Springer. Er wirbelt Schaum auf – häufig mit anderen Waltieren wie Gemeiner Delphin, Grindwal, Dall-Schweinswal, Nördlicher Glattdelphin usw.; oder mit Ohrenrobben. Nahrung: Fische (Anschovis, Seehechte, Sardinen) und Kalmare. Knacklaute auf Frequenzen von 100 bis über 80 000 Hertz. Pfiffe, Murmeln, Zwitschern. Das Herdentier lebt in den kühlen Küstengewässern des Nordpazifik, von Niederkalifornien bis Alaska. Im Westen schwimmt der Weißstreifendelphin von China bis nach Japan, ins Ochotskische Meer und zur Halbinsel Kamtschatka. Jede seiner beiden Populationen (im Osten und im Westen) zählt 30 000 Tiere. Manche Gruppen scheinen seßhaft, andere wandern. In Japan wird er immer noch gejagt, vor allem bei der Insel Iki.

23. DER KREUZTRÄGERDELPHIN

● ***Lagenorhynchus cruciger*, Quoy u. Gaimard 1924, Familie der Delphinidae**

Stellen wir ihn uns nicht als Kreuzritter vor, der nach Jerusalem galoppiert! Obwohl: Seine Rückenflosse erinnert durchaus an eine Fahne, auf jeder Seite hat er ein schwarzweißes Kreuz – ein abgeflachtes X. Er wird auch »Kreuz-«, »Kreuzträger-« oder »Sanduhr-Delphin« genannt. Die Flecken auf seinen Seiten erinnern an eine Sanduhr. Sein Hoheitsgebiet liegt zwischen dem 40. und 50. südlichen Breitengrad.
1822 bis 1824 segeln die französischen Korvetten *Coquille*, *Uranie* und *Physicienne* in den südlichen Gewässern. An Bord sind René Lesson, Jean-René Quoy und Jean-Paul Gaimard. Die beiden letzteren nennen *Delphinus cruciger* (›Kreuzträgerdelphin‹) ein Waltier, das Lesson in *Delphinus bivittatus* umbenennt und das Gervais und van Beneden in die Gattung *Lagenorhynchus* einreihen. Länge: 1,60 (maximal 1,85) Meter. Gewicht: 100 (bis 120) Kilogramm. Neugeborenes: 70 Zentimeter, 10 Kilogramm.
Großer Kopf. Kurzer Schnabel. 28 spitzige Zähne pro Kieferhälfte. Hohe, sichelförmige, leicht gekrümmte Rückenflosse. Spatelförmige, nach hinten gebogene Brustflossen. Schwarzweiße Haut. Dunkler Rücken, leuchtender Bauch. Das Kreuz auf den Seiten ist deutlich oder verschwommen, manchmal unregelmäßig. Schneller Schwimmer, Tümmler und Springer. Im Verbund wirken sie wie eine Gruppe Pinguine. Er wurde mit schwarzen Grindwalen, Südlichen Entenwalen und Schnabelwalen gesehen. Er frißt Krill, Kalmare, Fische (antarktischer Kabeljau, Tiefenbarsche). Knacklaute unbekannt. Lebt im offenen Meer, beiderseits der Antarktischen Konvergenz, in den Meeren mit weniger als 5 °C. Scheint recht heimisch nahe den Falkland-

Der Pazifische Weißstreifendelphin (unten und rechts) lebt und schwimmt in Schwärmen von 20 bis 50 Tieren, die sich bisweilen zu jahreszeitlichen Versammlungen von tausend Tieren und mehr zusammenfinden. Manche Populationen scheinen seßhaft zu sein, andere wandern. In Kalifornien nähern sich die Tiere im Frühling eher der Küste.

Inseln und Feuerlands, in der Drake-Straße und bei den Archipels der Antarktischen Halbinsel. Im Sommer in Packeisnähe zu finden. Zahl unbekannt.

24. DER SCHWARZKINNDELPHIN

Lagenorhynchus australis, Peale 1848, Familie der Delphinidae

Er hat lange vor Magellan die Feuer der Indianer an der Küste von Feuerland betrachtet ... 1839 skizziert der amerikanische Naturmaler Peale, unterwegs auf der *Vincennes*, in Patagonien ein Waltier, das er *Phocaena australis* (›Südlicher Schweinswal‹) nennt. Fast ein Jahrhundert später erst – 1930 – wird das Tier wiedergesehen und eingeordnet. 1941 weist Kellog ihm Gattung und Namen zu. Er wird auch »Peale-«, »Schwarzkinn-« oder »Südlicher Delphin« genannt.

Länge: 2 (höchstens 2,60) Meter. Gewicht: 110 (bis 135) Kilogramm. Neugeborenes: 80 Zentimeter, 12 Kilogramm.

Kurzer Schnabel. Etwa 30 konische Zähne pro Kieferhälfte. Sichelförmige Rückenflosse. Kurze Brustflossen. Kleiner Schwanz. Die Schnauze wirkt bis zur Kehle samtschwarz. Der dunkle Bereich zieht sich über das Auge weiter über den Rücken, die Rückenflosse und den Schwanz. Eine kohlschwarze Linie verbindet Schnabel und Brustflossen. Seiten der Vorbrust perlgrau, Bauch schneeweiß. Hinterer Teil der Seiten und Schwanz schwarz, mit einem hellen Fleck in Form eines flachen V.

Der Peale-Delphin schätzt Weichtiere, Krustentiere und Fische (Tiefenbarsche, antarktischer Kabeljau). Knacklaute auf Frequenzen von 3000 bis 8000 Hertz. Das Tier lebt an der Spitze Südamerikas, von der Valdés-Halbinsel (Atlantikseite) über die Falkland-Inseln und Kap Horn bis Valparaiso (Pazifikseite). Man hat es nur zweimal wirklich beobachtet: nahe Ushuaia und bei den Falkland-Inseln. Zahl unbekannt.

25. DER FRASER-DELPHIN

● *Lagenodelphis hosei*, Fraser 1956, Familie der Delphinidae

Man bezeichnet ihn als *hosei* nach Charles Hose, dem ersten Naturforscher, der ein Exemplar fängt (1895 bei Sarawak). 1901 nennt Lydekker ihn *Sotalia borneensis*. 1956 führt der Engländer Fraser für ihn die Gattung *Lagenodelphis* (›Flaschennasendelphin‹) ein. Er wird auch »Hose-« oder »Borneo-Delphin« genannt.
Länge: 2,30 (maximal 2,65) Meter. Gewicht: 90 (bis 210) Kilogramm. Neugeborenes: 1 Meter, 16 Kilogramm.
Seine Schnauze ähnelt stark dem der Gattung *Lagenorhynchus*, mit echtem Schnabel allerdings, im Gegensatz zu den Schweinswalen. Zahlreiche Zähne: 40 bis 44 pro Kieferhälfte. Schmale, oben gekrümmte Rückenflosse. Kurze Brustflossen. Haut schwarz oder anthrazit auf dem Rücken, reinweiß am Bauch, an den Seiten dunkelgrau mit zwei parallelen schwärzlichen Streifen, die vom Auge bis zum Schwanz laufen. Eine dunkle Linie verbindet Mundwinkel und Brustflossen.
Der Fraser-Delphin ist ein aggressiver Schwimmer, der viel Schaum aufwirbelt. Er schätzt die Gesellschaft der Fleckendelphine (*Stenellae*) und des Kleinen Schwertwals (*Pseudorca*). Frißt Kalmare, Krustentiere, Oberflächenfische (Seehechte, Makrelen) und Tiefseefische (Beilfische, Borstenmünder usw.). Knacklaute unbekannt. Liebt die offene See und ist ein guter Taucher. Lebt in der intertropikalen Zone der drei großen Ozeane, wurde allerdings auch vor der Bretagne gesichtet. Zahl unbekannt. Evtl. mehrere zehntausend?

Rechte Seite: Der Atlantische Fleckendelphin gehört zu den Waltieren, die sich dem Menschen gegenüber besonders zutraulich verhalten, zumindest in einigen Gewässern: Bei den Bahamas bezaubert er die Taucher. Das Tier ähnelt dem Subtropischen Fleckendelphin. Die Gattung Stenella *bereitet den Systematikern Kopfzerbrechen.*

26. DER EIGENTLICHE ODER GEMEINE DELPHIN

● *Delphinus delphis*, Linné 1758, Familie der Delphinidae

Er springt auf den minoischen Fresken des Palastes von Knossos. Aristoteles, Plinius, Guillaume Rondelet und andere haben seine schlichte Schönheit beschrieben. Begleiter des Odysseus auf seiner *Odyssee* und Jasons, der das Goldene Vlies erobert. Freund der Seeleute, die ihn gerne sehen, weil er Glück bringt ...

Der springende Gemeine Delphin ist eine Augenweide. Schnelligkeit, Eleganz, Kraft – ein überwältigender Anblick. Trotz seines Namens ist dieses Waltier leider nicht mehr allzu verbreitet. Man begegnet ihm in einem Gutteil der Meere unseres Planeten, aber in zunehmend geringerer Zahl. Er wurde abgeschlachtet. Und er leidet überall unter den Verschmutzungen und der Ausplünderung des Meeres.

Das griechische Wort *delphis*, von dem sich das lateinische *delphinus* und unser »Delphin« ableitet, hat denselben Ursprung wie die Stadt Delphi, Ort des Apollon-Orakels: der Sonnengott und der Fürst des Meeres waren verbündet. 1758 vermählt der Schwede Carl von Linné das Griechische und Lateinische zur wissenschaftlichen Bezeichnung. Weitere Namen lauten: »Gänseschnabel«, »Camus-Delphin«. Man unterscheidet zwischen sechs Unterarten: *Delphinus delphis delphis* (Nordatlantik und Mittelmeer); *D. d. ponticus* (Schwarzes Meer); *D. d. tropicalis* (Arabisch-Persischer Golf); *D. d. dussumieri* (Indischer Ozean); *D. d. bairdii* (Nordpazifik); *D. d. capensis* (Südatlantik).
Länge: 2,10 (maximal 2,60) Meter. Gewicht: 85 (bis 140) Kilogramm. Neugeborenes: 90 Zentimeter, 8 Kilogramm.
Perfekter Schnitt ... Runder Kopf. Langer Schnabel. 40 bis 57 Zähne pro Kieferhälfte. Spitze Rückenflosse. Dreieckige, gekrümmte Brustflossen. Rücken dunkelgrau, Bauch hell. Am übrigen Körper variiert die Farbe. Die Seiten tragen senf- oder graugelbe gekreuzte Linien und Ellipsen. Der hintere Teil ist graugemustert. Schwarzer Strich vom Kinn zur stets dunklen Brustflosse. Schwarze Schramme vom Ansatz der Melone bis zum kohlschwarz umrandeten Auge.
Der Gemeine Delphin patrouilliert über dem Kontinentalhang oder »überfliegt« die beutereichen unterseeischen Kämme. Er ernährt sich von Fischen (fliegende Fische, Heringe, Sardinen, Makrelen usw.), Kalmaren, Krabben. Er taucht bis auf 300 Meter, um Beilfische und andere Laternenfische zu fangen. Knacklaute auf Frequenzen von 1000 bis 150 000 Hertz. Pfiffe, Schreie, Quietschen ... »Ein Murmeln, Seufzer«, notiert Aristoteles. »Ein Stöhnen, ähnlich dem des Menschen«, schreibt Plinius der Ältere.
Es kommt vor, daß man einige Exemplare in einer Bucht antrifft. Doch die Art bildet Gruppen von Dutzenden, ja Hunderten von Tieren. Zusammenschlüsse von 300 000 Tieren wurden aus dem Schwarzen Meer gemeldet. Bei Neuseeland wurde eine schäumende Armada auf einer Fläche von 44 mal 27 Kilometern (1 200 Quadratkilometer) gesichtet. René-Guy Busnel hat im offenen Meer bei Dakar eine Versammlung von 50 mal 2 Kilometern beobachtet; bei einem Tier pro 100 Quadratmeter zählte der Schwarm eine Million Tiere!

Aristoteles hatte den Gemeinen Delphin beobachtet – wie übrigens auch den Großen Tümmler und den Weißblauen Delphin, die ebenfalls in den Gewässern Griechenlands schwimmen. Er wußte, daß diese Meeresgeschöpfe durch Nasenlöcher und mit Lungen atmen, daß ihre Weibchen ihr Junges wie das Schaf oder die Frau bekommen, daß sie es stillen und voll Zärtlichkeit aufziehen ...

Der Delphin bläst in allen gemäßigten und warmen Weltmeeren, zwischen dem nördlichen und südlichen 40. Breitengrad. Aufgrund des Golfstroms aber auch bis nach Island. Zahl unbekannt: 10 Millionen Tiere? Oder mehr? Das Tier ist heute durch Umweltverschmutzung, Verwüstung der Küsten und die Netze der Hochseefischerei bedroht.

27. DER GROSSE TÜMMLER

Tursiops truncatus, Montagu 1821, Familie der Delphinidae

Der Delphin par excellence. Die Inkarnation der »Delphinität«, wenn dieses Wort einen Sinn hat. Die Vermählung von Anmut und Kraft, mit diesem unauslöschlichen Lächeln, das dem Meer Humor verleiht. Das Waltier, das immer wieder dargestellt wird und Plakate ziert; das man in Form von Comics verschlingt; und das in Gestalt von Flipper Generationen von Kindern verzaubert hat. Aristoteles und Plinius erwähnen es in der Antike, Belon und Rondelet in der Renaissance. Lacépède beschreibt es 1804 unter dem Namen *Delphinus nesarnack*. 1821 gibt der Brite George Montagu nach einem in Devonshire gestrandeten Exemplar die erste wissenschaftliche Beschreibung unter dem Namen *Delphinus truncatus* (von lat. *truncare* ›schneiden‹, in Anspielung auf die Form der abgewetzten Zähne des ersten beschriebenen Tiers). *Tursiops* wurde 1843 von John Gray aus lat. *tursio* ›Tümmler‹ und griech. *ops* ›Gesicht‹ gebildet.

Der Tümmler, große Delphin oder Flaschennasen-Delphin ist ein mächtiges Tier mit einem durchschnittlichen Gewicht von mehr als zwei Zentnern. Seine besondere Physiognomie, sein (in Wahrheit angeborenes) »Lächeln« haben ihm die Sympathie der Menschen eingebracht; selbst wenn andere Vertreter unserer Art ihn weiterhin wegen seines Fleisches oder aus Dummheit töten ...

Es sind mehrere lokale Formen bekannt, von denen drei den Status einer Unterart beanspruchen könnten: *T. t. truncatus* (mit *T. t. gephyreus* u. *pervimanus* im Atlantik); *T. t. aduncus* (mit *T. t. abusalem, catalania, dawsoni, hamatus* usw. im Indischen Ozean); und *T. t. gilli* (mit *T. t. nuuanu* im Pazifik). Das Tier wird auch »Großer Delphin«, »Großnase«, »Stumpfnase«, »Großer Bläser« oder »Flaschennase« genannt.
Länge: Männchen 3 (maximal 4,20) Meter; Weibchen 3,70 Meter. Gewicht: 200 Kilogramm (mit einem Rekord von 650 Kilogramm). Neugeborenes: 1,20 Meter, 30 Kilogramm.
Konvexe Nase. Kurzer Schnabel (8 Zentimeter) mit stark vorspringendem Oberkiefer. Breites »Lächeln«. 18 bis 26 konische Zähne pro Kieferhälfte. Sichelförmige Rückenflosse. Kurze Brustflossen. Haut auf dem Rücken grau,

Der Große Tümmler hat ein riesiges Verbreitungsgebiet – von den Meeren Grönlands bis Kap Horn. Er bevorzugt die gemäßigten oder warmen Gewässer. In der Karibik patrouilliert er allein oder in kleinen Gruppen in den Korallenriffen. Dann sammelt er sich für gemeinsame Jagden auf die Schwarmfische in der offenen See zu größeren Schwärmen.

an den Seiten heller, am Bauch fast weiß, manchmal auf Brust und Bauch in wunderschönem Rosa schimmernd. Eine helle Linie verbindet Auge und Brustflosse. Die Tiere des Indischen Ozeans sind dunkler, die des Pazifik bräunlich, die Neugeborenen bläulich. Zahlreiche erwachsene Tiere haben eine weiße Schwiele am Ende des Unterkiefers.
Der Große Tümmler ernährt sich von allen Arten von Weichtieren, Krustentieren, Bodenfischen und Fischen der offenen See, je nach Jahreszeit – von der Garnele über den Kalmar, die Meeräsche, den Hering, den Lachs bis zum kleinen Hai. Knacklaute auf Frequenzen von 4000 bis 170 000 Hertz. Pfiffe, Piepsen, Türquietschen. Lebt in kleinen Gruppen, die Schwärme von mehreren hundert Tieren bilden. Schätzt die Gesellschaft des Rissodelphins, des Steno, der Grindwale, des Buckeldelphins. In Gefangenschaft hat er Hybriden mit dem Pseudorca, dem schwarzen Grindwal, dem Steno und dem Rissodelphin gezeugt. In Freiheit sind diese Kreuzungen wenig wahrscheinlich.
Das Tier bläst in allen gemäßigten und warmen Meeren des Planeten, von Neufundland und den Alëuten im Norden bis Neuseeland und Patagonien im Süden. Lange mit Harpune und Gewehr gejagt, ist er heute durch die großen Fischernetze, den Seeverkehr und einen Cocktail aus Pestiziden, Schwermetallen usw., der ihn krank und unfruchtbar macht, bedroht. So seltsam es den jungen Verehrern von Flipper auch vorkommen mag, die Walforscher sind nicht imstande, auf die folgende einfache Frage zu antworten: Wie viele sind sie? Vielleicht einige hunderttausend ...

28. DER SUBTROPISCHE FLECKENDELPHIN

***Stenella attenuata*, Gray 1846, Familie der Delphinidae**

Sein Körper ist mit hellen Flecken gesprenkelt wie ein Sternenhimmel von José Maria de Heredia. Singt er unter den Sternbildern? Wegen der dunklen Linie, die seine Lippen und Brustflossen verbindet, nennt man ihn auch »Gezäumter Delphin«; oder »Zweifelhafter Delphin« oder »Lausbub«. 1846 erhält der Brite Gray einen Schädel vom Kap Horn (?); er führt die Gattung *Delphinus attenuatus* ein. 1866 bildet er das Wort *Stenella* (von griech. *stenos* ›schmal‹, in Anspielung auf die Schnabelform). Heute faßt man unter dem Namen *Stenella attenuata* verschiedene Formen zusammen: *Stenella graffmanni* (Mittel- und Ostpazifik); *S. dubia: S. malayana* (Südostasien).
Länge: 2,10 (maximal 2,75) Meter. Gewicht: 100 (bis 140) Kilogramm. Neugeborenes: 90 Zentimeter, 15 Kilogramm.
Langer, schmaler Schnabel. 29 bis 36 konische Zähne pro Kieferhälfte. Sichelförmige Rückenflosse. Spitze Brustflossen. Die Neugeborenen haben graublaue bis hellblaue Haut ohne Flecken. Bei den erwachsenen Tieren ist der Rücken stahlgrau, die Seiten mittelgrau, der Bauch graurosa, mit veränderlichen Feldern von häufig sehr dichten grauen Flecken. Die Tiere der Küstengewässer sind dichter gepunktet als die der offenen See. Kiefer am Ende weiß, mit Schwarz versehen. Auge kohlschwarz umrandet. Dunkler Zügel.
Der Fleckendelphin ist ein Akrobat. Er verschlingt Kalmare und verschiedene Fische (fliegende Fische, Sardinen, Heringe usw.), die er mit den Thunfischen jagt. Knacklaute bis 150 000 Hertz. Lebt in Schwärmen von etwa hundert, manchmal mehr als tausend Tieren. Er bläst in der intertropikalen Zone der drei großen Ozeane. Seine Zahl ist unbekannt: einige Millionen? Er ist das Waltier, das am meisten vom im großen Stil durchgeführten Fang des Weißen Thunfischs im Ostpazifik bedroht ist, wo allein die Flotte der Vereinigten Staaten früher um die 200 000 pro Jahr tötete.

Linke Seite: Der Atlantische Fleckendelphin liebt es, sich im Wasser senkrecht aufzurichten – mal mit dem Kopf nach oben, mal mit dem Schnabel nach unten. Bei ihm wie beim Subtropischen Fleckendelphin charakterisieren die an Dichte und Farbintensität (von Graublau bis Anthrazit) variablen Flecken die noch nicht ganz erwachsenen oder erwachsenen Tiere.

29. DER ATLANTISCHE FLECKENDELPHIN

Stenella frontalis, **Cuvier 1829, Familie der Delphinidae**

Der direkte Vetter des Gefleckten. Man kennt ihn auch unter dem Namen »Golfstrom-Delphin«. Bisweilen hat man aus ihm eine einfache Unterart des *Stenella attenuata* gemacht. (Zur Gattung *Stenella* wurden fünfundzwanzig Arten gerechnet; ein Systematiker hat diese Zahl auf fünf reduziert.) Der Dominikaner Antoine Pernetty, Naturforscher der Expedition von Louis Antoine de Bougainville auf die Falkland-Inseln, beschreibt ihn 1763. 1817 nennt de Blainville ihn »Pernetty-Delphin« (*Delphinus pernettensis*). 1866 beginnt der Amerikaner E. D. Cope die Arbeit erneut und nennt ihn *Delphinus plagiodon* (von griech. *plagios* ›schief‹ und *odous* ›Zahn‹). Dann setzt sich *frontalis* durch.
Länge: 2 (maximal 2,40) Meter. Gewicht: 110 (bis 145) Kilogramm. Neugeborenes: 90 Zentimeter, 15 Kilogramm.
Langer Schnabel. Ausgeprägte Stirn. 24 bis 37 kleine Zähne pro Kieferhälfte. Rückenflosse sichelförmig. Spitze Brustflossen. Die Jungen haben einen zart graublauen Rücken und einen rosaschimmernden weißen Bauch – aber keine Flecken. Diese tauchen zuerst an der Schnauze und dann am Kopf auf, bevor sie sich über fast den ganzen Körper ausbreiten.
Das Tier schwimmt schnell und surft, springt aber weniger als die anderen *Stenellae*. Es frißt Krustentiere, Kalmare und Fische. Knacklaute explosionsartig mit Pfiffen, wenig bekannt. Die Art wandert in Gruppen von zehn bis mehreren hundert Tieren, in den warmen Gebieten des Atlantik – von Marokko bis Virginia im Norden, von Angola bis Brasilien im Süden. Stattliche Schwärme in den Gewässern von Mauretanien, den Azoren, des Golfs von Mexiko, des Karibischen Meers. Zahl unbekannt: einige zehntausend?

30. DER WEISSBLAUE STREIFENDELPHIN

Stenella caeruleoalba, **Meyen 1833, Familie der Delphinidae**

Er verzaubert Gibraltar. Er grüßt die Herkules-Säulen. In Wahrheit lebt er in den meisten gemäßigten und warmen Meeren der Erde. Man nennt ihn auch »Griechischer Delphin«, »Gestreifter Delphin«, »Thetis-Delphin« oder »Delphin der Göttin«. 1833 beschreibt ihn der Deutsche Franz Julius Meyen nach einem Exemplar des Río de la Plata und bezeichnet ihn als *caeruleoalba* ›blauweiß‹. Nachdem er den Gattungen *Lagenorhynchus* und *Prodelphinus* angehört hat,

Der Atlantische Fleckendelphin lebt häufig in klarem Wasser – wie hier bei den Bahamas. Seine Flecken können der Tarnung dienen: Das Tier ist dadurch für die Haie, die es fürchtet, oder die Fische, die es jagt, schlecht erkennbar. Diese Flecken gestatten es den Tieren auch, sich gegenseitig auf kurze Entfernung zu erkennen.

ordnet man ihn heute als *Stenella* ein. Man faßt unter der Rubrik *Stenella caeruleoalba* Formen wie den *Stenella styx* des Atlantik, den *S. euphrosyne* des Nordpazifik oder den *S. marginata* des Nordatlantik zusammen.
Länge: 2,70 (maximal 3, im Mittelmeer kaum 2) Meter. Gewicht: 110 (bis 140) Kilogramm. Neugeborenes: 90 Zentimeter bis 1 Meter, 20 Kilogramm.
Langer Schnabel. 40 bis 50 Zähne pro Kieferhälfte. Rückenflosse und Brustflosse sichelförmig. Rücken dunkelgrau, graubraun oder graublau; helle Flamme nahe der Rückenflosse; weißer Bauch, von den hellen Seiten durch eine dünne schwarze Linie abgesetzt. Dunkler Schnabel. Zwei dunkle Schrammen laufen schräg über die Seiten der Brust, die eine frei, die andere verbindet Auge und Brustflosse.
Der blauweiße Delphin scheint zu schäkern. Er frißt Krustentiere, Kalmare und Schwarmfische, er jagt mit den Thunfischen. Knacklaute wenig bekannt. Die Art schwimmt in großen Herden – bis zu 3000 Tiere. Sie läßt die drei Ozeane schäumen, *grosso modo* zwischen dem nördlichen und südlichen 50. Breitengrad. Im Sommer schwimmt dieser Delphin bis nach Grönland und ins Beringmeer. Zahl unbekannt – einige hunderttausend? Die zahlreichste Art lebt im Mittelmeer: mehr als 250 000 Tiere. Einer der meistgetöteten Delphine in Japan (Izu, Insel Iki), wo man früher jährlich 20 000 abschlachtete.

*Der Langschnabeldelphin (*Stenella longirostris*) verdient seinen anderen Namen »flitzender Delphin«. Er gibt Gas. Er ist ein vollendeter Akrobat. Er erreicht Spitzengeschwindigkeiten von mehr als 40 Stundenkilometern und schwimmt in den gemäßigten und warmen Zonen der drei großen Ozeane. Er schwimmt in großen Schwärmen, häufig in Begleitung von Fleckendelphinen – seinen nahen Verwandten.*

31. DER LANGSCHNABELDELPHIN

• *Stenella longirostris*, Gray 1828, Familie der Delphinidae

Man nennt ihn auch den »flitzenden Delphin«: Er gibt Gas. Er springt besser als jeder andere. Schläge mit dem Schwanz gegen die Wolken und unglaubliche Spiralen: sieben Drehungen vollbringt er um seine Längsachse, bevor er in die schaumige Gischt zurückfällt! 1828 beschreibt der Engländer John Gray einen Schädel mit »langem Schnabel«, den er folgerichtig *Delphinus longirostris* nennt und später in die Gattung *Stenella* einreiht. Zur selben Gattung rechnet man auch Formen wie den *Stenella alope*, *S. microps*, *S. rosiventris*. Die Walforscher unterscheiden sechs Arten: die von Costa Rica, die des Ostpazifik, die »weißbäuchige« (von Mexiko bis Brasilien), die des Südatlantik und Indischen Ozeans, die von Hawaii und schließlich den Zwerg, 1,30 Meter lang und 25 Kilogramm schwer, der nur im Golf von Thailand heimisch ist.

Länge: 1,80 (maximal 2,20) Meter. Gewicht: 75 (bis 95) Kilogramm. Neugeborenes: 75 Zentimeter, 12 Kilogramm.
Langer Schnabel. 46 bis 65 spitze Zähne pro Kieferhälfte. Sehr gerade Rückenflosse, schwärzlich oder bläulich, manchmal graubraun. Blaue Seiten mit einem ausgedehnten hellen Fleck (von den Schultern bis zum Anus) bei manchen Tieren; andere sind leicht gepunktet. Bauch weiß oder rosa. Der Langschnabeldelphin schwimmt schnell, springt und surft vor dem Bug der Schiffe, denen er manchmal eine Stunde vergnügt vorausschwimmt. Er wandert in großen Schwärmen, häufig mit den Fleckendelphinen oder den Thunfischen. Er verschlingt dieselbe Beute (Krustentiere, Weichtiere und Schwarmfische) wie der Fleckendelphin; er taucht jedoch tiefer, um sich anderes Futter zu verschaffen, wie z. B. Tiefseekalmare. Knacklaute auf einem breiten Spektrum bis über 100 000 Hertz. Verschiedene Schreie, pfeifende Rufe.
Der Langschnabeldelphin hält sich in der offenen See auf, im Reich der Dünung und des Windes, in einem Ozeanstreifen, dessen nördliche Grenze von Japan bis Kalifornien und von New England bis Marokko reicht, und dessen südliche Grenze von Australien bis Peru und von Uruguay bis Südafrika verläuft. Zahl unbekannt, einst waren es Millionen. Zwei Millionen allein im Ostpazifik. Doch wie der Fleckendelphin ist der Langschnabeldelphin vom Thunfischfang (des Weißen Thunfischs vor allem) bedroht: 80% seiner Bestände sind seit den achtziger Jahren im Ostpazifik vernichtet worden.

32. DER KLYMENE-DELPHIN

***Stenella clymene*, Gray 1850, Familie der Delphinidae**

In der griechischen Mythologie war Klymene, die »Berühmte«, eine Meeresnymphe, Tochter der Meeresgöttin Thetis. Sie heiratet den Titanen Iapetos und zeugt mit ihm den Riesen Atlas, Träger der Welt, Epimetheus und Prometheus, der den Menschen das Feuer schenkte. 1850 untersucht der Brite John Gray Waltierschädel im British Museum. Er stößt auf eine Merkwürdigkeit, die er *Delphinus clymene* nennt und die man später in die Gattung

Der Langschnabeldelphin liebt Wasserspiele. Keiner springt wie er. Er springt nicht nur hoch, er dreht sich dabei auch um sich selbst: Bei einem einzigen Sprung kann er sieben Drehungen um seine Längsachse ausführen. Es sind mehrere Unterarten bekannt: der Weißbauchige im Ostpazifik, der Zwerg bei Hawaii usw.

Stenella einreihen wird. Der Klymene-Delphin wird wegen des schwarzen »Käppchens«, das seinen Kopf bedeckt, und des grauen »Visiers«, das seine Stirn ziert, auch „Helmdelphin" genannt.

Länge: 1,80 (maximal 2) Meter. Gewicht: 75 (bis 90) Kilogramm. Neugeborenes: 75 Zentimeter, 10 Kilogramm.

Schnabel etwas kürzer als der des Langschnabeldelphins. 38 bis 49 Zähne pro Kieferhälfte. Hohe Rückenflosse. Spitze Brustflossen. Helm und Rücken, Arme und Schwanz schwärzlich. Seiten grau mit Schatten und einer breiten dunklen gewellten Linie zwischen Schulter und Anus. Weißer, rosa schillernder Bauch. Umrandete Augen. Ein grauer Mittelstreifen vom Spritzloch bis zum Schnabel verstärkt die Vorstellung eines »Helms«.

Das Alltagsleben dieser kleinen Prinzen der offenen See, den niemand lange in Freiheit beobachtet hat, ist unbekannt. Schneller Schwimmer, der auf der Suche nach Kalmaren und Laternenfischen (*Myctophidae*) tief taucht. Knacklaute unbekannt. Dieses seltene Waltier lebt im Atlantik in einer Zone zwischen New Jersey und Marokko im Norden, Uruguay und Südafrika im Süden.

Der Klymene-Delphin (oben) gehört zur Gattung Stenella. *Er lebt im warmen Atlantik und ist immer noch relativ unbekannt; nur wenige Menschen haben das Glück gehabt, ihn auf hoher See bewundern zu können.*

Der Südliche Glattdelphin oder Glattwaldelphin oder Péron-Delphin (unten) zeichnet sich durch seinen glatten Rücken ohne Rückenflosse und einen Körper aus, der breiter als hoch ist.

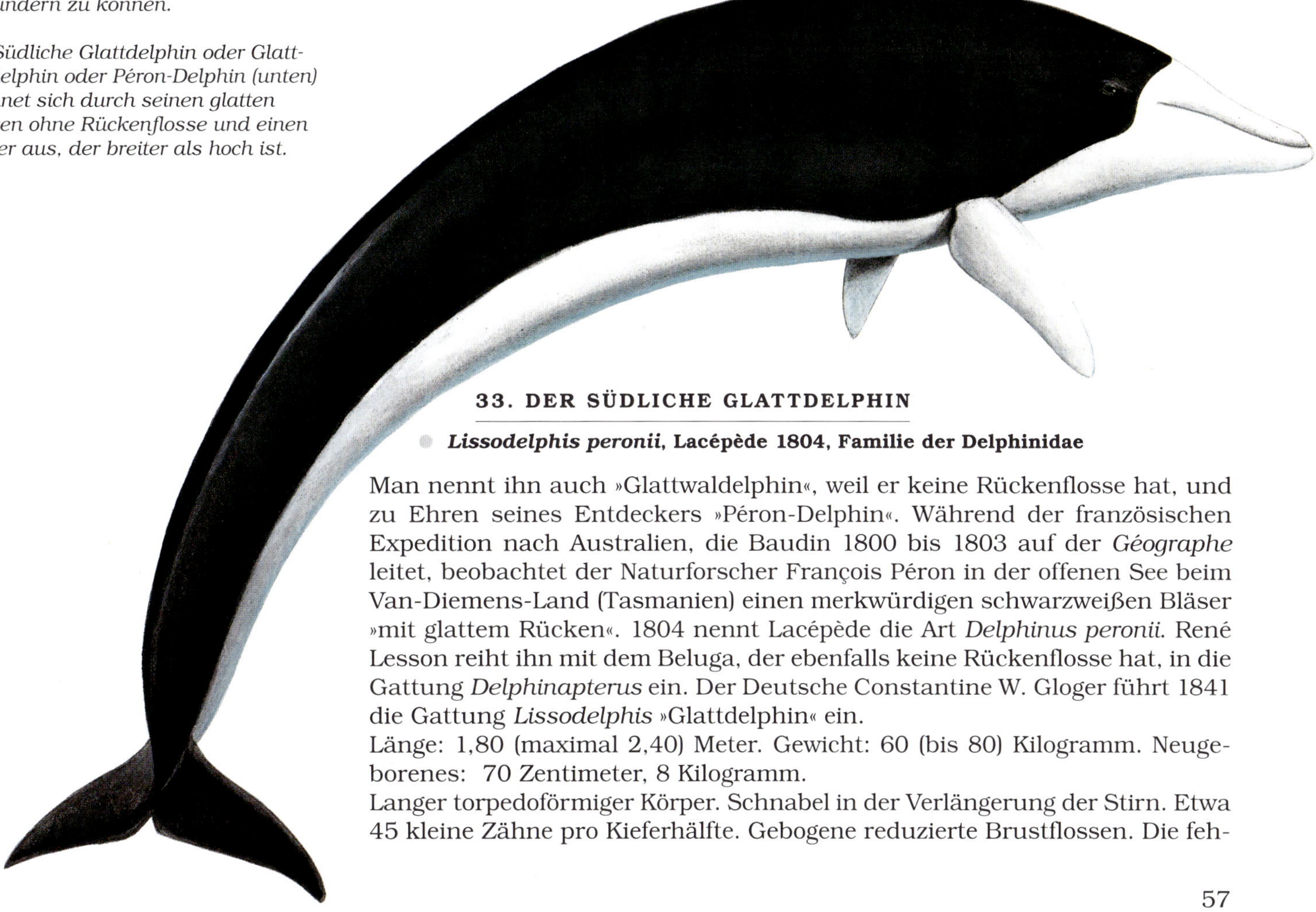

33. DER SÜDLICHE GLATTDELPHIN

***Lissodelphis peronii*, Lacépède 1804, Familie der Delphinidae**

Man nennt ihn auch »Glattwaldelphin«, weil er keine Rückenflosse hat, und zu Ehren seines Entdeckers »Péron-Delphin«. Während der französischen Expedition nach Australien, die Baudin 1800 bis 1803 auf der *Géographe* leitet, beobachtet der Naturforscher François Péron in der offenen See beim Van-Diemens-Land (Tasmanien) einen merkwürdigen schwarzweißen Bläser »mit glattem Rücken«. 1804 nennt Lacépède die Art *Delphinus peronii*. René Lesson reiht ihn mit dem Beluga, der ebenfalls keine Rückenflosse hat, in die Gattung *Delphinapterus* ein. Der Deutsche Constantine W. Gloger führt 1841 die Gattung *Lissodelphis* »Glattdelphin« ein.

Länge: 1,80 (maximal 2,40) Meter. Gewicht: 60 (bis 80) Kilogramm. Neugeborenes: 70 Zentimeter, 8 Kilogramm.

Langer torpedoförmiger Körper. Schnabel in der Verlängerung der Stirn. Etwa 45 kleine Zähne pro Kieferhälfte. Gebogene reduzierte Brustflossen. Die feh-

lende Rückenflosse müßte eigentlich die Stabilität beim Schwimmen beeinträchtigen, das Tier gleicht diesen Mangel jedoch durch die Körperform aus: anders als bei den meisten Odontoceti ist er breiter als hoch.
Schwarzer Rücken, schneeweißer Bauch. Das Schwarz beginnt auf der Stirn, schließt die Augen ein, streift den Mund und zieht sich zu den (gewöhnlich fleckenlosen) Brustflossen und von dort bogenförmig über die Seiten bis zum Schwanz (oben schwarz, unten weiß). Die Seltsamkeit dieser scheckigen Pigmentierung inspirierte Herman Melville, der ihn in *Moby Dick* unter dem Namen »Tümmler mit bemehltem Mund« beschrieb.
Der Südliche Glattdelphin taucht nach Kalmaren, Laternenfischen usw. Knacklaute unbekannt. Lebt in Gruppen von zehn bis hundert Tieren. Seine Gesamtzahl ist unbekannt – er ist nicht zahlreich. Lebt in den Südmeeren, zwischen dem tropischen Capricorn Channel und dem 40. bis 50. südlichen Breitengrad mit Streifzügen nahe dem Äquator in den kalten Benguela- und Humboldtstrom.

Der Nördliche Glattdelphin hat wie sein südlicher Vetter einen glatten Rücken ohne Rückenflosse. Er lebt nur im Nordpazifik, von Japan bis Kalifornien.

34. DER NÖRDLICHE GLATTDELPHIN

***Lissodelphis borealis*, Peale 1848, Familie der Delphinidae**

Ein Gast des Nordpazifik, ebenso schwarzweiß wie sein südlicher Vetter, jedoch mit mehr Tinte auf der Haut. 1848 beobachtet der amerikanische Maler T. Peale ein Exemplar vor der Mündung des Columbia River, im Nordpazifik. Er sieht in ihm einen Vetter des Beluga und nennt ihn *Delphinapterus borealis*. Später wird das Tier in die Gattung *Lissodelphis* eingeordnet. Einige weißere Tiere Japans könnten eine Unterart *albiventris* bilden.
Länge: Männchen 2,10 (maximal 3,10) Meter; Weibchen 2,70 Meter. Gewicht: 70 (bis 90) Kilogramm. Neugeborenes: 90 Zentimeter, 10 Kilogramm.
Am Rücken und Bauch abgeflachter Körper ohne Rückenflosse. Der Schnabel verlängert die Stirn. 36 bis 49 spitze Zähne pro Kieferhälfte. Kleine und spitze Brustflossen. Die Haut ist tiefschwarz, metallisch, mit Ausnahme des Unterleibs und der Schwanzunterseite. Brustflossen beidseitig dunkel. Ein schneeweißes Kinnband betont den Unterkiefer. Babys braun.
Dieser Delphin schwimmt meist langsam, man hat ihn aber auch beobachtet, wie er auf der Bugwelle eines grauen Kalifornien-Wals spielte. Er reist mit dem Tropischen Grindwal, dem Weißseitendelphin, dem Gemeinen Delphin, dem Rissodelphin, dem Dall-Schweinswal usw. Er taucht mehrere hundert Meter auf der Suche nach Kalmaren, Laternenfischen usw. Knacklaute um die 40 000 Hertz. Gestoßene Pfiffe, Stöhnen, Grunzen, Kreischen.
Die 20 bis 40 Tiere starken Gruppen bewegen sich V-förmig vorwärts. Der Meeresbewohner, dessen Zahl unbekannt ist, lebt in den kalten Gewässern des Nordpazifik von Japan bis zur Beringstraße und bis nach Kalifornien.

35. DER KAP-DELPHIN

***Cephalorhynchus heavisidii*, Gray 1828, Familie der Delphinidae**

Man nennt ihn auch »Heaviside-« oder »Benguela-Delphin« nach der kalten Strömung an der Westküste Südafrikas und Namibias. 1828 erhält William Clift in London einen Schädel, der aus einer Sammlung stammen soll, die der Chirurg und Naturforscher Heaviside am Kap zusammengetragen hat. Später wird bekannt, daß das Stück von einem gewissen Villet einem Ange-

Der Hector- oder Neuseeland-Delphin, schnell und elegant, verkörpert eine Art von kleinem Wassergeist. Seine runde Rückenflosse macht ihn einzigartig. Er lebt nur in den Küstengewässern des neuseeländischen Archipels, wo er – bisweilen nachts – auf der Suche nach Kalmaren, Krustentieren und verschiedenen Fischen patrouilliert.

stellten der Indiengesellschaft namens Heaviside übergeben wurde. Verwechslungsspielchen der Wissenschaft! 1828 nennt John Gray das Tier *Delphinus heavisidii.* 1846 ordnet er es in die Gattung *Cephalorhynchus* ein.
Länge: 1,20 (maximal 1,40) Meter. Gewicht: 40 (bis 55) Kilogramm. Neugeborenes: 70 Zentimeter, 8 Kilogramm.
Miniformat. Gedrungener Körper. Großer Kopf ohne Schnabel – nur ein großer Mund mit leicht vorspringendem Oberkiefer. 25 bis 30 spitze Zähne pro Kieferhälfte. Rückenflosse: stumpfes, an der Basis breites Dreieck. Ovale Brustflossen. Schwarzweiße Livree. Das Pechschwarz bedeckt Kopf, Kehle, Rücken und beidseitig den Schwanz. Brustflossen oben schwarz, unten weiß. Der große makellose Bauchfleck bildet eine elegante kleeblattförmige Wolke.
Über dieses scheue Waltier, das Kalmare und Bodenfische (Schollen, Steinbutt) frißt, weiß man wenig. Knacklaute um 8000 Hertz. Der Kap-Delphin schwimmt in kleinen Gruppen, selten weiter als zehn Meilen von der Küste entfernt, vom Kap der Guten Hoffnung bis zum Cape Cross in Namibia. Heimisch in den kalten Gewässern des Benguelastroms. Geringe Zahl: 1000–2000?

36. DER HECTOR-DELPHIN

● *Cephalorhynchus hectori*, van Beneden 1881, Familie der Delphinidae

Ein schwarzweißer Torpedo in Sichtweite der Rauchenden Insel und der Jade-Insel. Der Hektor- oder Weißstirn- (*albifrons*) oder Neuseeland-Delphin kommt nur in den Gewässern dieses Archipels vor. Wellenkobold mit runder Rückenflosse. 1873 beschreibt Sir James Hector ein kleines Waltier der Cookstraße, das er *Electra clancula* nennt. Er schickt ein Exemplar an den Belgier Pierre-Joseph van Beneden, der den Fund in *Electra hectori* umbenennt, bevor er in die Gattung *Cephalorhynchus* eingeordnet wird.
Länge: 1,40 (maximal 1,70) Meter. Gewicht: 40 (bis 60) Kilogramm. Neugeborenes: 75 Zentimeter, 9 Kilogramm.
Kurzer Schnabel. 24 bis 32 Zähne pro Kieferhälfte. Typische runde Rückenflosse, bisweilen fast halbkreisförmig. Ovale Brustflossen. Haut schwarz-, dunkelgrau-, hellgrau- und weißgemustert. Gesicht, Augen, Schultern,

Arme, Rückenflosse und Schwanz schwarz. Rücken und Seiten dunkelgrau. Stirn und ein Teil des Bauchs hellgrau. Kehle und Unterleib weiß.
Schwimmt schnell, springt, surft. Ein seltsames Tier. Es scheut nicht die Nähe der Schiffe und badender Kinder. Es taucht nach Krustentieren, Kalmaren und verschiedenen Fischen. Der »Schwätzer« gibt gestoßene einfache oder doppelte Töne von sich und Knacklaute auf Frequenzen um 120 000 Hertz. Die Art lebt in kleinen Gruppen ausschließlich bei Neuseeland. Eine Zählung ergab 1985 eine Gesamtzahl von 3000 bis 4000 Tieren. Bedrohte Art.

Der scheckige Delphin oder Commerson-Delphin (rechts), von dem Naturforscher Philibert Commerson auf Bougainvilles Reise um die Welt 1766–1768 entdeckt, ist ein lebhaftes und elegantes schwarzweißes Waltier. Man hat ihn Spitzengeschwindigkeiten von 55 Stundenkilometern erreichen sehen. Er lebt in kleinen Gruppen von drei bis zwölf, manchmal bis zu dreißig Tieren.

37. DER SCHWARZDELPHIN

● ***Cephalorhynchus eutropia*, Gray 1846, Familie der Delphinidae**

Der Schwarz- oder Chile-Delphin ist in den Gewässern des Magellan-Archipels heimisch, zwischen Valparaiso und Kap Horn.

Der Schwarz- oder Chile-Delphin hat sein Nachthemd angezogen. Er ist seit Beginn des 19. Jahrhunderts bekannt, durch ein Exemplar, das an einem Strand in Chile gefunden wurde, sowie durch einen Bericht von Sir James Clark Ross über die britische Expedition auf der *Erebus* und der *Terror*. 1846 nennt der Engländer Gray ihn *Delphinus eutropia* (von griech. *eu* ›gut‹ und *tropidos* ›Kegel‹)
Länge: 1,20 (maximal 1,60) Meter. Gewicht: 45 (bis 60) Kilogramm. Neugeborenes: 60 Zentimeter, 7 Kilogramm.
Klein, gedrungen, muskulös. Kaum ausgeprägter Schnabel. Recht großes Auge. 28 bis 31 Zähne pro Kieferhälfte. Die Rückenflosse bildet ein flaches, abgerundetes Dreieck. Runde Brustflossen. Ein herrliches Samtschwarz bedeckt fast den ganzen Körper, unterbrochen von einer dünnen hellen Linie über jeder Lippe und drei weißen Flecken auf der Unterseite: einen auf der Brust, einen hinter den Brustflossen, einer um den Anus. Das Spritzloch kann graugepudert sein.
Dieser hübsche Teufel schwimmt gerne mit dem Schwarzkinndelphin. Wird manchmal mit dem Burmeister-Schweinswal verwechselt, der in denselben Gewässern lebt. Über seine Lebensweise ist fast nichts bekannt, außer daß er Garnelen, Furchenkrebse, Kalmare und Fische frißt. Knacklaute unbekannt. Lebt in kleinen Gruppen, Versammlungen von vierhundert Tieren wurden aber beobachtet. Lebt in den Fahrrinnen des Magellanarchipels, von Valparaiso bis zum Kap Horn. Geringe Bestände: ein paar tausend. Die Chilenen töten ihn, um aus ihm Köder für ihre Königskrabbenreusen zu machen.

38. DER COMMERSON-DELPHIN

● ***Cephalorhynchus commersonii*, Lacépède 1804, Familie der Delphinidae**

Der vierte schwarzweiße Musketier der Gattung des südlichen Cephalorhynchus. Man nennt ihn auch »Scheckiger« oder »Jakobit-Delphin«. Philibert Commerson, Arzt und Naturforscher der Expedition von Bougainville auf der *Etoile* und der *Bondeuse* 1766 bis 1769, erblickt ihn in der Magellanstraße. Lacépède nennt ihn 1804 *Delphinus commersonii*. 1836 beschreibt Georges

Cuvier ein Exemplar, das er *Delphinus cephalorhynchus* nennt. 1846 benutzt der Engländer John Gray letztere Bezeichnung (von griech. *kephale* ›Kopf‹ und *rhynchos* ›Schnabel‹), um die Gattung *Cephalorhynchus* zu schaffen.
Länge: 1,35 (maximal beim größeren Weibchen 1,65) Meter. Gewicht: 40 (bis 65) Kilogramm. Neugeborenes: 60 Zentimeter, 8 Kilogramm.
Gestalt wie ein Schweinswal. Fast dreieckiger Kopf. 29 oder 30 spitze Zähne pro Kieferhälfte. Ovale oder halbmondförmige Rückenflosse. Kurze abgerundete Brustflossen. Beim erwachsenen Tier ist der hintere Flossenrand gezackt: Vielleicht kratzt er damit bei der Nahrungssuche über den Boden. Schwarzweiße oder schwarz-hellgraue Livree. Die dunkle Färbung überzieht Kopf, Rückenflosse, Brustflossen, einen Teil des Rückens und den Schwanz. An der Kehle, vom Rücken zu den Seiten und zum Anus erscheint Elfenbein oder leichtes Grau nach merkwürdig schiefem Muster. Ein schöner Prinz ...
Dieses Waltier ernährt sich von Krebstieren (Furchenkrebse, Krill), Kalmaren, Würmern, Seescheiden; bei den Kerguelen von Eisfischen. Er fürchtet den Schwertwal; vielleicht ist seine Färbung ein Mittel, ihm zu entkommen. Laute kaum bekannt. Lebt in Gruppen südlich von Argentinien, von den Falkland-Inseln bis nach Feuerland und South Georgia; von dort bis Tristan da Cunha und zu den Kerguelen. Recht häufig. Bedroht durch die Fischernetze und die Überfischung.

39. DER MELONENKOPF ELEKTRAS

● *Peponocephala electra*, Gray 1846, Familie der Delphinidae

»Melonenkopf«: fast ein Spitzname! Man mag das gelehrte Wort »Peponocephala« vorziehen, das allerdings dasselbe meint – von griech. *peponis* ›Melone‹ und *kephale* ›Kopf‹. Der Engländer Gray beschreibt dieses Tier 1846 nach den Sammlungen der Expedition von Sir James Clark Ross auf der *Erebus* und der *Terror*. 1966 ordnen die Japaner Nakajima und Nishiwaki und der Amerikaner Kenneth Norris den »Elektra-Delphin« in die Gattung *Peponocephala* ein. *Electra* bedeutet ›Ambra‹. Wenn es sich nicht um eine Anspielung auf die Nymphe Electra, Tochter von Okeanos und Thetis, handelt.
Länge: 2,20 (maximal 2,80) Meter. Gewicht: 160 (bis 200) Kilogramm. Neugeborenes: 1 Meter, 18 Kilogramm.
Runder Kopf ohne Schnabel. Pralle Melone. Schiefer Mund. 21 bis 25 spitze Zähne pro Kieferhälfte. Rückenflosse sichelförmig. Lange Brustflossen. Dunkelgraue Haut, mit Ausnahme einer hellgrauen oder weißen ankerförmigen Fläche von der Brust bis zum Anus. Mund hellgrau oder weiß eingefaßt.
Der Melonenkopf springt, surft und ist den Menschen gegenüber mißtrauisch. Verschlingt Kalmare und Fische aller Art. Er jagt in Gruppen von zwanzig bis hundert, manchmal über tausend Tieren. Ein Rudel von Raubtieren. Geräusche und Knacklaute kaum bekannt. Lebt in den tropischen und subtropischen Gewässern der drei großen Ozeane zwischen dem nördlichen und südlichen 40. Breitengrad. Vor allem im Pazifk nicht selten, Zahl jedoch unbekannt.

40. DER ZWERGGRINDWAL

● *Feresa attenuata*, Gray 1874, Familie der Delphinidae

Eine schwarze Persönlichkeit! Gebogener Kopf, Oberkiefer etwas länger als der Unterkiefer. Der Zwerg- oder Pygmäengrindwal verbringt Stunden damit, sich mit Familie an der Oberfläche in der Sonne zu aalen, von der Dünung gewiegt ... 1827 beschreibt der Engländer Gray den Schädel eines *Delphinus intermedius*, den er in *Grampus intermedius* und dann in *Orca intermedia* umbenennt, bevor er 1874 *Feresa attenuata* vorschlägt. *Feresa* bezeichnet einen Delphintyp im Altfranzösischen; *attenuata* erinnert an die geringe Kopfgröße.

Der Pygmäen- oder Zwerggrindwal, etwa so groß wie ein Großer Tümmler, hat eine schwarze oder dunkelgraue Haut (mit Ausnahme eines helleren Bereichs am Bauch). Er ernährt sich von Kalmaren, Schwarmfischen und Meeressäugetieren. In Gefangenschaft ist er nur schwer zusammen mit anderen Delphinen zu halten. Er neigt dazu, sie anzugreifen ...

Der Pseudorca ist kräftig: über 5 Meter lang bei einem Gewicht von 1 bis 2 Tonnen. Große konische Zähne: Das Tier frißt nicht nur Kalmare und Schwarmfische von mittlerer Größe, sondern auch große Tiere wie den Bonito-Thunfisch oder die Goldmakrele; von Zeit zu Zeit auch Ohrenrobben oder Delphine ...

Länge: 2,30 (beim Weibchen maximal 2,20, beim Männchen bis zu 2,75) Meter. Gewicht: 170 (bis 225) Kilogramm. Neugeborenes: 80 Zentimeter, 15 Kilogramm.

Körper seitlich zusammengedrückt, wie der des Pseudorca. Runder, gebogener Kopf, auf der Höhe des Spritzlochs eingedrückt. 8 bis 13 Zähne pro Kieferhälfte. Hohe sichelförmige Rückenflosse. Kleine Brustflossen. Eine schmale Mittelfurche zieht sich vom Magen bis zum Genitalschlitz. Die Haut ist schwarz oder dunkelgrau, mit einem ankerförmigen weißen oder hellgrauen Fleck von der Brust bis zum Anus. Seiten verstärkt durch eine perlgraue Tuschzeichnung. Lippen hellgrau umrandet.

Jagt nachts und verbringt den größten Teil seiner Tage damit, an der Oberfläche zu dösen. Verschlingt Kalmare und andere Weichtiere, Schwarmfische (Sardinen, Anschovis usw.). Knacklaute kaum bekannt. Dieses Waltier lebt in großen Schwärmen, manchmal in Gesellschaft des Fraser- oder des Rissodelphins. Scheint seßhaft zu sein. In Gefangenschaft wird er den anderen Delphinen gegenüber aggressiv. Er durchfurcht die gemäßigten und warmen Gewässer der drei großen Ozeane zwischen dem nördlichen und südlichen 30. Breitengrad. Stärke seiner Populationen unbekannt.

41. DER KLEINE SCHWERTWAL

***Pseudorca crassidens*, Owen 1846, Familie der Delphinidae**

Trugwal, Pseudorca: ein untersetzter Romantiker mit einem Lächeln voll kräftiger Zähne. Die Naturforscher lernen ihn als Fossil kennen, bevor sie bemerken, daß er immer noch im Meer bläst. 1846 beschreibt der englische Paläontologe Robert Owen ein Skelett, das aus einer Quartärformation in Lincolnshire ausgegraben wurde. Er nennt es *Phocaena crassidens* ›Dickzahnschweinswal‹ und reiht es unter die ausgestorbenen Tiere ein. 1862 jedoch stranden etwa hundert dieser »Fossilien« in der Nähe von Kiel! Der deutsche Wissenschaftler Johannes Reinhardt führt die Gattung *Pseudorca* ein.

Länge: Männchen 5,50 (maximal 6) Meter; Weibchen 4,60 (bis 5,40) Meter. Gewicht: Männchen 1,6 Tonnen; Weibchen 1,1 Tonnen. Neugeborenes: 1,60 Meter, 80 Kilogramm.

Eindrucksvoll! Der Oberkiefer überragt den Unterkiefer. 8 bis 13 konische, dicke, spitze Zähne pro Kieferhälfte. Rückenflosse sichelförmig. Brustflossen gebogen. Schwarze oder dunkelgraue Haut, mit Ausnahme eines weißen oder hellgrauen ankerförmigen Bauchflecks.

Das Tier schwimmt schnell, springt, surft und ernährt sich von Kalmaren und Fischen, auch großen (Thunfisch, Bonito, Goldmakrele, Kabeljau usw.); vielleicht verschlingt es sogar kleine Delphine. Verschiedene Pfiffe, Gezwit-

Folgende Doppelseite: Der Schwertwal lebt in allen Weltmeeren, vom Arktischen bis zum Antarktischen Eismeer. Ein Verbreitungsgebiet, das sieben Zehntel der Oberfläche unseres Planeten bedeckt; nur der Mensch besitzt ein größeres Territorium.

scher. Knacklaute kaum bekannt. Eines der geselligsten Waltiere: Es bildet Gruppen von zehn bis mehreren hundert Tieren und hält den (traurigen) Rekord in Massenstrandungen: über 800 »Selbstmörder« 1964, auf einem argentinischen Strand. Der kleine Schwertwal ist ein häufiger und beliebter ›Gast‹ in den Meeresparks: Er lernt rasch! Seine Zahl ist unbekannt: Die eher seltene Art bläst in der offenen See aller gemäßigten und warmen Weltmeere.

42. DER SCHWERT- ODER MÖRDERWAL

***Orcinus orca*, Linné 1758, Familie der Delphinidae**

Die schönste, die schlaueste, die erhabenste Persönlichkeit in der Familie der »Delphine« ... Die »Zähne des Meeres« und das »Gehirn der Wellen« vereint; der mächtigste Fleischfresser im Amt; und sein Verstand ... Zudem eine der Arten, mit dem ausgedehntesten Reich: Er lebt in allen Meeren vom Äquator bis zu den beiden Packeiszonen.

Plinius der Ältere beschreibt, wie die Schwertwale im 1. Jahrhundert in den Hafen von Ostia schwimmen und Kaiser Claudius sie mit seiner Prätorianer-Kohorte angreift. Die Seeleute der Renaissance respektieren den Schwertwal, den die Walfänger »Mörderwal« nennen. In *Moby Dick* reiht Herman Melville den »Mörderwal« in die Rubrik »Oktav-Wal« ein: »Eine Art kannibalistischer Fisch. Es kommt vor, daß er die großen Folio-Wale mit den Lippen schnappt und sich wie ein Blutsauger an ihnen festsaugt. [...] Man kann vorgeben, sein Name unterscheide ihn nicht von anderen Lebewesen, da wir alle Mörder sind, zu Land und zu Meer, einschließlich Bonaparte und die Haie.«

Der Schwertwal – den man auch »Gladiator« nennt – hat die Ehre, für die Wissenschaft von dem Schweden Carl von Linné (*Systema naturae* 1758) beschrieben worden zu sein, der ihm den Namen *Delphinus orca* gibt. 1860 schlägt Leopold Fitzinger *Orcinus* vor, das auf lateinisch ›großer Fisch‹ bedeutet. Russische Forscher beschreiben 1981 eine Zwergform der Art, charakteristisch für die Antarktis, die sie *Orcinus nanus* oder *O. glacialis* (›Eis-

Magisches Blasen des Schwertwals. So kündigt der wahre »König« des Meeres sich seinen »Vasallen« an. Der Mächtigste und Schlaueste unter den Delphinen, das größte Raubtier zu Wasser und zu Land ... Gewiß, der Pottwal ist stärker, aber er frißt nur Kalmare. Der Schwertwal ist da nicht so wählerisch.

schwertwal‹) nennen. Ein Walforscher soll einen »*alula*«-Schwertwal im Golf von Aden erfaßt haben. Unterarten?

Länge: Männchen 8 (maximal 10) Meter; Weibchen 6 (bis 8,50) Meter. Gewicht: 6 (bis 8,50) Tonnen: Man rechnet beim Männchen 700 Kilogramm auf einen Meter Länge, beim Weibchen 500. Neugeborenes: 2,10 bis 2,40 Meter, 180 Kilogramm.

Runder Kopf, ausgeprägte Melone. 10 bis 13 konische Zähne von 2 bis 5 Zentimetern an der Basis pro Kieferhälfte. Rückenflosse sichelförmig, beim Weibchen 90 Zentimeter hoch, vertikal und beim Männchen bis zu 2 Meter: eine Standarte ... Brustflossen schaufelartig. Schwanzlappen leicht nach unten eingerollt. Schwarzweiß ... Die Form der Flecken variiert jedoch je nach Tier. Eine hellgraue Fläche hinter der Rückenflosse – der »Sattel« – erlaubt, jedes Individuum zu unterscheiden. Die weißen Hautregionen bedecken Schläfen und Bauch bis unter den Schwanz. Schwarzpigmentierte Tiere und Albinos wurden gesichtet. Babys dunkelgrau und cremefarben.

Der Schwertwal bläst, und seine Fontäne erreicht eine Höhe von über 3 Metern. Er fürchtet die Schiffe nicht, ist ein erstaunlicher Springer, macht die Kerze mit dem Schwanz in der Luft, peitscht das Wasser mit dem Schwanz und spioniert. An der Spitze der Ernährungspyramide des Ozeans stehend, liebt er alles, von Kalmar und Fisch bis Seehund, Seelöwe und Delphin, ja sogar Glattdelphin. Gibt eine Bandbreite von Schwingtönen, gepfiffenen, modulierten oder gequietschten Rufen von sich. Knacklaute auf Frequenzen von 250 bis 50 000 Hertz. Zahl unbekannt: einige hunderttausend? Früher ging man von einem »Bestand« von 160 000 Tieren in der Antarktis aus, diese Schätzung wird jedoch angezweifelt.

Seit Zählungen auf der Grundlage von Photos durchgeführt werden und nicht mehr von Stichproben auf typischen Schiffsrouten, wurde z. B. festgestellt, daß die auf mehrere tausend geschätzte Gruppe von Vancouver Island nur 300 Tiere umfaßt!

Der lange von den Walfängern Norwegens, Islands, Japans und der ehemaligen Sowjetunion (die pro Saison mehr als 1000 harpunierten) gejagte Schwertwal wird jetzt einigermaßen in Ruhe gelassen, wenn auch jedes Jahr einige mit dem Netz für die Meeresparks gefangen werden. Schlimmmer wirken sich die Plünderungen der Hochseefischerei aus, die das Meer leerfischen und die Raubtiere aushungern. Hinzu kommt die Verschmutzung durch Schwermetalle und Pestizide, die die Waltiere krank und unfruchtbar machen.

Der Rissodelphin oder Graue Delphin »spioniert« hier in den Gewässern von Costa Rica. Diese Art ist in allen gemäßigten oder warmen Gewässern des Erdballs zu Hause: Eine mächtige Gestalt von mehr als 3 Metern und 300 Kilogramm – im übrigen ein ausgezeichneter Taucher (er kann über eine halbe Stunde die Luft anhalten), der fast ausschließlich Kalmare frißt.

43. DER RUNDKOPF- ODER RISSODELPHIN

***Grampus griseus*, Cuvier 1812,**
Familie der Delphinidae

Er verdient seinen anderen Familiennamen »Grauer Delphin«. Man könnte ihn den »Narbigen« nennen, so vernarbt scheint seine Haut. Georges Cuvier erhält den Kadaver eines bei Brest gestrandeten Tiers und Stücke eines bei Nizza geborgenen Exemplars. 1812 nennt er das Tier *Delphinus griseus*.

Die Überreste aus Nizza erhielt er von einem gewissen Risso, daher der populäre Name des Waltiers. 1828 führt der Engländer John Gray die Gattung *Grampus* ein, nach einer lokalen Bezeichnung des Orca, die sich ihrerseits von französisch »grand poisson« herleitet.

Länge: 3 (maximal 4,20) Meter. Gewicht: 300 (bis 680) Kilogramm. Neugeborenes: 1,50 Meter, 70 Kilogramm.

Kopf des Grindwals, Körper des Großen Tümmlers. Vorspringende Melone, geteilt durch eine vertikale Mittelfurche. Kein Zahn (nur zwei Reste) im Oberkiefer; 2 bis 7 (meist 3 oder 4) große konische Zähne pro Unterkieferhälfte. Hohe sichelförmige Rückenflosse. Spitze Brustflossen. Das Junge ist dunkelgrau. Beim erwachsenen Tier beschränkt sich die dunkle Färbung auf Rückenflosse, Brustflossen und Schwanz; Rücken und Seiten bleichen mit dem Alter. Eine weiße Fläche profiliert Brust und Bauch, manchmal Schnauze. Die Haut ist mit Narben von Verletzungen übersät, von denen man nicht weiß, ob sie von den Zähnen ihrer Artgenossen oder von den Schnäbeln von Kalmaren stammen. Der Rundkopfdelphin macht für seine Größe erstaunliche Sprünge. Er reist gern in Gesellschaft der Glattdelphine, der Grindwale, des Pseudorca und des Großen Tümmlers, mit dem er sich manchmal paart. Der gute Taucher kann 30 Minuten die Luft anhalten und frißt fast nur Kalmare. Laute unbekannt. Wandert in allen gemäßigten und warmen Gewässern der Erde, von der Nordsee bis Patagonien und von Japan bis Neuseeland. Die Stärke seiner Populationen ist unbekannt.

44. DER SCHWARZGRINDWAL

● ***Globicephala melas*, Traill 1809, Familie der Delphinidae**

Dunkel und gesellig. Sein kugelförmiger Kopf und seine schwarze Haut, trugen ihm seinen populären und seinen gelehrten Namen ein ... Er ist seit der Antike im Mittelmeer wie in der Nordsee bekannt. Sein Familienname »Pilot-Delphin« bringt die Legende auf den Punkt, der zufolge er den verirrten Seefahrer sicher in den Hafen zurückbringt. Man nennt ihn auch »Pilot-Wal«, »Führer«, »Hirte«, »Kessel« oder »Langflossengrindwal«. 1806 untersucht der schottische Arzt Thomas Traill zehn in der Scapa Flow der Orkney-Inseln gestrandete Exemplare und veröffentlicht 1809 eine Beschreibung unter dem Namen *Delphinus melas* ›Schwarzdelphin‹. 1828 führt der Franzose René Lesson die Gattung *Globicephala* ›runder Kopf‹ ein.

Länge: Männchen 6 (maximal 8,50) Meter; Weibchen 4,80 (bis 6) Meter. Gewicht: Männchen 3 (maximal 3,8) Tonnen; Weibchen 1,3 (bis 2) Tonnen. Neugeborenes: 1,80 Meter, 90 Kilogramm.

Halbkugelförmige Melone, die mit dem Alter immer voluminöser wird. 7 bis 12 große konische Zähne pro Kieferhälfte. Niedrige, an der Basis breite Rückenflosse. Spitze, lange (ein Fünftel der Körperlänge) Brustflossen mit einem typischen Knick. Schwanzflosse hoch und seitlich zusammengedrückt. Das Tiefschwarz der Haut wird durch einen weißen ankerförmigen Fleck auf Brust und Bauch noch verstärkt. Hinter der Rückenflosse bildet eine veränderliche graue Region den »Sattel«. Braunschwarze Babys.

Beim Auftauchen zeigt dieses Waltier seine große runde Melone und bläst eine mächtige, mehr als 1,50 Meter hohe Fontäne in die Luft. Gewöhnlich taucht er 100 bis 200 Meter und bleibt 5 bis 10 Minuten unter Wasser; manchmal verschwindet er aber auch für anderthalb (behauptet wurde auch zwei) Stunden. Dann taucht er mehr als 1000 Meter hinab. Nahrung verschieden, je nach lokalem Vorkommen: Kalmare, Schwarmfische (Heringe, Sardinen, Kabeljau, Seehecht usw.). Laute von erstaunlicher Vielfalt: Gezwitscher, Pfiffe, Quietschen, Schnarchen, Schnurren, Piepsen usw. Knacklaute kaum bekannt.

Der Schwarzgrindwal reist in Gruppen, manchmal mit dem Großen Tümmler, dem Gemeinen Delphin, dem Rissodelphin, dem Pseudorca. Er gehört zu den Waltieren mit dem stärksten Herdentrieb und zu denen, die am häufigsten stranden. Zahl unbekannt, scheint jedoch nicht selten zu sein. Der Pilot-Delphin ist durch die jährlichen mehr oder weniger »traditionellen« Massaker bedroht, etwa bei den Faröer-Inseln, wo jährlich um die 1500 abgeschlachtet werden! Vor allem leidet er unter der Nahrungsverknappung durch das Überfischen und die Verschmutzung durch Schwermetalle und Pestizide. Man nimmt an, daß es früher eine Herde im Nordpazifik gab, sie ist jedoch verschwunden. Lebt im Nordatlantik und im Mittelmeer und bläst auch in den kühlen Gewässern der Südmeere zwischen dem tropischen Capricorn Channel und dem 40. bis 50. südlichen Breitengrad.

Die Grindwale, wie dieser Kurzflossige mit der vorstehenden Melone, werden auch »Pilot-Delphine« genannt. Die Seeleute behaupteten früher, daß diese Tiere den Schiffbrüchigen zu Hilfe kommen und die vom Kurs abgekommenen Schiffe in den sicheren Hafen leiten. Ein Beistand, dessen wirkliche Motive unbekannt sind ...

45. DER INDISCHE GRINDWAL

Globicephala macrorhyncha, Gray 1846, Familie der Delphinidae

Kopie des Schwarzgrindwals, mit kürzeren Brustflossen, daher auch die Bezeichnung »Kurzflossengrindwal«. Der Engländer John Gray untersucht mehrere Exemplare, die Sir James Clark Ross von seiner Expedition auf der *Erebus* und der *Terror* aus den Südmeeren mitbringt. 1846 nennt er ihn *Globicephalus macrorhynchus* ›Runder Kopf – großer Schnabel‹. Die Tiere des Nordpazifik, zuerst *Globicephala sieboldii* genannt zu Ehren des deutschen Naturforschers Karl Siebold, bilden vielleicht die Unterart *G. m. sieboldii*.
Länge: Männchen 5,50 (maximal 6,80) Meter; Weibchen 4,30 (bis 5) Meter. Gewicht: Männchen 1,8 (bis 3) Tonnen; Weibchen 1 (bis 1,5) Tonnen. Neugeborenes: 1,40 Meter, 60 Kilogramm.
Voluminöse Melone, die mit dem Alter wächst. 7 bis 12 konische Zähne pro Kieferhälfte. Niedrige, nach hinten gebogene Rückenflosse. Gebogene und spitze Brustflossen, ein Sechstel der Körperlänge lang. Schwarze oder dunkelgraue Haut. Ankerförmiger weißer Fleck von der Brust bis zum Anus. Hellgrauer »Sattel«. Das Tier schläft einen Teil des Tages an der Oberfläche. Er spioniert und macht die Kerze mit dem Schwanz in der Höhe wie sein langflossiger Vetter, mit dem er die bemerkenswerte Tauglichkeit für das Tauchen teilt. Wenn er, von einem tiefen Tauchgang zurück, kräftig bläst, klingt es wie Pfeifen. Reisen in Gesellschaft des Pseudorca, des Melonenkopfes, des Rissodelphins usw. Nahrung: Kalmare aller Art; manchmal Fische. Knacklaute kaum bekannt. Pfiffe, Schnurren, Quietschen, Knacken, Staccati ... Lebt in solidarischen Gruppen in den subtropischen und tropischen Gewässern der drei großen Ozeane. Lokal gejagt (200 bis 300 pro Jahr bei der Saint-Vincent-Insel in der Karibik). Zahl unbekannt.

Die Schnabelwale oder Spitzschnauzendelphine (Ziphiidae)

Rätselhaft, fern, den Blicken der Menschen meist entzogen, nehmen sie ihr Geheimnis ins offene Meer mit. Sie bilden die Familie der Ziphiidae, deren Name sich von dem der Gattung *Ziphius* herleitet, den Cuvier 1823 aus dem griechischen Wort *xiphos* ›Schwert‹ gebildet hat. Sie sind so scheu, daß man noch 1991 eine neue Art entdeckt hat (das jüngste klassifizierte Säugetier): den Peru-Mesoplodon (*Mesoplodon peruvianus*).
Die Familie bringt es auf stolze fünf Gattungen und neunzehn Arten. Den Ziphiidae, die es auf eine beachtliche Größe bringen, sind ein spitzer Schnabel und eine geringe Anzahl von Zähnen gemeinsam, die häufig nur auf dem Unterkiefer sitzen. Die Rückenflosse, im hinteren Drittel des Rückens, ist niedrig, die Brustflossen sind kurz. Zwei V-förmige Furchen ziehen sich über die Brust. Die Schwanzfinne hat häufig keine Kerbe in der Mitte.

46. DER BAIRD-WAL

***Berardius bairdi*, Stejneger 1883**

Der Mächtigste innerhalb der Familie; der Norweger Leonhard H. Stejneger widmete ihn dem Alaskaforscher Spencer Baird. Man nennt ihn auch *Berardius bairdi* oder »Nördlicher Schnabelwal«. Länge: Männchen 10 (bis 12) Meter; Weibchen 11 (bis 13) Meter. Gewicht: 10 bis 11 Tonnen. Neugeborenes: 3 Meter, 300 Kilogramm. Zwei große ungleiche Zähne pro Unterkieferhälfte. Graue, narbengestreifte Haut mit drei weißen Bereichen – am Kinn, an der Brust und am Bauchnabel.
Das Tier taucht auf 1000 Meter und ernährt sich von Kalmaren, Polypen, Langusten, Fischen, Seesternen usw. Laute und Zahl unbekannt. Dieses seltene Waltier lebt im Nordpazifik und in der Beringsee. Paradox: Er überwintert im nördlichsten – kältesten – Teil seines Lebensraums.

47. DER SÜDLICHE SCHWARZWAL

***Berardius arnuxii*, Duvernoy 1851**

Der latinisierte Name *Berardius* leitet sich von dem französischen Kapitän Bérard her, der 1846 die Korvette *Le Rhin* in den Südmeeren kommandiert. Der Chirurg der Expedition, M. Arnoux, bringt dem Naturforscher Georges-Louis Duvernoy den Schädel eines in Neuseeland gestrandeten Waltiers mit. Über diesen *Berardius arnuxii* oder Südlichen Schnabelwal ist kaum etwas bekannt: Länge: 9 (bis 10) Meter. Gewicht: 6,5 (bis 7,5) Tonnen. Neugeborenes: vielleicht 3 Meter, 300 Kilogramm. Zwei Zähne pro Unterkieferhälfte, deren erster nach außen ragt. Grauschwarzer, narbengestreifter Rücken, heller Bauch. Nahrung: Kalmare. Laute und Zahl unbekannt. Lebt in den gemäßigten und kalten Südmeeren.

48. DER NÖRDLICHE ENTENWAL ODER DÖGLING

***Hyperoodon ampullatus*, Forster 1770**

Ein Meister im Tauchen, Dauergast im *Buch der Rekorde* ... Ebenso tauchbegabt wie der große Pottwal, kann er mühelos 30 Minuten die Luft anhalten – wenn er erschreckt ist, bis zu zwei Stunden. Er taucht bis auf 1500 oder 2000 Meter. 1717 strandet ein Exemplar der Art an einer Küste von Essex in England. Der »Essex-Schnabelwal« wird von dem anglo-deutschen Priester Johann R. Forster in *Balaena ampulla* umbenannt. 1804 etabliert Bernard de Lacépède die Gattung *Hyperoodon* »übergroße Zähne«. Das Tier wird auch »Nördlicher Entenwal« oder »Dögling« genannt.

Länge: Männchen 9 (bis 10) Meter; Weibchen 7 (maximal 8) Meter. Gewicht: Männchen 3,5 Tonnen, Weibchen 3 Tonnen (bis zu 5 bei beiden Geschlechtern). Neugeborenes: 3,50 Meter, 220 Kilogramm.
Kurzer Schnabel mit (bei den alten Männchen) einem einzigen vorspringenden Zahn am Ende jeder Unterkieferhälfte. Dunkelgraue, grünlavierte Haut; am Bauch hellgrau. Die alten Tiere werden weiß und bekommen eine riesige Melone.
Dieses Waltier reist in Gruppen von drei bis zwölf Tieren und ernährt sich von Kalmaren, Fischen, Seesternen usw. Breites Klangrepertoire mit Gezwitscher und Pfeifen auf Frequenzen zwischen 6000 und 16 000 Hertz. Knacklaute kaum bekannt, aber wirksam. Das Tier lebt im Nordatlantik, von den Kapverdischen Inseln bis New England, und von dort aus zieht es bis zum Arktischen Eismeer; vielleicht lebt es auch im Mittelmeer. Zahl unbekannt, abnehmend, da die Art bis in die sechziger Jahre unbarmherzig von den Norwegern und Isländern gejagt worden ist.

49. DER SÜDLICHE ENTENWAL

***Hyperoodon planifrons*, Flower 1882**

Das südliche Gegenstück zum nördlichen Entenwal. Ein wunderbarer Taucher: bis zu zwei Stunden kann er die Luft anhalten, in Tiefen von 1500 Metern. 1882 untersucht der Brite Sir William Flower den Schädel eines Waltiers des südaustralischen Dampier-Archipels. Er reiht das Tier in die Gattung *Hyperoodon* ein und bezeichnet es als *planifrons*, »flachstirnig«.
Länge: 7,5 (bis 9) Meter; Weibchen etwas kleiner als das Männchen. Gewicht: 3,5 (maximal 4) Tonnen. Neugeborenes: 2,50 Meter, 220 Kilogramm.
Kugelförmige Melone. Ein Zahn am Ende jeder Unterkieferhälfte, der bei den Weibchen nur selten sichtbar wird. Metallisch graublauer Rücken, bläuliche Seiten, weißer, bisweilen rosa Bauch. Nahrung: Kalmare. Laute und Zahl unbekannt – wenig zahlreich! Lebt in den Südmeeren, vom tropischen des Capricorn Channel bis zur Antarktischen Konvergenz.

50. DER GÄNSESCHNABELWAL

***Ziphius cavirostris*, Cuvier 1823**

Hier endlich das »Schwert« – *xiphos* – des Meeres, das griechische Wort, mit dem Georges Cuvier den Gattungsnamen (*Ziphius*) des Tieres bildet, das er 1823 untersucht und als *cavirostris* ›hohlschnabelig‹ bezeichnet.
Länge: 6 (maximal 7) Meter. Gewicht: 3 (bis 4,5) Tonnen. Neugeborenes: 2 bis 2,50 Meter, 200 Kilogramm. Schmaler spitzer, aber kurzer Schnabel. Ein Zahn pro Kieferhälfte bei den Männchen. Graue oder blaugraue Haut, fast braun bei den Populationen des Indo-Pazifik; heller Bauch; an den Seiten weiße Flecken. Die alten Männchen haben einen narbenzerfurchten Rücken. Kann bis zu dreißig Minuten die Luft anhalten. Nahrung: Kalmare und Tiefseefische. Laute und Zahl unbekannt. Die seltene Art lebt in allen Meeren mit Ausnahme der kältesten.

51. DER SHEPHERD-WAL

***Tasmacetus shepherdi*, Oliver 1937**

Bis 1933, als ein Exemplar dieser Art in Neuseeland strandete, wußte man nichts von der Existenz dieses Waltiers. G. Shepherd sammelt das Skelett ein. Walter Oliver beschreibt es 1937 und ehrt mit der Namensgebung zugleich den Forschungsreisenden Abel Tasman und G. Shepherd. Viel mehr ist über dieses Tier nicht bekannt.
Länge: 6 (maximal 6,50) Meter. Gewicht: 2,2 (bis 2,7) Tonnen. Kleiner Kopf, schlanker Schnabel. 19 bis 26 kleine konische Zähne pro Kieferhälfte, zusätzlich am Ende jeder Unterkieferhälfte ein großer dreieckiger Zahn.
Graue Haut, am Bauch weiß, mit Narben. Nahrung: Kalmare, Bodenfische, Taschenkrebse. Seltene Art, die Neuseeland, Chile und Patagonien, wahrscheinlich auch Südafrika grüßt.

52. DER DE-BLAINVILLE-MESOPLODON

Mesoplodon densirostris, **de Blainville 1817**

1817 beschreibt Henri Ducrotroy de Blainville auf der Grundlage eines Kieferbruchstücks einen *Delphinus densirostris*, einen »Kompaktschnabeldelphin«. 1850 führt Paul Gervais die Gattung *Mesoplodon* (»halb bewegliche Zähne« oder »mit einem Mittelzahn bewehrt«) ein. Das Tier wird auch »Tropischer Schnabelwal« genannt.
Länge: 4,5 (maximal 5) Meter. Gewicht: 1 Tonne. Langer Schnabel. Ein großer dreieckiger, 20 Zentimeter langer Zahn pro Unterkieferhälfte, der auf einem Knochenhöcker sitzt. Oben schwarz oder dunkelgrau, häufig hellgrau gefleckt. Weiße Unterseite. Nahrung: Kalmare. Laute: Brüllen, Grunzen, Zwitschern usw. Knacklaute und Zahl unbekannt. Lebt in allen gemäßigten und warmen Meeren.

Der De-Blainville-Mesoplodon, so genannt zu Ehren des französischen Naturforschers, trägt auch den Namen »Tropischer Schnabeldelphin«. Er besitzt ein breites Spektrum von Klängen.

53. DER SOWERBY-MESOPLODON

Mesoplodon bidens, **Sowerby 1804**

Er wurde bekannt, weil 1800 ein Exemplar an einer schottischen Küste strandete, das von James Sowerby beschrieben wurde, der ihn *Physeter bidens*, »Zwei-Zahn-Pottwal« nannte. Paul Gervais reihte das Tier 1850 in die Gattung *Mesoplodon* ein. Dieses Waltier wird auch »Nordmeer-Schnabelwal« genannt.
Länge: 6 bis 7 Meter. Gewicht: 1300 Kilogramm. Ein einziger dreieckiger Zahn, der aus dem Zahnfleisch ragt, pro Kieferhälfte – und nur beim Männchen. Dunkelgraue Haut mit hellen Flecken auf dem Rücken, weiß am Bauch. Nahrung: Kalmare, Fische ... Knacklaute und Zahl unbekannt. Lebt im Nordatlantik.

54. DER GERVAIS-MESOPLODON

***Mesoplodon europaeus*, Gervais 1855**

Paul Gervais beschreibt einen im Ärmelkanal gefundenen Schädel und nennt das Tier *Dioplodon europaeus*. Sir William Flower reiht es in die Gattung *Mesoplodon* ein. Man nennt ihn auch »Golfstrom-«, »Antillen-« oder »Europäischer Schnabelwal«. Länge: 5,50 (bis 6,60) Meter. Gewicht: 2,7 Tonnen. Nur die Männchen haben einen großen Zahn pro Kieferhälfte. Graublau mit einem weißen Fleck am Bauch. Nahrung: Kalmare. Knacklaute und Zahl unbekannt. Ist von Guyana und dem Karibischen Meer bis Nova Scotia und zum Ärmelkanal verbreitet; kommt auch im Golfstrom vor.

55. DER TRUE-MESOPLODON

***Mesoplodon mirus*, True 1913**

Der Amerikaner Frederick William True beschreibt ein Weibchen, das 1812 auf Bird Island (North Carolina) strandete, und nennt die Art *Mesoplodon mirum*, das in *mirus* (lat. ›prächtig‹) korrigiert wird. So läuft die gelehrte Namensgebung des True-Schnabelwals oder prächtigen Mesoplodon ab. Länge: 5 Meter. Gewicht: 1,3 Tonnen. Ein großer Zahn pro Unterkieferhälfte beim Männchen. Schiefergraue Haut auf dem Rücken, am Bauch perlgrau, mit Narben. Nahrung: Kalmare. Laute und Zahl unbekannt. Lebt im Atlantik, von Florida bis Neufundland und vom Golfe de Gascogne bis Norwegen; vielleicht auch bis Südafrika.

56. DER LAYARD-MESOPLODON

***Mesoplodon layardii*, Gray 1865**

1865 schickt Edgar L. Layard aus Südafrika die Skizze eines seltsamen Waltierschädels, den der Engländer John E. Gray einer neuen Art zuschreibt: *Ziphius layardii*, die er anschließend in die Gattung *Mesoplodon* einreiht. Länge: 5 (evtl. bis 7?) Meter. Gewicht: 1,3 Tonnen. Ein schiefer Zahn von unglaublicher Größe (30 bis 35 Zentimeter) pro Unterkieferhälfte beim Männchen. Haut: dunkelgrau oben, hellblau unten, mit Blau auf der Stirn. Nahrung: Kalmare. Knacklaute und Zahl unbekannt. Lebt in den Südmeeren, zwischen dem 30. Grad südlicher Breite und der Antarktischen Konvergenz.

57. DER GRAY-MESOPLODON

***Mesoplodon grayi*, von Haast 1876**

1874 strandeten achtundzwanzig dieser Tiere an den Chatham Islands bei Neuseeland. Sir Julius von Haast untersucht die Überreste und nennt die Art *Oulodon grayi*. Sir William Flower nimmt sie in die Gattung *Mesoplodon* auf. Sie wird auch »Neuseeland-Schnabelwal« genannt.
Länge: 4,50 (maximal 6) Meter. Gewicht: 1 (bis 1,2) Tonnen. Langer, schmaler Schnabel. Ein großer vorspringender Zahn von 20 Zentimeter Länge pro Unterkieferhälfte, sowohl beim Männchen wie beim Weibchen; 17 bis 22 zusätzliche kleine Zähne pro Ober- und Unterkieferhälfte. Schwarzer Rücken mit blauen oder grünen Reflexen und hellen Streifen und Flecken; am Bauch hell. Nahrung: Kalmare. Laute und Zahl unbekannt. Lebt in den Südmeeren, vom 40. Grad südlicher Breite bis zur Antarktischen Konvergenz.

58. DER ANDREW-MESOPLODON

***Mesoplodon bowdoini*, Andrews 1908**

1908 widmet der Amerikaner Roy C. Andrews das Tier einem seiner Landsleute, dem Naturforscher James Bowdoin. Länge: 4 bis 5 Meter. Gewicht: 1,1 Tonnen. Ein großer Zahn pro Unterkieferhälfte beim Männchen.

Nahrung, Knacklaute und Zahl unbekannt Von der Art sind nur ein paar in Neuseeland, Tasmanien, Südaustralien und auf den Kerguelen gestrandete Exemplare bekannt.

59. DER LONGMAN-MESOPLODON

Mesoplodon pacificus, Longman 1926

Dieses Tier, auch »Pazifik-Mesoplodon« genannt, wird von manchen Walforschern auch in eine eigene Gattung eingeordnet: *Indopacetus*. Man kennt von ihm nur zwei Schädel, die bei Mackay an der australischen Ostküste bzw. in Somalia bei Mogadischu gefunden wurden. Ein Zahn pro Unterkieferhälfte. Alles übrige bleibt Geheimnis: Länge (7 Meter?), Farbe, Naturgeschichte und Verbreitung dieses Waltiers sind unbekannt.

60. DER HECTOR-MESOPLODON

Mesoplodon hectori, Gray 1871

Sir James Hector, Konservator am Museum in Wellington (Neuseeland), schickt zwei Schädel an John Gray, der sie zunächst *Berardius hectori* und dann *Mesoplodon hectori* nennt. Länge: 4,50 Meter. Gewicht: 1 Tonne. Asymmetrischer Schädel. Ein großer Zahn pro Unterkieferhälfte. Man weiß nichts über das Tier, das niemals lebend gesehen wurde. Gestrandete Exemplare wurden in Neuseeland, Tasmanien, Südafrika und auf den Falkland-Inseln gefunden.

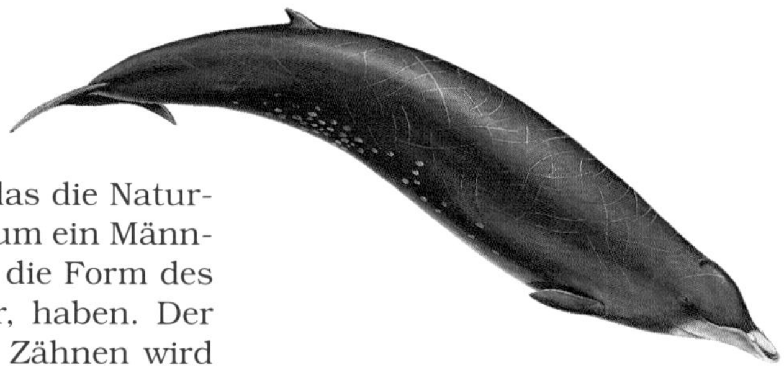

61. DER JAPANISCHE MESOPLODON

Mesoplodon ginkgodens, Nishiwaki u. Kamiya 1958

1957 strandet in der Sagami-Bucht, nahe Tokio, ein Waltier, das die Naturforscher Nishiwaki und Kamiya untersuchen. Es handelt sich um ein Männchen, dessen zwei große Zähne, mehr als 25 Zentimeter lang, die Form des Blattes des Gingko-Baums, des heiligen Baums der Japaner, haben. Der Name ist gefunden. Der Mesoplodon mit den gingkoförmigen Zähnen wird auf japanisch *icho kujira* genannt. Länge: 5,20 (bis 5.50) Meter. Gewicht: 1,5 Tonnen. Schwarze oder marineblaue Haut, an den Seiten und am Bauch mit hellen Flecken übersät. Weißlicher Schnabel beim alten Männchen. Nahrung: Kalmare, Fische der offenen See, Lachse. Über die Laute und die Zahl der Art ist nichts bekannt. Verbreitung: die warmen Gewässer des östlichen Indischen Ozeans und des Nordpazifik.

62. DER STEJNEGER-MESOPLODON

Mesoplodon stejnegeri, True 1885

Wird auch »Beringmeer-Mesoplodon (oder -Schnabelwal«) genannt. 1883 schickt der norwegische Naturforscher Leonhard Stejneger aus Alaska ein Exemplar an den Amerikaner Frederick W. True. Länge: 5 (maximal 6) Meter. Gewicht: 1,2 Tonnen. Ein einziger, 20 Zentimeter langer Zahn pro Unterkieferhälfte beim Männchen. Dunkler, bläulicher oder bräunlicher Rücken, mit Narben. Nahrung: Kalmare, Lachse. Laute und Zahl unbekannt. Verbreitung: von Japan bis zum Beringmeer und in Kalifornien.

63. DER HUBBS-MESOPLODON

Mesoplodon carlhubbsi, Moore 1963

Der Amerikaner Carl Hubbs beschreibt 1945 ein nicht weit von seinem Labor am Scripps Institute of Oceanography bei La Jolla (Kalifornien) gestrandetes Exemplar. Er sieht darin einen Stejneger-Mesoplodon. Der Walforscher Moore widmet ihm die neue Art, zu der er es 1963 erklärt. Länge: 5,30 Meter. Gewicht: 1,5 Tonnen. Schnabel etwas nach oben gebogen. Ein massiger Zahn pro Unterkieferhälfte beim Männchen. Schwarze oder dunkelgraublaue Haut, am Bauch hell, und weiße Schnauzenspitze; Schmisse und Narben (Bisse von Haien?). Nahrung: Kalmare und Tiefseefische. Knacklaute und Zahl unbekannt. Lebt in einem schmalen Streifen des Pazifischen Ozeans, von China und Japan bis Britisch-Kolumbien und Kalifornien.

64. DER PERU-MESOPLODON

***Mesoplodon peruvianus*, Reyes, Mead u. van Waerebeek 1991**

Die zuletzt entdeckte Art der Ziphiidae – der Cetacea allgemein. 1991 wurden drei auf einem Strand Perus gestrandete Exemplare gefunden, sowie sechs andere, die in Hai-Netzen ertrunken waren.
Länge: 3 bis 4 Meter. Gewicht: 500 Kilogramm. Der Zwerg unter den Schnabelwalen. Ein kleiner Zahn pro Unterkieferhälfte. Rücken graublau, Bauch hell. Von Niederkalifornien bis Nordchile verbreitet. Der Rest ist Geheimnis.

Die Pottwale

Dieser blauweiße Meeresreigen um siebenundsechzig Arten von Waltieren geht zu Ende mit einem Surftrip hinüber zu der Überfamilie der Physeteroidea.
Zwei Familien: Kogiidae und Physeteridae.
Die erste umfaßt zwei Arten:

65. DEN PYGMÄENPOTTWAL

***Kogia breviceps*, de Blainville 1838**

66. DEN ZWERGPOTTWAL

***Kogia simus*, Owen 1866**

Die zweite umfaßt nur eine:

67. DEN POTTWAL

***Physeter macrocephalus*, Linné 1758**

2

LEBENDIGE TORPEDOS

Das Karibische Meer. Ein weißes Sandbett zwischen zwei Korallenpfeilern; klares Wasser; unglaubliches Licht. Ein blauer Traum! ... Eine kleine Gruppe von Fleckendelphinen wirbelt vor den Tauchern – mit lächelndem Schnabel, Rücken und Seiten dunkelblau und anthrazit gepunktet.

Nichts ist so elegant wie das schwimmende Waltier. Sobald es sich bewegt, fühlt der Mensch sich unbeholfen. Benachteiligt von den Göttern – oder von der Evolution, wie immer man will. Mobilis in mobile, *»beweglich im Sichbewegenden«: so bezeichnet Jules Verne Kapitän Nemos Unterseeboot, die* Nautilus. *Die Devise gilt auch für den Delphin. Wenn er sich in der flüssigen Unendlichkeit schlängelt, scheint er aus derselben Substanz wie das Wasser.*

Anatomie

DAS INNERE EINES MYSTERIUMS Der sich schlängelnde Delphin verkörpert Harmonie: Er resümiert die tastenden Versuche und glücklichen Funde einer Evolution, die (für die Warmblüter mit Luftatmung und intrauteriner Schwangerschaft) darin besteht, das Wasser als Lebensraum zurückzuerobern – das mütterliche Wasser, aus dem die Amphibien (die ersten Vierfüßer, Abkömmlinge von Quastenflossern oder Crossopterygiern) vor 370 Millionen Jahren im Paläozoikum in Gestalt von Ichthyostegalia, merkwürdigen Panzerlurchen, herausgekrochen sind.
Alles am Waltier zeigt die Subtilität dieser genetischen »Bastelei«, die es dem Leben erlaubt, sich zu diversifizieren, indem es die Materialien wiederverwendet, über die es verfügt – die Desoxyribonukleinsäure-Fädchen, die sie neu strukturiert, wobei sie von dieser oder jener Mutation profitiert, gemäß dem Darwinschen Gesetz, demzufolge der Best-Angepaßte überlebt. Die anatomischen und physiologischen Veränderungen, die das Schwimmen, das Tauchen, das Atmen, die Nahrungssuche, die Fortpflanzung usw., mit einem Wort, das Gedeihen in einem Element, das achthundertmal dichter als die Luft ist, gestatten, treten früh in der Geschichte der Ordnung ein. Der erste Zwang betrifft die Notwendigkeit, die Wärme des Körpers zu bewahren. Die Säugetiere (und ihre Vettern, die Vögel) sind homöotherm: Ihre innere Temperatur bleibt konstant, zwischen 36 und 40 °C (je nach Art). Sie haben einen lebhaften Stoffwechsel. Sie entfalten eine höhere Aktivität und ertragen Anstrengung besser als die Kaltblüter (mit wechselnder Temperatur; man spricht in diesem Fall von »poikilotherm«). Das warme Blut bietet zahlreiche Vorteile und einige Nachteile. Das Wasser leitet die Wärme besser als die Luft: es besitzt eine größere Heizfähigkeit. Es »pumpt« die Energie. Um die Kalorienverluste zu begrenzen, müssen die »feuchten« Säugetiere das Verhältnis zwischen Körperoberfläche und Körpervolumen so klein wie möglich halten. Sie werden massig. Außerdem schützen sie sich durch ein isolierendes Haarkleid (wie die ersten Archaeoceti, die Robben und die Seeotter) oder durch eine subkutane Fettschicht.
Stromlinienförmigkeit stellt ihre eigenen Ansprüche. Die physikalischen Gesetze des fließenden Wassers und die der Verminderung der Strudel zugun-

Mit lebhaftem Auge, das »Lächeln« um den Mund, zeigt der Große Tümmler, daß die Gesetze der Hydrodynamik die Gestalt der Waltiere sozusagen »modelliert« haben. Torpedoförmiger Körper. Nichts, was das Vorwärtskommen im Wasser bremst. Ästhetik im Dienst einer Lebensweise: Delphine und Wale sind die vollendetsten Meeressäugetiere. Vollkommene Wassergeschöpfe.

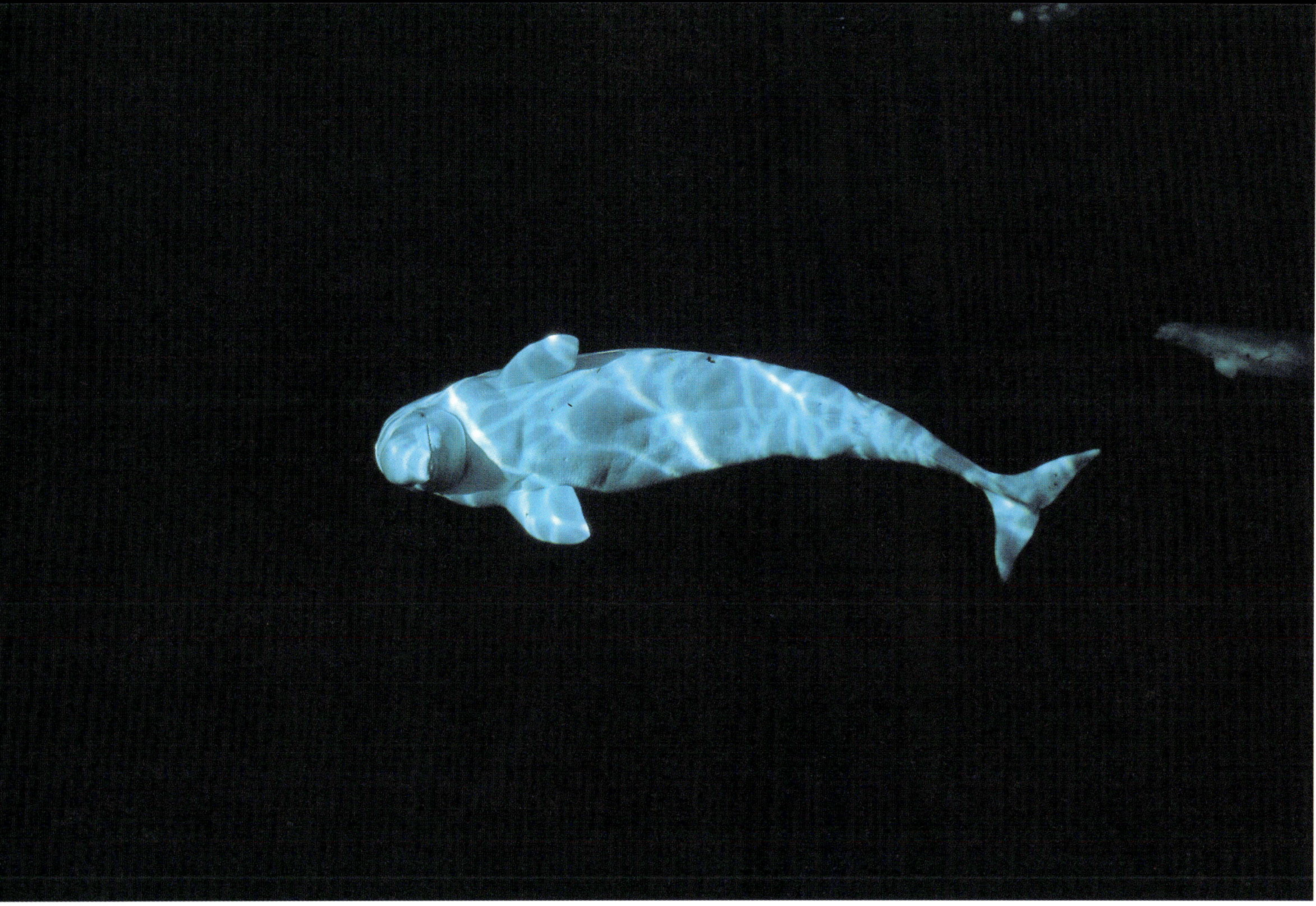

Seltsame Reflexe auf dem Körper des tauchenden Weißwals ... Die Gestalt des Waltiers erinnert an die des Fischs, seine Anatomie ist jedoch die des Säugetiers: Die Verteilung und Struktur der Organe (Hirn, Lungen, Herz, Magen, Leber, Darm, Nieren, Fortpflanzungsorgane) sind die gleichen wie bei der Maus, beim Elefanten oder beim Menschen.

sten größerer Schnelligkeit sind für alle Objekte, die sich im Wasser bewegen, dieselben. Das Tier muß schnell sein und lange schwimmen, um sich seine Nahrung zu verschaffen und den Verfolgern zu entkommen. Zu große Anstrengungen für eine zu schmale Kost, und die Bilanz wird negativ: Das Überleben ist gefährdet. Bei den Waltieren nähert die Gestalt sich den Fischen oder dem Torpedo an: Der Körper streckt sich und modelliert sich in eleganten Rundungen, deren Perfektion durch nichts gestört wird. Der Kopf rundet sich zur Knolle. Der Schnabel bildet einen Vordersteven. Die Gliedmaßen (und alle Unebenheiten, die das Strömen des Wassers behindern) bilden sich zurück; selbst die Genitalien und die Zitzen verschwinden im allgemeinen Umriß, verborgen in Furchen am Bauch. Sogar Ohren und Fell verschwinden. Die hinteren Gliedmaßen verkümmern. Die vorderen verwandeln sich zu Flossen. Ein horizontal abgeflachter Schwanz verbessert den Antrieb. Die Anatomie der Waltiere unterscheidet sich nicht von der der anderen Säugetiere. Die allgemeine Anlage ist dieselbe. Die Verteilung der weichen Organe (Hirn, Zunge, Lungen, Herz, Leber, Magen, Eingeweide, Bauchspeicheldrüse, Blase, Fortpflanzungsorgane) unterscheidet sich nur in Details von derjenigen, die man bei der Maus, der Kuh oder dem Menschen findet. Bei Skelett und Muskulatur sind die Veränderungen deutlicher.

Die Hauptaufgabe der Waltierknochen besteht nicht darin, die Masse des Körpers zu tragen: im flüssigen Element hat er kein Gewicht. Sie dienen als Verankerungsstellen für die Muskeln. Sie müssen kräftig sein: Ihre äußere Schicht ist kompakt; sie bleiben jedoch leicht, um das spezifische Gewicht des Organismus nicht zu erhöhen. Ihr Herz ist ein von Blutgefäßen bewässertes schwammiges Gewebe, mit Lücken, die mit Fettzellen gefüllt sind. Das Gewicht des Skeletts beträgt kaum 17% des Gesamtgewichts des Tieres und verteilt sich wie folgt: 45% Wirbel, 45% Schädel und Rippen und nur 10% Gliedmaßen.

Der Schädel zeigt interessante Besonderheiten. Die Schnauze ist durch eine Hypertrophie der Kiefer- und Zwischenkieferknochen sowie des Nasenscheidewandknochens verlängert – häufig in einen spitzen Schnabel. Die Schädelkapsel ist dagegen kurz, hoch und breit: Die Knochen werden, hauptsächlich

im letzten Monat des fötalen Wachstums, heftig von vorne nach hinten ineinandergeschoben. Teile gleiten nach hinten und schichten sich übereinander, während andere in bezug auf ihre normale Position verschoben werden. Bei den Bartenwalen bilden die Unterkiefer ein gewaltiges Brückenjoch, das dem Mund das größtmögliche Volumen für das Filtern des Planktons verschafft. Bei den Zahnwalen bilden den Schnabel zwei geradere Unterkiefer, die aneinandergelegt sind und einen weiten Stirn- und Seitenraum freilassen, in dem ein mit feinem Öl gefülltes Organ sitzt: die Melone. Bei den Delphinen schieben sich nicht nur die Schädelknochen ineinander, der Schädel wird auch asymmetrisch. Diese Veränderungen stehen in Zusammenhang mit der Ausbildung eines Spritzlochs auf dem Rücken und eines subtilen Gehörsinns. Die Oberkieferknochen unterstützen ein System von Muskeln, die denen entsprechen, die wir benutzen, um unsere Lippen und Nasenlöcher zu bewegen. Die Verkleinerung des Jochbeins trennt die Stirn, welche die Töne aussendet, vom hinteren Teil des Schädels, der sie empfängt. Die Ohren liegen inmitten eines Höhlenkomplexes: Rechte und linke Seite sind streng voneinander getrennt, um eine bessere Lokalisierung des Ursprungs eines jeden Tons zu erlauben.

Bei den Delphinen schieben sich nicht nur die Schädelknochen ineinander, der Schädel wird auch asymmetrisch.

Die Waltiere haben sieben Halswirbel wie der Mensch oder die Giraffe. Sie sind jedoch kurz, häufig miteinander verwachsen, freier bei den »gelenkigen« Arten (rosa Delphin, Ganges-Delphin, Beluga). Die Kürze und Starre des Halses verbessern die Schwimmleistung, indem sie die Stärke der Wirbel vermindern: Der Kopf wackelt nicht, während der Schwanz kraftvoll schlägt. Die dicken Rückenwirbel (Brust, Lenden, Kreuzbein) sind je nach Art in ihrer Zahl variabel: häufig um die vierzig; von dreiunddreißig beim rosa Amazonas-Delphin (*Inia geoffrensis*) bis neunzig beim Dall-Schweinswal (*Phocaenoides dalli*). Sie sind alle gleich; ihre Bewegung wird nur durch das Spiel der Bandscheiben gewährleistet. Sie beschreiben einen Bogen; auf diese mit langen und kräftigen Fortsätzen versehene Architektur stützen sich die Antriebsmuskeln. Die Kreuzbeinwirbel haben die Form V-förmiger Winkel, die den Muskeln, die den Schwanz aufrichten, als zusätzliche Befestigungshaken dienen. Die eher zarten 12 bis 13 Rippenpaare sind nicht fest mit der Wirbelsäule und dem Brustbein verbunden, das in mehrere Teile gespalten ist. Ihre Zartheit erklärt, daß sie dem Gewicht des Körpers nicht lange standhalten, wenn das Tier durch einen Unfall strandet.

Die Vordergliedmaßen sitzen in einem Schultergürtel, in dem man zwei kleine fächerförmige Schulterblätter erkennt, aber keine Schlüsselbeine. Oberarmbein, Elle und Speiche sind kurz, dick und im Vergleich mit denen der Landsäuger vereinfacht. Die flossenförmig verbreiterte Hand besitzt eine Handwurzel aus fünf miteinander verwachsenen Knochen und eine verbreiterte Mittelhand. Die Archaeoceti hatten noch fünf Finger, die heutigen Cetacea jedoch haben fast alle ihren Daumen verloren. Zweiter und dritter Finger dieser Hand sind erstaunlich verlängert. Man hat bis zu vierzehn Fingerglieder beim schwarzen Grindwal gezählt, der zu Recht den Beinamen »langflossig« trägt. Die hinteren Gliedmaßen existieren nicht mehr. Vom Becken (Beckenring) sind nur zwei kleine knochige Dornen erhalten, die sich im Fleisch verlieren, unabhängig von der Wirbelsäule, auf die sich die Muskeln stützen, die den Penis des Männchens zurückziehen. Bei den Odontoceti findet sich keine Spur eines Beinknochens mehr, mit Ausnahme eines Schenkelknochenrestes beim Pottwal. Bei den Bartenwalen verschwinden ein rudimentärer Schenkelknochen und ein rudimentäres Schienbein im Fleisch, gegenüber dem Anus, die jedoch nur beim Fötus nach außen vorstehen.

Harmonie eines Organismus, der für das Leben im Wasser bestimmt ist ... Der Fleckendelphin resümiert den Erfolg einer Entwicklung, die das ursprüngliche Skelett der Säugetiere grundlegend umgestaltet hat; ineinandergeschobene Schädelknochen, zu Brustflossen umgestaltete Arme und Hände, verkümmerte hintere Gliedmaßen.

Fortbewegung

DIE SCHWIMMENDEN MASCHINEN »1934 machten wir«, erinnert sich Jacques-Yves Cousteau, „mit dem Kreuzer *Primauguet* der französischen Marine auf hoher See bei Indochina Geschwindigkeitsversuche mit 33,5 Knoten (62 Stundenkilometern). Die Gemeinen Delphine holen uns von hinten ein und surfen auf der Bugwelle. Niemals hätte ich gedacht, daß sie so schnell schwimmen können ...«
Nicht alle Delphine erreichen 30 Knoten. Manche sind über einige hundert Meter dazu imstande: der Gemeine Delphin, der Große Tümmler, die Fleckendelphine, die Weißschnauzendelphine, der Schwertwal, der Pseudorca, die Grindwale. Beim Schwimmen über große Strecken bewegen die meisten Arten sich über Meilen hinweg mit etwa 10 Knoten (18 Stundenkilometern). In Ruhephasen, wenn sie langsam schwimmen, variiert die Geschwindigkeit zwischen 2 und 6 Knoten. Den absoluten Geschwindigkeitsrekord scheint der Schwertwal zu halten: 40 Knoten (74 Stundenkilometer)!
Das nasse Element ist den Lungenatmern, die sich ihren Sauerstoff an der Oberfläche verschaffen müssen, nicht gemäß. Dichter, zäher als die Luft, leistet es der Bewegung Widerstand. Es ist jedoch reich an ökologischen Nischen und an Nahrung. Es lockt ... Die Waltiere sind nicht die ersten Vierfüßer, die ins Wasser zurückkehren. Reptilien gehen ihnen im Mesozoikum darin voraus: Schildkröten, Krokodile, manche Eidechsen. Die eigentlichen Meeresreptilien herrschten 150 Millionen Jahre im Ozean, während die Dinosaurier auf dem Festland triumphieren: Die Nothosaurier und die Plesiosaurier haben das lächerliche Benehmen von Loch-Ness-Ungeheuern. Die Ichthyosaurier (›Fischechsen‹), Liebhaber von Kopffüßern (Ammoniten, Belemniten usw.) sind an das Schwimmen angepaßt. Man könnte fast sagen: halb Haie, halb Delphine. Diese Gestaltübereinstimmung zwischen Fischen, Reptilien und Säugetieren ist oft kommentiert worden. Sie zeigt, daß die Lösungen für das Problem, als großes Raubtier im Meer zu leben, nicht so zahlreich sind.
1936 und erneut 1948 formuliert der Biologe John Gray in der Zeitschrift *Nature* sein berühmtes »Waltier-Paradox«, demzufolge die Kraft der Antriebs-

Wenn sie sich in kleinen, schnell aufeinanderfolgenden Sprüngen kaum von der Wasseroberfläche lösen, praktizieren die Gemeinen Delphine eine Art energiesparende Fortbewegung: Die Luft, in der die Tiere (scheinbar) ›fliegen‹, bietet einen geringeren Widerstand als das Wasser.

muskeln den Delphinen und Walen nicht die Geschwindigkeit erlaubt, die sie tatsächlich erreichen! Die durchschnittliche Muskelkraft des Säugetiers ist bekannt: 16,5 Watt pro Kilogramm. Man berechnet das Gewicht der Muskulatur des Bewegungsapparats und die Gesamtmasse des Waltiers. Eigentlich dürfte es nicht funktionieren! Wäre es ein beliebiger Gegenstand, bräuchte es zehnmal mehr Energie für dieselbe Bewegungsleistung. Das Waltier trotzt den Gesetzen der Physik.

Es bewegt sich gewiß nicht durch Rudern mit den Brustflossen vorwärts: Seine zu Schaufeln, Spateln oder Sicheln verbreiterten Vordergliedmaßen spielen nur eine geringe Rolle bei der Fortbewegung. Sie tragen zur vertikalen und horizontalen Stabilisierung bei. Sie begünstigen Drehungen (in den drei Dimensionen), Bremsen und Beschleunigung. Und sie dienen der Zärtlichkeit ...

Nicht alle Arten haben eine Rückenflosse. Der Narwal, der Beluga, der flossenlose Schweinswal, der nördliche und südliche Glattdelphin haben keine – allenfalls einen Wulst. Dieser Fortsatz kann rund sein (Hector-Delphin), dreieckig oder sichelförmig – manchmal ein ruhmreiches Banner wie beim Schwertwal; oder auf einem Fettsockel sitzend wie bei den Sousas; ja sogar ein plattgedrücktes Dreieck wie bei den Ganges-Delphinen. Dieser Teil der Anatomie ist unbeweglich und enthält weder Knochen noch Speichen; er besteht aus Haut und faserigem Bindegewebe und erhebt sich über dem Rückgrat. Er stabilisiert die Position des Körpers im Wasser.

Der Schwanz ist ein Zauberding ... Seine beiden flachen, beweglichen dreieckigen oder sichelförmigen Lappen, V-förmig angeordnet mit einer Mittelkerbe, sind bei Walen und Pottwalen riesig. Sie sind keine umgewandelten Hintergliedmaßen wie bei den Flossenfüßern (Seehund, Walroß, Ohrenrobbe), sondern ein von der Evolution hinzugefügtes neugebildetes Organ aus Bindegewebe und einem Geflecht von Fasern und Sehnen. Unter der Epidermis befinden sich drei Gewebelagen: eine äußere, von gekreuzten Fasern verstärkte Speckschicht; eine mittlere Lage aus Querfasern, die sich über die letzten zehn Wirbel legen; und schließlich eine innere Schicht aus Längsfasern. Dieser Antrieb dient auch zur Stabilisierung und Steuerung des Körpers. Und das Tier benutzt ihn als Signalmast für Botschaften in der Gebärdensprache.

Die Fortbewegung der Waltiere besteht in einem harmonischen pendelnden Schweben – in der Vertikalen, während das der Fische in der Horizontalen stattfindet. Das Tier bewegt sich durch die Tätigkeit der auf seinen Wirbeln sitzenden Muskeln fort, wodurch der Körper sich um seine Schultern dreht.

Der Klymene-Delphin wirbelt beim Schwimmen bisweilen viel Schaum auf: Er treibt sein Spiel mit dem Wasser. Alles am Delphin ist so gestaltet, daß es ihm ein müheloses Schwimmen ermöglicht. Der Naturforscher James Gray hat jedoch ausgerechnet, daß die Waltiere aufgrund ihrer Gesamtmasse und der Nettokraft ihrer Muskeln eigentlich kaum imstande sein dürften, sich zu bewegen!

Zeitlupenaufnahmen ermöglichten es dem Amerikaner Peter E. Purves 1963, die Bewegung im Detail zu erfassen. Das Waltier hebt zunächst seinen Schwanz, dessen Lappen angespannt sind; dieser Schlag nach oben erzeugt eine Turbulenz und einen Hohlwirbel unter dem Antriebsorgan. Unter dem Körper bildet sich ein Unterdruck, der nach vorne und nach den Seiten geschleudert wird. Dieses Absinken wird durch die breiten Brustflossen, »perfekte biologische Gleitboote« Kenneth S. Norris zufolge, ausgeglichen. Das Wasser, das nun auf dem Rücken einen Überdruck hat, fließt schräg über die Seiten und füllt den Unterdruck unten, der mit dem Hohlwirbel verschwindet. Die Lappen entspannen sich, der Schwanz geht wieder nach unten, und der Thorax richtet sich durch das geringe spezifische Gewicht des fettreichen Kopfes auf. Dann beginnt alles wieder von vorn.

Rechte Seite: Schönheit des Wals, der auf der Bugwelle eines Schiffs reitet. Das Wissen der Delphine über das Wasser ist das Ergebnis einer Reihe erstaunlicher Anpassungen. Parasitenwirbel, die das Vorwärtsgleiten im Wasser bremsen, werden bei ihnen durch verschiedene Vorrichtungen beseitigt oder »getötet«.

Den absoluten Geschwindigkeitsrekord scheint der Schwertwal zu halten: 40 Knoten (74 Stundenkilometer)!

Die Schiffsingenieure versuchen alles, um die Parasitenwirbel zu unterdrücken, die zu Reibungen führen. Auch die Natur bemüht sich darum bei der Gestaltung der Wassergeschöpfe. Ziel ist es, ein möglichst schnelles und möglichst laminares Strömen des Wassers zu erreichen und die gleitmindernden Hohlwirbel zu »töten« ... Die Waltiere besitzen komplexe Anti-Wirbel-Vorrichtungen, deren Geheimnisse noch nicht restlos erforscht sind. Ihr knolliger Kopf, ihr torpedoförmiger Körper, ihre Rückenflosse und ihre Brustflossen strecken und teilen die Wirbel, die durch ihre Vorwärtsbewegung entstehen. Das pendelnde Schwingen ihres Schwanzes beschleunigt die Wasserteilchen und schleudert sie weit ins Kielwasser hinaus.

Die weiche, seidenglatte Haut spielt eine entscheidende Rolle. Die Epidermis ist von mikroskopischen Furchen durchzogen; dieses Profil, das unseren Fingerabdrücken ähnelt, verläuft in Längsrichtung. Die Furchen leiten die winzigen Wasserwirbel, ziehen sie auseinander oder zusammen, bevor sie sie nach hinten schleudern.

Die tiefergelegene Lederhaut (Corium) besitzt eine eigentümliche Struktur aus Papillen, die jede einen Ring von Kapillaren enthalten. Dies verhindert, daß die Haut faltig wird, wodurch das Wasser ungehindert fließen kann. Der Belgier Robert Stenuit nimmt an, daß diese Kapillaren überdies Kalorien freisetzen, die eine Mikroschicht etwas wärmeren Wassers bilden, das weniger dicht und zäh als das übrige Wasser ist. Der Deutsche M. O. Kramer beobachtet, daß die Waltiere eine nachgiebige Haut mit vertikalen, wassergefüllten Mikrogängen besitzen, die sich verformen und dadurch einen weiteren Teil der Wirbel beseitigen. Und schließlich hat man festgestellt, daß diese Haut ein dichtes Netz von druckempfindlichen Nervenenden aufweist, welche die geringste Mikroparasitenströmung erkennen; Hautmuskeln reagieren reflexartig, verformen die Haut und beseitigen nacheinander diese Mikrowirbel, die in ihrer Gesamtheit das Vorwärtskommen von uns erbärmlichen Schwimmern hemmen.

Eine andere Art, die Gleitfähigkeit zu verbessern, ist das Einölen. Die Fische geben einen fettigen Schleim an ihre Schuppen ab. Die Waltiere sondern durch die Haut Öltröpfchen und Kohlehydrate ab, welche dieselbe Funktion haben. Manche besitzen nahe der Augen Drüsen, aus denen eine faserige Substanz tritt, die wie ein Film den Körper überzieht.

Wenn die anatomischen und physiologischen Kniffe nicht mehr ausreichen, bleibt ein letzter Ausweg: Die Delphine springen mit voller Geschwindigkeit dicht an der Oberfläche. Jeder in der Luft (die der Vorwärtsbewegung weniger Widerstand entgegensetzt als das Wasser) verbrachte Sekundenbruchteil beschleunigt sie und spart Energie. Zum größten Vergnügen des Menschen, der ihnen zusieht!

Bei den Fleckendelphinen eliminieren wie bei den anderen Waltieren die Form des Körpers und die Furchen der Haut die Turbulenzen. Vor allem die Haut ist »intelligent«: Druckrezeptoren erkennen den kleinsten Parasitenwirbel; subkutane Muskeln verformen die Haut und gestatten ein laminares Fließen des Wassers.

Atmung

DIE TAUCHENDEN MASCHINEN Die *Calypso* kreuzt im Nordatlantik, bei Sable Island – unterwegs nach Neufundland. Kühle Morgendämmerung, Nebel über dem Meer. An Backbord, dreißig Meter entfernt, taucht ein großer grauer Schnabel aus den Wellen, gefolgt von einer riesigen schimmernden halbkugelförmigen Melone, unter der ein schwarzes Auge sichtbar wird. Ein Spritzloch öffnet sich, eine Fontäne steigt zischend 2 Meter in die Atmosphäre empor. Ein langer Rücken ... Dann schüttelt das Tier den Kopf und taucht kerzengerade ab. Es ist ein Nördlicher Entenwal (*Hyperoodon ampullatus*). Ein meisterhafter Taucher, der oft eine halbe Stunde unter der Oberfläche verschwindet. Er erreicht und übertrifft vielleicht die besten Leistungen des Riesenpottwals: eineinhalb oder zwei Stunden. Er taucht 1500, ja 2000 Meter – ein privilegierter Besucher einer Welt ewiger Nacht, wo der Mensch nicht zugelassen ist.

Die Leistungen der Waltiere, die tauchen – man sagt, sie »sondieren« –, sind verblüffend. Der Nördliche und Südliche Entenwal sind mit den Pottwalen die Könige des Luftanhaltens. Die Schnabelwale sind allgemein Meister in dieser Kunst. Ein Grindwal wurde beobachtet, der eineinhalb Stunden unter Wasser blieb, und ein (gewiß erschreckter) Beluga hielt es 70 Minuten aus, ohne aufzutauchen. Der Rissodelphin, der Schwertwal, der Pseudorca tauchen mehr als 30 Minuten. Die mittelgroßen oder kleinen Delphine bleiben 5 bis 6 Minuten unter Wasser. Viele schaffen bis zu 12 oder 15 Minuten. Die meisten dieser Tiere suchen ihre Beute in 100 bis 600 Meter Tiefe. Vielleicht noch tiefer. Darüber ist nichts bekannt. Diese Streifzüge sind nur bei einigen dressierten Großen Tümmlern direkt gemessen worden. Und Waltiere haben sich in Tiefsee-Fernsprechkabeln verfangen: 1932 hat sich in der offenen See an den Küsten Kolumbiens ein 14 Meter langer Pottwal in 1050 Meter Tiefe darin verheddert.

Der Nördliche und Südliche
Entenwal
sind mit den Pottwalen
die Könige des Luftanhaltens.

Wenn die Waltiere (wie hier die Schwertwale) tauchen, sagt man, daß sie sondieren. Wenn sie an die Oberfläche zurückkehren, stoßen sie kraftvoll die mit Wasserdampf und Fettpartikeln vermischte verbrauchte Luft ihrer Lungen aus. Dieses blasende Atmen ist, zumindest bei den großen Arten, eines der berühmtesten Schauspiele des Meeres. Der Atem – Symbol des Lebens.

Sauerstoff ist noch vor der Nahrung die Hauptüberlebensquelle der Tiere. Bei den ins Meer zurückgekehrten Säugetieren sind die Veränderungen der Atemfunktion erstaunlich. Die Nasenlöcher müssen, in Spritzlöcher verwandelt, nach oben auf den Schädel wandern; das Zwerchfell muß sich verstärken; jede Verbindung zwischen Luft- und Nahrungswegen muß gekappt werden, damit die Tiere unter Wasser fressen können, ohne zu ertrinken.

Die Spritzlöcher, zwei bei den Bartenwalen, verschmelzen bei den Zahnwalen zu einem. Die Öffnung, halbmondförmig oder ein schräger Schlitz, wird von Lippen aus einem elastischen Gewebe gesäumt, die von kräftigen Muskeln umspannt werden. Die Öffnung erfolgt, wenn zwei dilatatorische Muskeln (der vordere und der hintere) sich zusammenziehen. Die Atmung geschieht willkürlich und nicht reflexartig. Bei den Odontoceti führt das Spritzloch zu zwei seitlichen Höhlen, den Vorhofbeuteln, die ihrerseits einen Sacculus und einen Zwischenkieferbeutel enthalten; das Ganze bläst sich unter Wasser mit Luft auf und gewährleistet die Abdichtung des Nasenlochs. Die hinteren Nasengänge führen zum Kehlkopf, der von einem knorpligen Sicherheitsventil abgeschlossen wird – einem hypertrophierten entenschnabelförmigen Kehlkopfdeckel, dem ein Schließmuskel folgt. Dieser Kehlkopf hat keine Stimmbänder, aber vibrierende Partien. Das Waltier kann weder durch den Mund atmen noch etwas in die falsche Kehle kriegen. Luft- und Nahrungswege sind getrennt. Die Luftwege bilden ein Rohr, das die Speiseröhre durchquert, die zweigeteilt ist: Die Nahrung nimmt bald den linken, bald den rechten Weg.

Luftröhre, Bronchien und Bronchiolen sind mit druckfesten Knorpelringen verstärkt. Die Lungen, reich an elastischem Gewebe, besitzen zahlreiche große Lungenbläschen; ihr Volumen ist allerdings nicht außergewöhnlich. An ihrer Fontäne kann man die Waltiere aus der Ferne identifizieren – zumindest bei den großen Arten. Sie hat zur Mythenbildung beigetragen. Erinnert sei nur an das magische »Er bläst!« der Walfänger, das auch die friedlichen Beobachter der Fürsten der offenen See begeistert ausrufen. Für den Biologen handelt es sich um ein Aerosol, das unter Druck steht und die verbrauchte Atemluft sowie Wasserdampf aus den Lungen, etwas zerstäubtes Wasser, das während des Einatmens in die an die Nasenlöcher angrenzenden Räume eingedrungen ist, und eine feine Emulsion aus Fetttröpfchen aus der Wand der Bronchien und der Luftröhre enthält. Die Brustmuskeln schleudern diese Fontäne in die Luft, wo sich Regenbögen bilden: Die (sog. »adiabatische«) Ausdehnung der Gase führt zu einem heftigen Temperaturabfall, der selbst in den Tropen die Kondensation des Wasserdampfs fördert.
Hält der Mensch lange die Luft an, schließt sich die Stimmritze; der Druck in der Brust steigt an; das Herz verausgabt sich, um die verbrauchte Luft zu den Lungen zu jagen, die keinen Sauerstoff mehr zur Verfügung haben; die erhöhte Kohlendioxyd-Konzentration im Blut und im Gehirn regt das Atemzentrum an. Wird die Luft länger als ein, zwei Minuten (je nach Individuum; der Rekord beim Menschen beträgt mehr als 6 Minuten bewegungslos im Schwimmbecken) angehalten, wird der Atemreflex unwiderstehlich, sonst besteht die Gefahr einer Ohnmacht. Wie vermeiden die Waltiere das?
Man könnte denken, sie verfügen über ein außergewöhnliches Lungenvolumen. Dem ist aber nicht so. Beim Menschen beträgt es 5 bis 6 Liter, beim (sehr viel größeren) Großen Tümmler 6 bis 10 Liter. Dagegen verfügt er über

dreimal so viele Lungenbläschen wie wir (ein Mensch besitzt 150 Millionen, ein Delphin 450) und eine doppelte Schicht von Kapillaren, welche die Schnelligkeit des Austauschs verbessert: Das Tier entnimmt der eingeatmeten Luft 10% Sauerstoff, der Mensch 5%. Das Lungengewebe des Waltiers ist mit myoelastischen Fasern gefüllt, welche die Elastizität erhöhen. Die Ringmuskeln der Bronchiolen hindern die Luft daran, durch die mechanische Wirkung des Drucks wieder in die Nasenlöcher zu gelangen. Die (nicht benutzte) Restluft erreicht in unseren Lungen 30%, beim Waltier kaum 5 bis 8%. Wir erneuern bei jedem Einatmen 10 bis 20% unserer Reserve, der Delphin 80 bis 90%.

Wenn das Waltier taucht, nimmt es gleichwohl nur einen begrenzten Luftvorrat mit; nicht genügend, um 15 Minuten oder länger die Luft anzuhalten. Es gibt noch andere Geheimnisse. Das Tier, das lange tauchen will, beschleunigt zunächst seine Atmung. Es reichert sein Blut und seine Muskeln mit Sauerstoff an. Unter Wasser beziehen wir 34% unseres Sauerstoffs aus unseren Lungen, 41% aus unserem Blut, 13% aus unseren Muskeln, 12% schließlich aus unseren anderen Geweben. Der Delphin entnimmt lediglich 9% seinen Lungen, aber 41% seinen Muskeln, 41% seinem Blut und 9% seinen anderen Geweben. Das Blut des Waltiers enthält mehr Hämoglobin als unseres (1,3 bis 1,4 mal mehr) und mehr rote Blutkörperchen (10 Millionen pro Kubikmillimeter gegen 5 Millionen in unserem). Vor allem aber entwickeln seine Muskeln eine erstaunliche Fähigkeit, das lebenswichtige Gas zu speichern. Dank ihres Myoglobins ... So nennt man eine Familie von Proteinen, die alle Säugetiere besitzen, die bei den Waltieren und Robben jedoch in riesigen Mengen vorhanden sind. Wie das Hämoglobin bildet das Myoglobin sich um ein Eisenatom herum. Es bindet das lebenswichtige Gas und gibt es auf Verlangen wieder ab.

Es genügt nicht, Sauerstoff mitzunehmen, man muß auch sparsam damit umgehen. Eines der Geheimnisse erfolgreichen Tauchens besteht darin, den peripheren Kreislauf zu verlangsamen. Nur die Organe, die am empfindlichsten auf Sauerstoffmangel reagieren, werden weiterhin mit dem lebenswichtigen Gas versorgt: Herz, Gehirn, Rückenmark, das Sonar, die Augen, die Nebennieren, die Plazenta der schwangeren Weibchen ... Der Organismus privilegiert vor allem die kurze Verbindung Herz-Hirn. Das Tier verringert die Versorgung des größten Teils seines Körpers soweit wie möglich. Diese Gewebe und Organe »schließen« ihren Katabolismus an eine Notleitung »an« – die anaerobe Katalyse. Die Bewegungsmuskeln versorgen sich, indem sie den vom Myoglobin gebundenen Sauerstoff mobilisieren. Eine Gefäßverengung und eine Reihe von physikalisch-chemischen Phänomenen vermindern die Freisetzung von Kohlendioxyd und Milchsäure. Das Waltier spürt die Müdigkeit weniger; es vermeidet den Streß, der sie begleitet und die Gefahr mit sich bringt, sein Herz zu beschleunigen.

Der sparsame Umgang mit dem Sauerstoff erfordert in der Tat eine Verlangsamung des Herzschlags. Der Franzose Paul Bert entdeckte 1870, daß diese Verlangsamung bei jedem Säugetier, das taucht, eintritt – in unterschiedlichem Ausmaß. Das Herz des Waltiers schlägt bei den großen Arten

Eine lange Reihe anatomischer und physiologischer Anpassungen erklärt, wie es den Waltieren gelingt, so lange und so tief zu tauchen. Wie dieser Fleckendelphin nehmen sie keine großen Luftreserven in ihren Lungen mit; der Hauptteil ihres Sauerstoffs befindet sich in ihrem Blut und in ihren Muskeln.

Der Schwertwal (rechts) taucht wie alle Waltiere mehrmals hintereinander, ohne Dekompressionsunfälle oder den Tiefenrausch (die Stickstoff-Narkose) fürchten zu müssen, die auf die menschlichen Taucher lauern. Die Physiologen dringen nur ganz allmählich in manche Geheimnisse der Ausflüge dieser Tiere in die Tiefsee ein.

Folgende Doppelseite: Wenn sie unter die Oberfläche tauchen, verlangsamen der Schwertwal und seine Vettern reflexartig ihren Herzschlag (Bradykardie) und blockieren ihren peripheren Kreislauf. Sie haushalten mit ihrem Sauerstoff. Arteriennetze, sogenannte »Wundernetze«, liefern dem Gehirn zusätzlichen Sauerstoff und regulieren den Durchgang des aufgelösten Stickstoffs.

sehr langsam (20 Schläge pro Minute beim Pottwal), bei den kleinen schneller (70 beim Großen Tümmler, 120 beim Schweinswal). Beim Tauchen geht er beim Menschen von 70 auf 50, beim Großen Tümmler von 70 auf 40, dann auf 20, beim Schwertwal von 60 auf 30, beim Pottwal von 20 auf 5 oder 6 zurück. Das Tauchen löst einen Ausstoß von sogenannten »Streßhormonen« (Adrenalin und Noradrenalin) aus, welche die Nebennierendrüsen und das sympathische Nervensystem synthetisieren. Diese Substanzen führen zur Erhöhung des Blutdrucks und zur Verlangsamung des Herzschlags. Dieser Hormonreflex ist bei zwei Klassen von Säugern übermäßig entwickelt: einerseits bei denen, die im Wasser leben, andererseits bei den Föten kurz vor der Geburt. 1986 haben H. Lagercrantz und T. Slotkin gezeigt, daß der kleine Mensch, der den Schoß der Mutter verläßt, den Sauerstoffmangel auf die gleiche Weise wie der tauchende Delphin übersteht. Der eine vergißt die Episode, der andere nicht.

Verschiedene zusätzliche Vorrichtungen helfen dem Waltier beim Sauerstoffsparen. Paul Portier zufolge arbeiten die beiden Herzhälften teilweise unabhängig voneinander. Die rechte Hälfte beruhigt sich, während die linke immer noch für das Gehirn schlägt. Die verbrauchte Atemluft, die von den Organen zurückkommt, ergießt sich in gewaltige venöse Höhlen der Leber und in eine riesige Erweiterung der Hohlvene.

Die bevorzugte Versorgung des Gehirns wird auch von Gefäßnetzen gewährleistet, die man »Wundernetze« (*retia mirabilia*) nennt. Im 16. Jahrhundert beschreibt Pierre Belon diese Organe, deren Funktion ihm unbekannt ist. Man stelle sich ein Gewirr von Arterien, insbesondere zwischen Rippenfell und Rippen und beiderseits der Wirbelsäule, vor. Ernährt von den Zwischenrippenarterien, enthalten diese Netze ein beträchtliches Blutvolumen.

Man findet sie auch bei anderen Tieren, etwa im Sohlenballen der Wölfe und Hunde oder in den Pfoten der Faultiere. Sie versorgen das Gehirn mit sauerstoffreichem Blut, wenn die anderen Quellen versiegen. Sie verhindern, daß durch eine zu starke Kohlendioxyd-Konzentration im Gehirn der Reflex des Einatmens ausgelöst wird. Sie erfüllen auch andere Funktionen, wie die Regulierung des Blutdrucks oder das Binden der Stickstoffbläschen, die sich bei zu raschem Auftauchen bilden würden.
Weitere Fragen stellen sich. Wie entgehen die Waltiere den Dekompressionsunfällen, den Luftembolien, welche die Menschen manchmal bekommen? Diese ernsten Störungen sind auf die Bildung von Bläschen in den Geweben und Gefäßen der Taucher zurückzuführen, die zu rasch auftauchen, ohne den unter dem Wasserdruck in ihrem Blut aufgelösten trägen Gasen (dem Stickstoff vor allem) zu gestatten, in aller Ruhe in die Lungen zurückzukehren. Der »Champagnerflascheneffekt« zwingt unsere Art, lange und lästige Dekompressionsstufen einzuhalten, über die die Delphine sich hinwegsetzen. Gewiß, das Waltier hat kein Tauchgerät: Die Luftreserve ist sehr knapp berechnet. Doch die Dekompressionsunfälle stoßen auch den Menschen zu, die mehrmals hintereinander beim Tauchen die Luft anhalten; die Perlenfischer Polynesiens nennen diese Krankheit *tarawana*. Die Delphine können ohne Probleme oft hintereinander tauchen. Warum?
70 Meter unter der Wasseroberfläche befindet sich das Waltier dank seines Brustkorbs, der 5 bis 7 bewegliche Rippenpaare besitzt, in einem Zustand von Lungenversagen. Der Gasaustausch zwischen seinem Blut und seinen Blutgefäßen ist gleich null. Es wird kein Zuviel an Stickstoff mehr geben. Dieses Gas löst sich in seinem Blut übrigens besser als in unserem. Beim Wiederauftauchen bilden die Wundernetze einen Filter, der die Parasitenbläschen blockiert. Der Stickstoff wird auch von dem schaumigen, fettreichen Schleim gebunden, der die Bronchien überzieht. All diese Vorrichtungen (und andere, die wir nicht kennen), bewahren das Tier nicht nur vor Dekompressionsunfällen, sondern auch vor dem Tiefenrausch – der Betäubung durch Stickstoff. Die Koordination wird gefährlich gestört, weil der Stickstoff sich an der Myelinhülle der Neuronen festsetzt und den Durchgang der Nervenerregung stört. Die Physiologen haben auch festgestellt, daß die Delphine

Die Welt der Delphine schließt nicht nur die Oberfläche des Meeres ein, sondern auch einen Teil seiner Tiefen. Darüber hinaus erstreckt sie sich auch auf einen schmalen Streifen des Ufers: In South Carolina treiben Große Tümmler die Fische auf die sanft abfallenden schlammigen Strände, auf die sie sich hieven, um sich vollzufressen. Kollektive Jagden. Intelligenz und hohes Maß an Organisation.

der Gefahr der intravasalen Blutgerinnung entgehen, weil ihr Blut aufgrund seiner geringen Anzahl von Blutplättchen, ungenügenden Faktors XII und der Aktivität seines Heparins eine sehr lange Gerinnungszeit (45 Minuten statt 5 bis 10 bei uns) hat.
Noch ein anderes Organ spielt beim Tauchen eine entscheidende Rolle: die Melone. Dieser Buckel auf der Stirn macht mindestens die Hälfte des Kopfvolumens aus – beim makrocephalen Pottwal sogar 88%. Die Melone besteht aus Muskeln und Bindegewebe, die einen mit weichem und reinem Öl gefüllten Beutel mit faseriger Wand bilden. Beim Pottwal wird dieses Fett »Walrat« oder »Spermaceti« (früher hielt man es für das Sperma des Tiers) genannt. Über die Funktionen dieses Organs wurde viel gerätselt. Sie sind vielfältig. Weil die Melone sich verformt, spielt sie eine Rolle in der Gebärdensprache. Sie verstärkt und bündelt die vom Tier ausgesendeten Schallwellen und insbesondere die Echolotgeräusche.
Der Amerikaner Malcolm Clarke hat die Hypothese aufgestellt, daß sie beim Tauchen in große Tiefen eine Rolle spielt. Es ist kein Zufall, daß sie um so voluminöser ist, je tiefer die Art sich wagt – beim Pottwal, bei den Entenwalen, beim Beluga, bei den Grindwalen. Das erwachsene Tier taucht vertikal in die Tiefsee hinab, mit einer durchschnittlichen Geschwindigkeit von 4 Knoten: Innerhalb von 8 Minuten hat es eine Tiefe von 1000 Metern erreicht. Es jagt Kalmare, auch Riesenkalmare. Um sich wohl zu fühlen, muß es die Dichte seines Körpers mit der des Wassers ausbalancieren; dabei wirkt das Öl seiner Melone wahre Wunder. Flüssig bei über 30 oder 31 °C, erstarrt es darunter zunehmend. Je mehr es sich kristallisiert, um so mehr nimmt seine Dichte zu. Um seine Melone abzukühlen, nimmt das Waltier etwas Meerwasser durch seinen rechten Nasengang auf, der wie der linke zum Spritzloch führt, aber nicht zum Atmen dient. Der König des Tauchens erreicht fast ohne Mühe große Tiefen. Beim Wiederauftauchen kehrt das Tier diese Thermodynamik um. Sein Blut erwärmt das Melonenfett, das sich verflüssigt, sich ausdehnt und den Schub verstärkt. Ein Aufstieg zum Licht, bis zum befreienden Blasen!

Ernährung

Ein Schwertwal an der Oberfläche ... Die großen konischen gleichartigen Zähne auf beiden Kiefern des »Mörderwals« dienen nicht dazu, die Beute zu kauen, sondern sie festzuhalten. Das größte gegenwärtige Raubtier frißt mal Kalmare, mal Heringe oder Lachse, manchmal Seelöwen, ja sogar große Wale.

ENERGIE AUFTANKEN Alles hängt, würde Alice sagen, davon ab, auf welcher Seite des Spiegels man sich befindet. Die Delphine sind unsere Freunde – zumindest glauben wir das gerne. Sie wollen uns nicht nur nichts Böses, sie nähern sich auch den Schiffen, spielen mit den Tauchern, helfen den Fischern und man sagt, sie retten sogar Schiffbrüchige.
Aus der Sicht der Kalmare und der Fische allerdings bietet sich ein weniger bezauberndes Bild. Die Delphine sind Mörder, Attilas, Molochs! Bis an die Zähne bewaffnete Raubtiere, schnell und gut organisiert. »Ich erinnere mich an unsere Forschungsreise bei den Marquesas-Inseln«, erzählt der Biologe François Sarano. »Die Mannschaft der *Calypso* erforscht den Meeresboden bei der Insel Thomasset. Explosionen des Lebens: Engelfische, Schmetterlingsfische, Frauenfische, Gelbe Fleckenbarsche ... Ein Gewirr von Seesternen, Langusten, Kalmaren ... Plötzlich taucht wie eine Armee auf Feldzug ein Schwarm von Elektra-Melonenköpfen (*Peponocephala electra*) auf ... Hunderte, Tausende dieser Waltiere. Das Meer schäumt: ein phantastisches Schauspiel für den Menschen. Doch als die Truppe abzieht, finden wir unter Wasser eine Wüste vor: kein Fisch mehr, kein Kalmar, kein Krustentier. Diejenigen, die nicht verschlungen worden sind, ducken sich zitternd in ihre Spalten ...«
Die Waltiere stehen am Anfang der Nahrungspyramide des Ozeans. Während die Bartenwale tierisches Plankton und kleine Schwarmfische fressen und zu diesem Zweck einen riesigen Mund mit einem Seihapparat (bürstenartige befranste Barten) besitzen, jagen die Zahnwale verschiedenartige Beutetiere. Ihre Zähne sind konisch, spitz, manchmal gekrümmt oder dreieckig; nicht dafür geschaffen zuzubeißen und in Stücke zu reißen, wie diejenigen der an

Land lebenden Fleischfresser, sondern um die glitschigen Opfer – Fische oder Weichtiere – festzuhalten, bevor sie sie hinunterschlucken. Es sind einfache Zähne, mit einer einzigen Wurzel, alle gleichartig: Man spricht von homodontem Gebiß. Die Archaeoceti hatten ein heterodontes Gebiß; die Zahnformel des Pappocetus des Eozäns lautete: Schneidezähne 3/3; Eckzähne 1/1; Backenzähne 4/4; Mahlzähne 3/3. Nach und nach haben diese Zähne sich vereinheitlicht, und ihre Zahl hat durch die Hinzufügung von Jochbeinzähnen zugenommen. Heute schwankt ihre Zahl je nach Art. Bei den fischfressenden (ichthyophagen) Delphinen ist ihre Zahl hoch: Der Gemeine Delphin besitzt auf jeder Kieferhälfte 40 bis 50, der Große Tümmler zwischen 18 und 26, usw. Den Rekord halten der La-Plata-Delphin mit 60 pro Kieferhälfte und der langschnablige Fleckendelphin mit 46 bis 65 pro Kieferhälfte, insgesamt also 180 bis 260! Umgekehrt zählt man beim Pseudorca nur 8 bis 13 pro Kieferhälfte, beim Schwertwal 10 bis 13, beim Grindwal 7 bis 12, beim Beluga 8 bis 11, usw., diese Tiere ernähren sich vielseitig (Fische, Weichtiere, Krustentiere, Stachelhäuter, ja sogar Säugetiere). Eine weitere Gruppe bilden die teutophagen Waltiere, die sich strikt auf Kalmare beschränken. Beim Rissodelphin findet man im Oberkiefer keinen einzigen Zahn, ebensowenig beim Pottwal, der 24 bis 30 Kegel von 15 bis 20 Zentimetern und 1 Kilogramm pro Unterkieferhälfte besitzt. Bei den Mesoplodonen zählt man 2 bis 7 Zähne pro Unterkieferhälfte – häufig zwei; bei den Entenwalen einen einzigen. Diese den Männchen vorbehaltenen Zähne sind dreieckig, riesig, manchmal 35 Zentimeter lang (beim Layard-Mesoplodon); sie spielen eine größere Rolle bei den Machtkämpfen als beim Nahrungsfang. Beim Narwal grenzen die beiden Zähne des Oberkiefers (die einzigen, die bleiben) ans Wunderbare. Beim Männchen (manchmal auch beim Weibchen) durchbohrt der linke (manchmal auch der rechte) die Lippe, verlängert und dreht sich, bis er den sagenhaften Degen bildet, der dem Tier seinen Spitznamen »Einhorn des Meeres« eingetragen hat. Beim rosa Amazonas-Delphin hat eine sekundäre Entwicklung zu einem heterodonten Gebiß geführt, das »Mahlzähne« mit mehreren Spitzen aufweist, welche die harten Schuppen der Fische zerkleinern.
Der Ursprung des Gebisses der Zahnwale ist viel diskutiert worden. Manche Autoren haben geschrieben, die Milchzähne würden bei diesen Säugetieren sehr schnell ausfallen, um den bleibenden Platz zu machen. Andere behaupten, daß diese Tiere lebenslang ihre Milchzähne behalten. Ihre bleibenden Zähne brechen nicht durch. Es liegt Monophyodontie (einmalige Zahnung) vor. Dieses Merkmal erlaubt es übrigens, *post mortem*, das Alter der Tiere zu bestimmen. Unter dem äußeren Zahnschmelz findet man eine Aufschichtung von Elfenbeinschichten (Dentin). Die oberste ist die älteste: Sie stammt aus der fötalen Phase. Zur Pulpahöhle (die sich nach und nach abdichtet) hin erkennt man eine Neugeborenenschicht und dann Jahresschichten, die man nur wie die Jahresringe eines Baums zu zählen braucht. Bei manchen Delphinen ist es ziemlich schwierig, diese Zählung durchzuführen.

Rechte Seite: Dieser Atlantische Fleckendelphin hat einen kleinen Fisch gefangen. Die subtilen und präzisen Sinnesorgane der Waltiere gestatten ihnen die unterschiedlichsten Jagden. Ein Teil der Zahnwale lebt von Kalmaren. Sie werden »teutophag« genannt. Andere Arten fressen eher Fische.

Dieser Schwarm von Narwalen in einer offenen Fahrrinne inmitten des Packeises patrouilliert auf der Suche nach Nahrung. Die Waltiere stehen an der Spitze der Nahrungspyramide des Ozeans. Diese Superräuber kommen uns »nett« und »freundlich« vor. Die Krustentiere, Kalmare und Fische wären da anderer Meinung!

Die Zunge ist muskulös, der Kehlkopf eng. Es besteht keine Gefahr, daß die Nahrung in die Luftröhre gerät, da Luft- und Nahrungswege getrennt sind. Die Speicheldrüsen fehlen mit Ausnahme der Ohrspeicheldrüse. Am Ende der Speiseröhre öffnet sich ein komplexer Magen mit vier Taschen. Die Nahrung fällt zunächst in einen mechanischen Sack mit kräftigen Muskeln, der die Funktion des Kaumagens bei den Vögeln hat: Fische oder Kalmare werden dort zerkleinert und eingeschleimt. Darauf folgt ein peptischer oder chemischer Magen, der bei den Jungtieren groß, bei den Erwachsenen verkleinert ist: Hier werden die Salzsäure und die Enzyme der Magendrüsen ausgeschüttet. In der dritten Tasche – dem Pförtnermagen – wird die Verdauung fortgesetzt. Die letzte Abteilung, der Zwölffingermagen, ist eine Blase, in welche die vereinigten Kanäle von Leber und Bauchspeicheldrüse münden. Diese Gliederung erinnert an den Magen der Wiederkäuer, mit denen die Waltiere gemeinsame Vorfahren haben, die Condylarthren des Paläozoikums. Natürlich sind sie unterschiedlich an ihre Umgebung angepaßt, da Delphine und Wale keine Pflanzen-, sondern Fleischfresser sind. Der Darm ist gleichförmig. Es gibt weder einen Blinddarm noch einen Dickdarm. Das Organ ist – anders als bei den Fleischfressern an Land – lang. Er ist mehr als zehnmal so lang wie der Körper: 24 Meter bei einem 2,20 Meter großen Gemeinen Delphin; 37 Meter bei einem 3 Meter langen Großen Tümmler. Die große Leber hat zwei Lappen, aber keine Blase. Die aus Läppchen bestehende Bauchspeicheldrüse gibt ihre Produkte in den Gallengang ab.
Die Nahrungsmenge, die das Waltier täglich verschlingt, hängt von seiner Größe und seinem Gewicht ab; aber nicht nur. Ein 6 Tonnen schwerer Schwertwal verschlingt täglich 100 Kilogramm Beute; ein 150 Kilogramm schwerer Großer Tümmler 5 bis 8 und ein 40 Kilogramm schwerer Schweinswal – seltsamerweise – ebensoviel. In den noch nahrungsreichen Lebensräumen nimmt die Nahrungssuche nur 10% des Tages in Anspruch – was dem Tier freie Zeit läßt. Dort, wo der Mensch die Fisch- und Kalmarbänke zerstört, wird die Deckung des Tagesbedarfs zu einer kräftezehrenden Obsession.

Die Nahrungssuche nimmt nur 10% des Tages in Anspruch – was dem Tier freie Zeit läßt.

Der Stoffwechsel der Delphine und ihrer Vettern ist lebhafter als der der Landsäugetiere mit gleicher Körpermasse. Um ihre innere Temperatur konstant zu halten – um die 36 °C – müssen diese Tiere eine Menge Kalorien zu sich nehmen. Zweimal soviel pro Gewichtseinheit wie der Mensch. Der »Warmblüter« kolonisiert nicht ohne Probleme die Wasserwelt: Das Wasser leitet die Wärme dreißigmal besser als die Luft. Das Waltier hat nicht die Möglichkeit, sich einzurollen, ein molliges Nest zu bauen oder sich an seine Artgenossen zu schmiegen, um sich aufzuwärmen. Es frißt zum Ausgleich. Mehrere Methoden stehen ihm zur Verfügung, um Wärmeverluste zu vermeiden. Zunächst ist das Verhältnis zwischen Volumen und Körperoberfläche durch seine torpedoförmige Gestalt günstiger. Ein Delphin von 0,1 Kubikmeter entwickelt eine Körperoberfläche von 2,5 Quadratmetern; ein Mensch mit demselben Volumen besitzt eine zweimal ausgedehntere Haut.
Eine entscheidende Rolle als Wärmeisolierer spielt die Speckschicht unter der Haut – das Fettpolster –, deren Wärmeleitfähigkeit gering ist: 10 Kalorien pro Quadratmeter und Tag. Beim Delphin ist sie auf dem Rücken, an den Seiten und am Bauch mehrere Zentimeter dick; beim Narwal und Beluga, die in den kalten Gewässern der Arktis leben, erreicht sie 20 Zentimeter. Die Wirksamkeit dieses Specks wird dadurch gesteigert, daß er von dicken Arterien und einem Geflecht von Kapillaren durchzogen ist; dieses Nervensystem befiehlt, je nachdem, entweder eine Gefäßverengung, die den Wärmeaustausch mit der Umwelt vermindert, oder eine Gefäßerweiterung, die ihn er-

Diese Atlantischen Fleckendelphine scheinen keinen Appetit auf diesen Fischschwarm zu verspüren, den sie ärgern. In der Natur sind die Beziehungen der Raubtiere zu ihrer Beute merkwürdig. Manchmal begegnen sie sich, ohne daß etwas geschieht. Dann wieder haben die Raubtiere Hunger und greifen an.

höht. Die Regulierung der Temperatur im Körperinneren hängt kaum von der Atmung ab, sehr dagegen von den Flossen. Diese Lappen (Rückenflosse, Brustflosse und Schwanzlappen) sind reich an Gefäßen und arm an Speck. Ihre Arterien sind von einem Venennetz umgeben. Der Kalorienaustausch zwischen diesen beiden Gefäßarten (insbesondere der »Wärmeaustausch durch Gegenströmung«) erlaubt eine subtile Kontrolle der Kalorienströme, die den Körper verlassen. Wenn die Arterien sich erweitern, wärmen sie die Venen an der Oberfläche auf, und das Tier kühlt ab. Wenn sie sich zusammenziehen, wärmen die Venen sie auf, und das Waltier erwärmt sich wieder. Wie der unsere, besteht auch der Körper des Delphins zu zwei Dritteln aus Wasser. Er bewohnt jedoch eine flüssige Welt, in der die Salzkonzentration eine entscheidende Rolle spielt. Die Osmosegesetze sind unwiderruflich: Das Wasser tritt durch die halbdurchlässigen Membranen (dazu gehören die Zellwände) von der weicheren Lösung in die konzentriertere über, bis ein Gleichgewicht hergestellt ist. Da das Meer salziger ist als ihr Blut, müßten die Waltiere sich leeren und an Dehydratation sterben. Doch die Natur hat Lösungen gefunden: Zunächst einmal trinken diese Tiere nicht; die Aufnahme von Meerwasser würde ihr Problem verschlimmern. Sie haushalten mit dem Süßwasser und verwenden es wieder. Sie versorgen sich durch das Fleisch ihrer Beute, deren Körperflüssigkeiten weniger salzig sind als das Meerwasser. Der Abbau ihres Fetts liefert ihnen ebenfalls welches. Da sie keine Schweißdrüsen haben, schwitzen sie nicht. Sie verlieren auch weniger Wasser als die anderen Säugetiere durch ihre Lungen, da sie dicht über den Wellen ausatmen, in einer feuchtigkeitsgesättigten Umgebung. Ihr paradoxer Kampf gegen die Dehydratation wird aber vor allem von ihren Nieren geführt. Diese Organe sind riesig: 1,1% des Gesamtkörpergewichts beim Delphin, 0,37% beim Menschen. Ihre Struktur ist außergewöhnlich: Sie bestehen aus zahlreichen Läppchen (40 beim Beluga, 80 bei den Süßwasserdelphinen, 450 beim Gemeinen Delphin, 6000 beim Gemeinen Finnwal). Diese *reniculi* enthalten ein primäres Filtersystem, das den Harnstoff, die Salze und die Abfallprodukte ausfiltert, und ein sekundäres, durch welches das Süßwasser wiedergewonnen und in den allgemeinen Kreislauf zurückgeführt wird. Der Urin ist hochkonzentriert. Erfindungen des Lebens ...

DIE JAGDEN DES KÖNIGS SCHWERTWAL Die Delphine sind »schlaue Jäger«, würde Ernst Jünger sagen. Sie benutzen jede List, um sich ihrer Beute zu bemächtigen. Sie lokalisieren sie unter Einsatz all ihrer Sinne – Gesichtssinn, Gehör –, ja selbst Tastsinn, wie die Ganges-Delphine, die auf dem Grund des Flusses zur Seite geneigt schwimmen und den Schlamm mit der Spitze ihrer Hand absuchen. Sie benutzen vor allem die Echolot-Orientierung. Die Knacklaute mit großer Wellenlänge liefern eine »Fotografie« des Terrains. Die Knacklaute mit hoher Frequenz liefern ein präzises, scharfes Bild des Opfers.

Die Mannschaft der *Calypso* hat einer außergewöhnlichen Jagd beigewohnt, die Große Tümmler an einer schlammigen Küste von South Carolina auf Fische machten: In einem trüben Wasser bilden sie einen Kreisbogen. Auf den Pfiff eines Anführers (oder einer Anführerin!) hin stürzen alle los. Die umzingelten, aufgeschreckten Fische springen auf das schlammige, leicht abfallende Ufer, auf das die Waltiere sich ohne Zögern mit Hilfe ihrer Brustflossen hieven. Die Tümmler sammeln ihre Opfer ein, lassen sich ins Wasser gleiten und beginnen von vorn.

Der Schwertwal verkörpert das heute mächtigste Raubtier ... Dieser Körper muß ernährt werden. Gargantueske Festmahle: Im vorigen Jahrhundert entdeckte der Deutsche Daniel Eschricht im Magen eines einzigen Schwertwals von 7,50 Meter Länge nicht weniger als dreizehn Schweinswale und vierzehn Seehunde (verspeist innerhalb mehrerer Tage)!

Die Insel Wuvulu im Norden Neuguineas. Die *Alcyone* wiegt sich oberhalb eines Korallenriffs. Am Abend zuvor schwammen hier zahlreiche Haie. Heute morgen kein einziger mehr ... »Das ist wegen der Wale!« lächelt ein Fischer aus dem Dorf. Welche Wale? Die Taucher gehen ins Wasser. Drei Schwertwale kommen näher. Ein Männchen, zwei Weibchen. Der erste hat einen verzerrten Mund. Er hat einen Mantarochen mit einer Spannweite von 2 Metern zwischen seinen Zähnen. Er läßt ihn los, packt ihn 30 Meter tiefer erneut und reißt ihn in Stücke: guten Appetit! Einen Augenblick später paradiert ein Weibchen mit einer noch größeren Beute: ein Hai von 2,50 Metern.

An den Küsten Patagoniens jagen die Schwertwale den Seelöwen – so wie sie die jungen See-Elefanten auf den Stränden der Kerguelen oder der Crozet-Inseln angreifen. Heftige Sturmangriffe bis auf den Strand: Die Wale lauern direkt unter der Wasseroberfläche, und wenn ein unvorsichtiges Tier sich dem Wasser nähert, schnellen sie los und packen es ...

Es kommt vor, daß der Schwertwal, wie die Katze mit der Maus, mit dem Seelöwen »spielt«, indem er ihn mit der Schnauze oder dem Schwanz in die Luft schleudert. Wer sich eine Vorstellung von der Kraft des Waltiers machen will, sollte sich erinnern, daß ein »kleiner« Seelöwe einen Zentner wiegt! Man fragt sich, ob diese Spiele nicht ein Wettkampf zwischen herrschenden Männchen oder Weibchen sind.

Die Queen Charlotte Islands vor British Columbia. Grünes, kaltes Wasser. Zedern und kanadische Rottannen. »Wir lassen uns in die Wellen gleiten«, erinnert sich Michel Deloire, Chefkameramann der *Calypso*. »Wir befinden uns inmitten einer Gruppe von Schwertwalen. Sie jagen die wandernden Lachse. Ein heftiger Strom von Knacklauten gibt mir das Gefühl, mein Körper beginne zu vibrieren ... Vor meinen Augen dreht ein Fisch sich plötzlich um und treibt mit dem Bauch nach oben. Ein Schwertwal taucht auf – ein Weibchen: Es packt die Beute mit seinen Lippen und hält es seinem Kleinen hin, der sie verschlingt ... Es gibt ihn tatsächlich, den berühmten ›Schrei, der tötet‹! Zumindest ist der Schall- und Ultraschalldruck des *Orcinus orca* so stark (mehr als 200 Dezibel bei der Aussendung), daß er die Beute schockt, die der Jäger packt.«
Die Jagden des Schwertwals wurden an verschiedenen Stellen der Erde beobachtet. Das Tier frißt alles. Hier Schwarmfische, dort Thunfische, weiter entfernt Vögel oder Ohrenrobben; gelegentlich andere Waltiere –, Schweinswale, Delphine oder große Wale. An der Westküste Kanadas jagen seßhafte Schwärme von Schwertwalen den Lachs, während die Nomaden die Seelöwen oder die kalifornischen Grauwale (von denen 50% Spuren von Bissen tragen) verfolgen. Im Norwegischen Becken tut der *Orcinus orca* sich an Heringen gütlich: Sich mit Pfiffen verständigend treiben die Waltiere riesige Fischschwärme zusammen; dann greifen sie an. Sie erschlagen Hunderte mit ihrem Schwanz, bevor sie das Festmahl genießen.

Es packt die Beute
mit seinen Lippen.
Es gibt ihn tatsächlich,
den berühmten »Schrei, der tötet«!

Die Schwertwale der Antarktis bringen die treibenden Eisschollen, auf die sich Pinguine oder Seehunde flüchten zum Schwanken. Der einzige registrierte Angriff eines Schwertwals auf einen Menschen scheint unter solchen Umständen stattgefunden zu haben.
Die Schwertwale von Patagonien, den Kerguelen und den Crozet-Inseln greifen die Pinguine und jungen Robben an, insbesondere die See-Elefanten, Seelöwen und Pelzrobben. Der große schwarzweiße Delphin sieht im Wasser ebensogut wie in der Luft. Er patrouilliert geräuschlos in der Nähe des Strands. Er reagiert auf das leiseste Plätschern. Sobald er ein Opfer ausgemacht hat, stürzt er sich mit solcher Wucht darauf, daß das Meer vor seiner

Melone aufgepeitscht wird. Die Beute, vom Wirbel angezogen, wird von riesigen Kiefern gepackt oder von einem Schlag des gewaltigen Schwanzes erschlagen. Die Ohrfeige schleudert eine Ohrenrobbe von 200 Kilogramm 30 Meter weit.

Der französische Walforscher Christophe Guinet berichtet vom ungewissen Schicksal der jungen See-Elefanten auf der Possessioninsel des Crozet-Archipels. Im November oder Dezember hat die junge Robbe, seit einem Monat von ihrer Mutter verlassen, ihre Fettreserven aufgebraucht und hört den Ruf des Meeres. Manche Babys lassen sich von den Hochwasserflüssen mitnehmen; die Schwertwale erwarten sie an der Mündung. Oder die Super-Delphine postieren sich im Abstand von fünfzig Metern voneinander vor dem Strand. Ohne einen Laut ... Jeder kennt seinen Platz. Der junge See-Elefant, der sich mit kleinen Sprüngen über den Sand bewegt, macht ein verräterisches »Flop! Flop!« Der nächste Schwertwal dreht sich auf die Seite, um seine Beute, die auf Sichtweite herangekommen ist, zu lokalisieren. Und dann geschieht alles blitzschnell. Eine Drehung des Schwanzes, eine Beschleunigung, aufspritzender Schaum, und die riesige Schnauze schließt sich wieder.

Der Schwertwal verdankt seinen volkstümlichen Namen »Mörderwal« – und seinen weiteren Spitznamen »Gladiator« –, der Tatsache, daß er auch die großen Wale angreift: Glatt-, Grau-, Buckel-, manchmal auch die schnellen Finnwale. Diese titanischen Angriffe erfolgen fast nur in Hungerzeiten. Sonst blasen der *Orcinus orca* und die Bartenwale friedlich nebeneinander ... Wenn die Schwertwale Hunger haben, isolieren sie ein junges, altes oder krankes Beutetier nach der den Raubtieren gemeinsamen Technik. Die Szene ist 1804 von Lacépède beschrieben worden: »Die Gladiator-Delphine versammeln sich, bilden einen großen Schwarm, schwimmen zusammen auf den Glattwal zu, greifen ihn von allen Seiten an, beißen ihn, reizen ihn, machen ihn müde, zwingen ihn, das Maul zu öffnen, stürzen sich auf seine Zunge, auf die sie, wie es heißt, ganz versessen sind, zerstückeln sie und reißen sie in Fetzen heraus, wobei sie dem Wal unerträgliche Schmerzen zufügen und ihm tödliche, stark blutende Verletzungen beibringen.«

Dieser Schwertwal schwimmt an der Oberfläche vor dem Mount Baker vor der Insel San Juan, in der Meerenge von Vancouver. Die Waltiere sehen über der Wasseroberfläche fast ebenso gut wie unter Wasser. Ihr Auge paßt sich beiden Umgebungen an. Allerdings verlassen sie sich nicht in erster Linie auf den Gesichtssinn. Ihr Gehör ist sehr viel präziser.

Perfekter Synchron-Sprung zweier Großer Tümmler ... Die Ausführung dieser Figuren zu mehreren erfordert subtile Sinnesorgane. Gesichts- und Tastsinn natürlich; aber auch das Gehör. Das Sonar eines jeden Tieres situiert es in bezug auf seinen Artgenossen und leitet letzteren. Und umgekehrt – ein ständiger Austausch ...

Sinnesorgane

SEHEN MIT DEN OHREN Morgendämmerung auf hoher See bei der Insel Socotra, im Indischen Ozean. Die *Calypso* segelt unter dem prachtvollen Mauve und Gold des Himmels. Delphine springen. Fraser-Delphine. Kurzer Schnabel, dunkler Rücken. Ihr »aggressives« Schwimmen wirbelt viel Schaum auf. Sie jagen. Sie kreisen Fische ein. Das Wasser spritzt: Festmahl im Meer ... Die Sinnesorgane der Waltiere, die ihnen diese Sicherheit in der unermeßlichen blauen Weite geben, bis in Tiefen, die dem menschlichen Taucher für immer verschlossen sind, sind Ergebnis der »genialen« genetischen »Bastelei« an den fünf Sinnen der Säugetiere, die vor allem zur einer Verkümmerung des Geruchssinns geführt haben und zu einer übermäßigen Entwicklung des Gehörs in Gestalt eines Echolot-Orientierungssinns, eines biologischen Sonars. Der Tastsinn ist nicht schlecht. Trotz ihres Specks haben die Waltiere eine empfindliche Haut. Ihre Lederhaut registriert die Druckwellen der Turbulenzen und verformt sich, um den Körper besser durchs Wasser gleiten zu lassen. Die Tiere kratzen sich wollüstig an Schiffen oder Felsen. Sie reiben sich aneinander. Sie mögen es, wenn man ihre Schnauze streichelt, ihre Zunge betastet. Ihre Brustflossen sind reich an Nerven; die Mütter liebkosen mit ihnen ihre Babys. Ihre Kiefer sind mit Rezeptoren für Vibrationen und Druck ausgestattet, mit deren Hilfe sie ihre Geschwindigkeit und die der Strömungen abschätzen können. Die Umgebung ihres Spritzlochs ist ebenfalls mit Rezeptoren versehen, dank derer sie, noch bevor sie die Oberfläche durchbrechen, wissen, daß sie auftauchen werden, und zu blasen beginnen. Die Haare, die auf dem Gesicht der Bartenwale recht zahlreich, bei den Zahnwalen selten sind, sind Schnurrhaare, reich an Nervenenden, welche die Berührungen der Schnauze würzen.

Die Delphine tasten mit ihrem Schnabel lange die Gegenstände ab, die sie interessieren. Die Männchen erforschen den Körper der anderen Waltiere (oder

der Taucher) mit erigiertem Penis – ohne direkte sexuelle Absicht! Die Wahrnehmung der Temperatur ist so fein, daß zahlreiche Arten eine Verbreitungsgrenze haben, die einer isothermen Linie des Ozeans folgt.
Geschmacks- und Geruchssinn sind weniger zuverlässig. Bei den Luftsäugern analysiert ersterer die im Wasser aufgelösten Moleküle und letzterer diejenigen, welche die Luft transportiert. Auch die Waltiere können gut schmecken: Ihre Zunge ist mit Chemorezeptoren ähnlich unseren Papillen ausgestattet. Ein Delphin, dem man einen verdorbenen Fisch gibt, spuckt ihn mit Verachtung wieder aus. Das Tier erkennt im nassen Element die Basisgeschmacksnuancen – süß, salzig, bitter, sauer – und eine Anzahl verschiedener Aromen. Er erkennt, selbst aufgelöst, die Abfallprodukte (Urin und Kot) seiner Artgenossen, bei denen er vielleicht äußere Wirkstoffe (Pheromone) wahrnimmt.

Die Waltiere verlassen sich auf einen sechsten Sinn, von dem wir kaum eine Vorstellung haben: den magnetischen Sinn.

Dagegen hat er fast ganz die Fähigkeit verloren, die Moleküle in der Luft zu analysieren. Sein Spritzloch öffnet sich zu schnell zu weit und gestattet einen so heftigen Luftstrom, daß die Geruchszellen gar nicht die Zeit hätten, ihre Funktion zu erfüllen. Die Archaeoceti, wie der Basilosaurier, besaßen noch ein funktionstüchtiges Geruchsorgan. Bei den Bartenwalen sind diese Nerven noch vorhanden, allerdings sehr dünn. Bei den Zahnwalen sind sie ebenso wie die entsprechenden Gehirnlappen fast verschwunden. Günther Behrmann hat jedoch gezeigt, daß auf der Wand der an das Spritzloch angrenzenden Luftbeutel immer noch chemorezeptive Zellen sitzen.
Das Auge, in dem wir die Intelligenz aufleuchten zu sehen meinen, sitzt direkt über dem Mundwinkel, nahe der Schulter. Es ist klein, fast geschrumpft, da es für die Arten der Schlammflüsse, wie den Ganges- oder Jangtse-Delphinen oder die Arten, die in der Finsternis der Tiefsee jagen, wie die Spitzschnauzendelphine, unnütz geworden ist. Das Organ wird von zwei starren wimpernlosen Lidern gesäumt, die reich an Fettgewebe sind; im oberen sitzen große Drüsen, aus denen ein schleimiger Saft quillt, der verhindert, daß die Hornhaut durch das Meerwasser gereizt wird. Im Trockenen scheint der Delphin ständig zu weinen ... Der Augapfel ist nach hinten abgeflacht. Die Pupille ist leicht oval, die Iris dunkel, die Linse fast kugelförmig. Die Netzhaut ist reich an Stäbchen, jenen Neuronen, die das Schwarzweißsehen und das Sehen bei schwachem Licht erlauben. Wie bei den Haien verstärkt eine reflektierende Schicht unter der Netzhaut, das *tapetum lucidum*, den schwachen Photonenstrom. Die Zäpfchen sind selten, da sie wenig Nutzen haben: Die Farben werden vom Wasser rasch absorbiert. Gefangene Delphine lieben jedoch das Rot und das Gelb. Die Sicht ist monokular: Das stereoskopische, binokulare Feld vor der Schnauze ist beim Delphin schmal (20 Grad) und beim Pottwal oder Wal nicht vorhanden.
Das Hauptproblem dieser Tiere beim Sehen hängt mit der Tatsache zusammen, daß die Brechungsexponenten der Luft und des Wassers verschieden sind. Ohne Taucherbrille kommt uns im Wasser alles trüb vor. Die Waltiere haben es da besser: Ihre Augen funktionieren in beiden Elementen. Sie passen sich an. Sie haben kräftige intraokulare Muskeln, welche die Form ihrer Linse verändern. Daher spielen die Verzerrungen durch die Brechung für sie keine Rolle. Denken wir nur an die Präzision, mit welcher der Große Tümmler aus der Tiefe seines Beckens emporschnellt, um einen in 5 Meter Höhe aufgehängten Ring zu schnappen!
Verschiedenen Autoren zufolge verlassen die Waltiere sich auf einen sechsten Sinn, von dem wir kaum eine Vorstellung haben: den magnetischen Sinn. Bereiche in ihrem Gehirn enthalten Eisenoxydkristalle (Magneteisen-

Das wichtigste Sinnesorgan der Waltiere ist ihr Gehör; es handelt sich um akustische Tiere! Die Zahnwale – wie die Großen Tümmler – haben ein biologisches Sonar von verblüffender Präzision entwickelt. Dieses System der Echolot-Orientierung (Emission von Schall- oder Ultraschallwellen und Empfang von Echos) funktioniert nach dem gleichen Prinzip wie unsere medizinischen Echographie-Apparate.

erz), dank derer sie über eine Art innere Magnetnadel verfügen, die für ihre Navigation ebenso wichtig ist wie der Kompaß für den Seemann. Das Magnetfeld der Erde leitet sie bei ihren langen Reisen. Die geomagnetischen Anomalien sind für sie Orientierungspunkte, die sie sich einprägen. Zufällige Veränderungen dieses Feldes, etwa durch Sonneneruptionen, können sie in die Irre führen. So erklärt man manche Massenstrandungen.
Die Waltiere sind jedoch in erster Linie akustische Tiere. Ihr Gehör ist ihre Hauptinformationsquelle. Sie nehmen die Töne wahr, die sich in der Atmosphäre verbreiten (bei Bartenwalen zweifelt man daran). Sie nutzen vor allem die Tatsache, daß Wasser die akustischen Wellen fünfmal schneller als Luft überträgt. Und weiter. Sie haben kein äußeres Ohr, das die Stromlinienförmigkeit ihres Körpers beeinträchtigen würde. Der Empfang der Töne wird durch die Schädelknochen und die Fettdepots in den beiden Zweigen des Unterkieferknochens gewährleistet. Die Ohröffnung liegt kurz hinter dem Auge; sie ist so schmal, daß sie den Anatomen früher entging. Der Gehörgang ist dünn (2 bis 3 Millimeter Durchmesser), ja verstopft, und das Trommelfell dick. Das Mittelohr ist bei den Bartenwalen mit einem Wachspfropfen gefüllt, der sich im Laufe der Jahre bildet und eine Bestimmung des Alters der Tiere erlaubt. Bei den Zahnwalen ist dieser Pfropfen nicht vorhanden; seine Funktion bei der Leitung der mechanischen Wellen wird vielleicht von Meerwasser übernommen. Das Innenohr endet in einem riesigen Hörnerv, der in ebenfalls hypertrophierte Gehörlappen mündet. Wichtig ist, daß die vom linken und rechten Ohr empfangenen Schallbilder sich nicht mischen. Bei den Luftsäugern sind beide Organe durch die Schädelknochen getrennt. Bei den Waltieren wird die Unabhängigkeit dadurch gewährleistet, daß jedes Ohr in einer Paukenhöhle liegt, die eine blasige Mischung aus Schleim und Fett isoliert.
Die Perfektionierung des Gehörs hat im Verlauf der Evolution zur Ausbildung eines Echolot-Orientierungssinns geführt. Die Waltiere hören nicht nur die Schallwellen, welche die besten menschlichen Ohren wahrnehmen, auf einer Frequenz zwischen 20 und 20 000 Hertz, sondern ein ungeheures Spektrum von Ultraschall, das bei den meisten Delphinen 150 000 Hertz und beim rosa Amazonas-Delphin, dem *baiji* und dem Rauhzahn-Delphin 200 000 Hertz erreicht. Den Rekord halten die *susu* des Indus und des Ganges, die bis zu 300 000 und 380 000 Hertz aussenden – und empfangen.
Echolot-Orientierung bedeutet »Sehen mit den Ohren«. Dieser Sinn ist bei den Bartenwalen nur rudimentär vorhanden, die das Echo ihrer Niederfrequenz-Aussendungen benützen, um sich eine Vorstellung des »Geländes« zu machen oder eine Planktonbank zu lokalisieren. Man hat ihn bei Seehunden (ein Fall kovergierender Evolution), Spitzmäusen, Maulwürfen und Fledermäusen nachgewiesen. Das Prinzip ist: Wenn wir in einem Tal rufen, empfangen wir das Echo unserer Stimme. Wir leiten daraus nicht die Entfernung des Berge oder ihre Form ab. Das Waltier dagegen ist genau dazu imstande. Es »fotografiert« die Landschaft mit seinem Gehör und erkennt selbst die Beschaffenheit des Felsgesteins und seiner Pflanzen.

Die Delphine, die wie der rosa boto *des Amazonas (links) in trübem Wasser leben, haben ein leistungsfähiges Sonar. Der Pottwal, dessen Auge man hier sieht (unten), orientiert sich und jagt den Riesenkalmar mit Hilfe von Knacklauten und des Ohres in der Finsternis der Tiefsee, in mehr als 1000 oder 2000 Meter Tiefe.*

Der gedrehte Degen des Narwals, dieser Zahn, der beim Männchen enorm hypertrophiert ist, dient nicht, wie man glaubte, dazu, den Fisch »aufzuspießen«. Die »Chefs« benutzen ihn während ihrer Kämpfe um die Herrschaft; sie »kreuzen die Klinge«. Vor allem aber verstärkt dieser Elfenbeinfortsatz die Schallwellen. Die Herausforderungen der Paschas werden zu merkwürdigen »Ultraschall-Turnieren«.

Das Tier sendet Schall- und Ultraschallwellen aus, Serien von Knacklauten auf gewählten Frequenzen. Es erzeugt sie mit Hilfe seines entenschnabelförmigen Kehlkopfs und vor allem dreier (Vorhof-, Stirnnasen- und Zwischenkiefer-)Luftbeutel, die an die Basis seines Spritzlochs grenzen. Es spielt wie auf einer Flöte mit diesen Taschen, die miteinander durch Öffnungen verbunden sind, durch die es die Luftmenge nach Belieben reguliert. Die ausgesendeten Wellen dringen durch den Stirnknochen und werden von den Fettansammlungen des Kopfes verstärkt, vor allem durch die ölige Ansammlung, die auf der Stirn die Melone bildet. Dank dieser verformbaren »akustischen Linse« lenkt das Waltier die Schallbündel, die es erzeugt. Es moduliert seine »Sendungen« auf den Frequenzen, die am besten für die Daten, die es sammeln will, geeignet sind: Die langen Wellen entsprechen der »Weitsicht«, die kurzen – gebündelten – den Details.
Wenn sie auf ein Hindernis treffen, werden diese Schallbündel als Echo zurückgeworfen (daher »Echolot-Orientierung«). Die reflektierten Wellen treffen auf die Schädelknochen, vor allem das knochige und fettreiche »akustische Fenster« des Unterkiefers. Die Zeit, die diese Schwingungen benötigen, um zum Sender zurückzukehren, wird vom Gehirn analysiert, das sich ein präzises Bild der Umgebung bildet – tausend Nebeninformationen dekodierend, etwa ob die Knacklaute verzerrt, gebrochen oder teilweise absorbiert wurden.
Man schätzt die maximale Reichweite des Systems auf 800 Meter. Wenn das Waltier gefunden hat, was es interessiert – ein Hindernis, eine Beute, einen Gefährten usw. –, erforscht es das Objekt im Detail. Es erhöht die Frequenz seiner Aussendungen, die es mehr und mehr bündelt. Es dreht den Kopf nach allen Seiten und nimmt eine vollständige Abtastung seines »Ziels« vor. Auf diese Weise »sieht« es mit seinen Ohren im trübsten Wasser, in der tiefsten Nacht. Es unterscheidet mit verbundenen Augen einen lebenden von einem toten oder einem Plastikfisch oder zwischen einer Kupfermünze und einer gleich großen aus Aluminium. Es findet einen Bleiring von 2 Millimeter Durchmesser und umgeht in seinem Becken 0,2 Millimeter dünne gespannte Eisendrähte.
Das Tier betätigt sein Sonar häufig weiter, wenn seine Schnauze mit dem »gesehenen« Objekt in Kontakt ist. Es studiert das Herz, die Struktur. Die Echolot-Orientierung ist eine Echographie. Nur präziser. Mit phantastischen Möglichkeiten ... Das Waltier benutzt sie nicht nur, um mit seinen Ohren die Gestalt eines Fisches, Delphins oder Menschen zu »sehen«, sondern auch, um den Körper seines Gegenübers zu untersuchen. Die inneren Organe eignen sich für diese Erforschung. Dank seines Sonars »sieht« es das Herz von ihm oder ihr schlagen. Es erkennt die Gefühlsverfassung des Individuums, das es abhorcht. Es »liest« Angst, Gelassenheit, aggressive Triebe, Unbeschwertheit, Bereitschaft zur Liebe ...

3

GEISTER DES MEERES

Elektrisches Grau des orangefarbenen Himmels; Graugrün der von fahler Gischt gekräuselten Wellen ... Vor Gibraltar wird das Meer böse wie ein Giftzwerg. Die Calypso *schlingert, stampft, vibriert und knarrt. Im Schaum springen jedoch Torpedos. Delphine ... Weißblaue Streifendelphine (*Stenella caeruleoalba*). Man könnte schwören, diese Geister des Wassers verspotten die Menschen, indem sie die Elemente herausfordern. Sie springen dicht über dem Wasser, surfen und springen in die Luft. Sie klappern. Sie verzaubern den Sturm. Ihr Getummel wirkt wie ein Ritual, ein Rollenspiel, in dem eine Tierart dem* Homo sapiens *vorführt, daß auch sie verspielt, gesellig, intelligent und sprachbegabt sein kann. Wirklich? Das rätselhafte Lächeln des Delphins verbirgt vielleicht phantastische Antworten.*

Fortpflanzung

AUS DEM WASSER GEBOREN Breaksea Sound, Fjordland, Neuseeland ... Die *Calypso* segelt zwischen zwei von urtümlichen Buchen und baumähnlichem Farnkraut gekräuselten Gebirgen. Pflanzenreiche Wasserfälle leiten Wasser ins Meer, das die organischen Fäulnisstoffe schokoladenbraun färben. Zuflucht für die schwarze Koralle und die malvenfarbenen Brachiopoden, Überlebende des Mesozoikums. An Backbord blasen zwei Delphine. Große Tümmler. Eine Mutter und ihr Junges. Das Kleine ist ein paar Stunden alt. Es plätschert herum. Das Weibchen unterstützt es beim Schwimmen. Es hat sich abgesondert, um zu gebären. Es wird zu seiner Gruppe zurückkehren, um ihr das Neugeborene mit einer gewissen Feierlichkeit zu »präsentieren«.

Die Waltiere pflanzen sich wie die anderen höheren Säuger (Eutheria oder Placentalia) fort; die Evolution hat ihnen jedoch die Mittel gegeben, dies im Wasser tun zu können. Da sie im nassen Element lieben und gebären, verkörpern sie (mit den Seekühen: Lamantin und Dugong) die reinsten Wassersäugetiere ihrer Klasse; reiner als die Robben (Ohrenrobben, Walrosse, Seehunde) und die Seeotter, die gezwungen sind, zum Gebären an die Küste zurückzukehren. Reiner auch als die Archaeoceti: Der Basilosaurus hievte sich, so nimmt man an, auf den Strand, um sich zu paaren und zu gebären. Im Wasser kann man das weibliche Waltier nur schlecht vom männlichen unterscheiden, es sei denn, der Herr zeigt eine gewisse Erregung. Der geschlechtliche Dimorphismus ist kaum sichtbar. Immerhin ist das Männchen des Pottwals, des Grindwals, des Schwertwals, des Pseudorca ein gutes Stück größer als seine Gefährtin; hinzu kommt beim Schwertwal diese glorreiche Standarte der Rückenflosse. Meist ist bei den Zahnwalen das »starke« Geschlecht etwas mächtiger als das »schwache«; beim Hector- und Commerson-Delphin ist es allerdings umgekehrt. Bei den Bartenwalen ist die Dame stets massiger als der Herr. Die meisten Waltiere besitzen 22 Chromosomenpaare. Die Pottwale und die Schnabelwale haben nur 21.

Die Vulva des Weibchens öffnet sich in einer Mittelfurche des Bauchs, direkt vor dem Anus. Es sind Falten zu erkennen, große und kleine Schamlippen sowie eine Klitoris (für diejenigen, die etwa bezweifeln, daß diese Tiere Lust empfinden können). Wie bei fast allen Säugetieren hat der Uterus zwei Spit-

Beim Springen zeigt dieses Schwertwalweibchen mit einer großartigen Schamlosigkeit seine Geschlechtsorgane. Die Vulva sitzt im mittleren Schlitz des Unterleibs. Zwei kleine seitliche Furchen verbergen jeweils eine Zitze, die mit Milchdrüsen verbunden sind. Beim Männchen sitzt der in Ruhe S-förmig zusammengelegte Penis in einem Mittelschlitz, der sich etwas höher am Unterleib befindet.

◆ STECKBRIEF

Körpergröße

Gewicht	◆ 80–120 kg
Körperlänge	◆ Etwa 200 cm

Fortpflanzung

Geschlechtsreife	◆ Mit 4 Jahren
Paarungszeit	◆ Im Nordatlantik von Oktober bis Dezember
Tragzeit	◆ 10–11 Monate
Anzahl der Jungen	◆ 1

Lebensweise

Verhalten	◆ Schnelle Schwimmer und ausgezeichnete Taucher; springen gern; bilden oft riesige Gruppen, sogenannte Schulen, die auch gemeinsam Fischschwärme jagen.
Nahrung	◆ Fische, Tintenfische und Garnelen, am Meeresgrund auch Krabben.
Merkmale	◆ Schnabelförmiges Maul; dreieckige, leicht nach hinten gekrümmte Rückenflosse; cremefarbenes Feld in der vorderen Körperhälfte; meist dunkler Rücken mit brauner oder violetter Zeichnung.
Lebenserwartung	◆ Schätzungsweise 20 Jahre.

Verwandte Arten

Großer Tümmler *(Tursiops truncatus)*	◆ Aus Delphinarien, Ozeanarien und Flipperfilmen bekannt. Bevorzugt wärmere, küstennahe Gewässer, ist aber in fast allen Meeren weltweit verbreitet.
Fleckendelphin *(Stenella plagiodon)*	◆ Über den ganzen Körper verstreutes Muster aus hellen Flecken (Bild unten). Lebt in allen wärmeren Meeren in Schulen.
Rundkopfdelphin *(Grampus griseus)*	◆ Plumper Kopf ohne Schnabel. Lebt in vielen wärmeren Meeren in Schulen von bis zu 50 Tieren.
Spinnerdelphin *(Stenella longirostris)*	◆ Langer Schnabel, vollführt bei Luftsprüngen bis zu sieben Drehungen um die eigene Achse. Lebt in allen wärmeren Meeren.
Dunkler Delphin *(Lagenorhynchus obscurus)*	◆ Bewohnt alle Meere unterhalb des Südlichen Wendekreises in Schulen bis zu 300 Tieren.

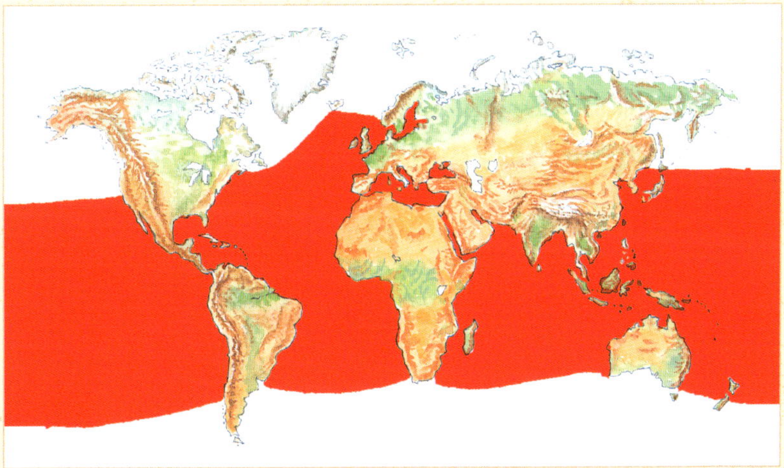

Lebensraum und Verbreitung

Gewöhnliche Delphine leben in allen gemäßigten und wärmeren Meeren. Im Mittelmeer und im Schwarzen Meer kommen sie in großer Zahl vor. Sie bewohnen sowohl küstennahe Regionen als auch die offenen Ozeane. Unterschiedlich ist auch ihr Wanderverhalten. Manche Schulen ziehen umher, andere bleiben in einem festen Gebiet. Im östlichen Pazifik wird der Bestand auf über eine Million Tiere geschätzt.

Schutz

Der Gewöhnliche Delphin steht zwar auf der internationalen Roten Liste der bedrohten Tierarten, er gilt aber nicht als stark gefährdete, sondern nur als zu schonende Art. Tausende Delphine verfangen sich jedes Jahr in den Maschen von Fischernetzen, die zum Fang von Thunfischen und Lachsen dienen, und müssen qualvoll ertrinken.

FOTONACHWEIS: AP&F/IFA Bilderteam; Agence Nature/NHPA; Reinhard-Tierfoto; Save Bild
ILLUSTRATIONEN: Gerd Ohnesorge

Delphine gehören zu den Zahnwalen. Die schnabelartigen Kiefer haben bis zu 260 kleine kegelförmige Zähne.

Der stromlinienförmige Körper und die glatte Haut bieten dem Wasser kaum Widerstand. Der Gewöhnliche Delphin schwimmt mit 45 Stundenkilometern, kann aber auf 60 Stundenkilometer beschleunigen.

Der Gewöhnliche Delphin ist wohl der schnellste unter diesen erstaunlichen Säugetieren der Meere, die alle vollkommene Schwimmer und Taucher sind. Mit Leichtigkeit gleiten die geselligen Tiere durch das Wasser und springen dabei immer wieder kraftvoll aus den Fluten.

Verhalten und Lebensweise

Delphine haben den legendären Ruf, Schiffbrüchige zu retten; von der Antike bis heute gibt es dafür Zeugenaussagen. Erwiesen ist auch, daß sie verletzte Artgenossen stützen oder in die Mitte nehmen. Der soziale Zusammenhalt zwischen den einzelnen Tieren ist groß. Gewöhnliche Delphine leben in Gruppen zusammen, den sogenannten Schulen, die zuweilen mehrere hundert Tiere umfassen. Sie verständigen sich durch eine Vielzahl von verschiedenen hochfrequenten, von Menschen nicht mehr wahrnehmbaren Pfiffen und Klicklauten. So halten sie innerhalb der Gruppen Kontakt untereinander. Delphine gehören auch zu den wenigen Tieren, die nicht nur als Jungtiere verspielt sind.

Jagd und Nahrung

Gewöhnliche Delphine haben einen ausgeprägten Gehörsinn, mit dem sie ihre Beutetiere im Wasser orten. Sie stoßen Ultraschallwellen aus, die von der Melone, einem Fettkissen im Gehirn, gebündelt und gesendet werden. Aufgrund des Echos können Delphine Geschwindigkeit, Größe, Richtung und Entfernung der Beute exakt bestimmen. Außerhalb des Wassers können Delphine auch sehr gut sehen.

Delphine orientieren sich mit Hilfe des Echolotsystems. Sie stoßen Ultraschallwellen aus, die von einem Gegenstand oder Fisch reflektiert werden.

Gewöhnlicher Delphin

Ordnung
Cetacea (Waltiere)

◆

Familie
Delphinidae (Delphine)

◆

Gattung und Art
Delphinus delphis

Delphine sind nicht ortsgebunden, sondern halten sich dort auf, wo es genügend Beute gibt. Sie scheinen ihre ausgedehnten Reviere ganz genau zu kennen. Mit enormer Geschwindigkeit gleiten sie durch das Wasser, umkreisen Fischschwärme, treiben sie in die Enge oder verfolgen sie bis an die Küste, wo sie leicht erbeutet werden können. Am Meeresboden wühlen sie häufig nach Krabben und Krebstieren. Ihre Hauptnahrung sind Fische, aber sie fressen auch Tintenfische und Garnelen. Gewöhnliche Delphine müssen alle drei Minuten zum Atmen auftauchen.

Es gilt als sicher, daß die Mitglieder von Schulen ständigen Kontakt untereinander halten, zusammen jagen und sich bei Gefahr und Verletzungen helfen.

Fortpflanzung

Mit etwa vier Jahren werden Gewöhnliche Delphine geschlechtsreif. In jeder Paarungssaison wählen sie einen neuen Partner. Der eigentlichen Paarung geht meist ein ausgedehntes Werbungs- und Liebesspiel voraus, bei dem die Partner in enger Körperberührung nebeneinander herschwimmen. Die Geschlechtsorgane liegen in einer Hautfalte der Bauchgegend verborgen.

Nach zehn bis elf Monaten wird ein Junges geboren, das bereits 75 bis 85 Zentimeter lang ist. Obwohl das Neugeborene in der Lage ist, aus eigener Kraft an die Oberfläche zu schwimmen, um seinen ersten Atemzug zu tun, helfen oft die Mutter oder eines der anderen Weibchen, sogenannte Tanten, mit sanften Schnauzenstößen nach. Durch die nahrhafte Muttermilch nimmt es rasch zu. Die Milch wird dem Kalb in die Schnauze gespritzt, denn saugen kann es nicht. In den ersten Wochen bleibt das Junge dicht bei der Mutter und macht jede Schwimmbewegung mit. Mit etwa einem Jahr wird das Jungtier entwöhnt.

Das Junge wird mit dem Schwanz voran unter Wasser geboren. Es muß unverzüglich zum Atmen an die Oberfläche.

Mit eleganten Sprüngen begleiten sie, förmlich auf der Bugwelle reitend, gerne Schiffe.

Manche Delphingruppen vergnügen sich fast ununterbrochen mit sexuellen Spielen. Diese Atlantischen Fleckendelphine geben sich ihnen lustvoll hin. Es besteht wenig Aussicht, daß es sich hier um eine befruchtende Begattung handelt: Das Männchen hat keine Flecken auf der Haut, es ist ein junges Tier, das von seiner Geschlechtsreife noch weit entfernt ist, die es erst im Alter von 10 Jahren erreichen wird.

zen. Der Fötus nimmt bevorzugt die linke ein, die Plazenta entwickelt sich in der rechten. Zwillingsfrühgeburten sind häufiger als beim Menschen. Die Eizelle hat dieselbe Größe (200 Mikron) wie die der Frau. Der Eisprung ist von Hormonen abhängig, die ihrerseits durch innere Stimuli (Geschlechtsreife) oder äußere (Wahrnehmung von Pheromonen, relative Dauer der Tage und Nächte) reguliert werden. Er scheint unregelmäßig stattzufinden: zehnjährige Weibchen haben bereits fünfzehn Eisprünge gehabt (aber nicht fünfzehn Junge!); andere, ältere, hatten erst ihren vierten oder fünften. Schwangerschaft und Milchabsonderung blockieren die Eibildung. Die Follikel des Eierstocks lassen narbenähnliche »weiße Körper« zurück, wodurch, *post mortem*, die »Karriere« des Weibchens als Mutter rekonstruiert werden kann.
Der Genitalschlitz des Männchens liegt weiter vorn als beim Weibchen - genau zwischen Bauchnabel und Anus. Er schützt den Penis und verhindert, daß dieser die Stromlinienförmigkeit des Körpers beim schnellen Schwimmen stört. Aus demselben Grund liegen die beiden Hoden innen, nicht in einem Hodensack, sondern hinter der Bauchdecke, nahe der Nieren. Fingergroß beim jungen Gemeinen Delphin, erreichen sie 2 bis 3 Kilogramm beim »Pascha« der Art (12 Kilogramm beim Pottwal). Die Spermien haben selbst bei den größten Arten eine »gewöhnliche« Länge von 50 Mikron – einschließlich Schwanz, wie beim Menschen. In Ruhe liegt der Penis zusammengefaltet in seiner Kerbe wie eine Spiralfeder. Es handelt sich um ein fibro-elastisches Organ wie bei den Artiodactyla (Wiederkäuer, Schweine), nicht um ein vaskulöses wie beim Pferd oder beim Menschen. Es ähnelt dem des Stiers. Kräftige Muskeln halten es in seinem Futteral; lockern sie sich, kommt es zur Erektion. Das erklärt, daß der Penis beim toten Tier häufig erigiert ist.
Die Zeit der Liebe variiert je nach Art. Über das Werben in Freiheit wissen wir fast nichts. Kein Mensch hat es jemals studiert (höchstens von weitem gesehen). Das gleiche gilt für die Geburt. Der größte Teil unserer Kenntnisse stammt aus der Beobachtung gefangener Tiere, was dem Verhaltensforscher

Linke Seite: Bei den Atlantischen Fleckendelphinen bestehen wie bei anderen Arten komplexe Beziehungen zwischen den Tieren des Schwarms. Die Mutter (mit fleckiger Haut) ernährt und erzieht ihr Junges und beschützt es mehrere Jahre lang. Die Blase, die sie durch das Spritzloch ausstößt, könnte eine Warnung sein: Kommt nicht näher!

nicht immer zuverlässige Daten liefert. Zeit der Liebe ist häufig der Frühling, manchmal der Herbst. Für manche, vor allem tropische Arten, das ganze Jahr. Manche Paare geben sich auch außerhalb der Zeiten des Eisprungs und der aktiven Spermatogenese sexuellen Spielen (einschließlich Einführung des Penis) hin: Dieser Geschlechtsverkehr führt zu keiner Schwangerschaft. Er dient der Lustbefriedigung und spielt auch eine Rolle bei der Ausbildung der sozialen Hierarchie.

Die Waltiere sind extrovertiert. Nehmen wir als Beispiel den Gemeinen Delphin im Mittelmeer. Aristoteles wußte, daß dieses Tier trotz seines fischähnlichen Aussehens ein Säugetier ist. Daß das Weibchen sein Junges im Wasser zur Welt bringt und stillt. Daß es es in seine Arme nimmt und ihm nicht nur Nahrung, sondern auch Zuwendung und Liebe gibt. Folgen wir dem *Delphinus delphis* ins offene Meer bei Griechenland. Vor 2500 Jahren schwammen die Vorfahren dieser Tiere in reinem Wasser. Inzwischen leben sie in weniger angenehmem Wasser. Davon abgesehen hat sich ihre Lebensweise jedoch kaum geändert. Im Frühling erwärmt sich das Meer. Die endokrinen Drüsen aktivieren ihre Hormone. Die Vulva der Weibchen schwillt an, der Penis des Männchens ist häufig erigiert. Beide Geschlechter senden, so scheint es, vor allem mit ihrem Urin und ihrem Kot Pheromone und verschiedene die Geschmacksnerven reizende Moleküle aus. Die Männchen tun alles, um zu verführen. Sie vollführen alle Arten von Sprüngen, Kapriolen, spielerischen Schlägen mit dem Schwanz und Wasserakrobatik, die ihre Stärke beweisen. Die Weibchen übernehmen häufig die Initiative beim Liebeswerben.

Die Delphine haben
eine sensible Haut.
Die Liebenden liebkosen sich,
küssen sich, reiben sich aneinander ...

Die »Küsse« Schnauze an Schnauze verstärken die soziale Bindung bei diesen Großen Tümmlern. Während der Hochzeitsparade »sprechen« Männchen und Weibchen miteinander, erforschen sich, tasten sich ab, liebkosen sich und drehen sich anmutig im Wasser; mit Verfolgungen, zärtlichen Nasenstübern und synchronisierten Sprüngen, die kurze, aber wiederholte Paarungen einleiten.

Die Verliebten sondern sich ab, versuchen es zumindest, was bei mehreren erregten Bewerbern nicht leicht ist. Das Männchen macht dem Weibchen tagelang den Hof. Er tanzt, schraubt sich in die Luft, springt, gleitet, dreht sich um sich selbst, worauf sie mit leidenschaftlichen Figuren antwortet. Je erregter er wird, um so mehr haßt er es, daß andere Männchen um sie herum streichen. Er schüchtert sie ein, indem er ihnen die Zähne zeigt und Blasen aus dem Spritzloch entläßt. Wenn nötig, greift er sie sogar an, mit dem Schnabel voraus, stößt sie, schubst sie weg, beißt sie in den Schwanz. In Gefangenschaft geht der verliebte Delphin nicht nur auf seine Konkurrenten los, sondern auch auf den unvorsichtigen Dresseur, der sich dem Weibchen nähert. Neuere Arbeiten von Vic Crockoft in Südafrika zeigen, daß die Stärksten vor dem brünstigen Weibchen nacheinander ejakulieren; diejenigen, die das meiste Sperma produzieren, haben auch die besten Aussichten, sich zu paaren.

Die Delphine haben eine sensible Haut. Die Liebenden liebkosen sich, küssen sich, reiben sich gegenseitig den Bauch und den Genitalbereich mit dem Mund, den Brustflossen oder dem Schwanz. Sie knabbern gegenseitig an ihren Brustflossen oder an der Schwanzflosse, was ihnen eine intensive Lust zu verschaffen scheint. Das Männchen versucht, sich zu paaren. Es schwimmt hinter das Weibchen, das auf dem Bauch schwimmt. Es dreht sich auf den Rücken und tastet mit der Penisspitze nach der Vulva. Das Weibchen weicht aus, bis es bereit ist. Dann bietet sie sich dar, sich auf die Seite drehend, um das Eindringen zu erleichtern. Die Körper bilden häufig, Bauch an Bauch, ein Kreuz. Manchmal richten die Partner sich auf, stehen fast aufrecht im Wasser ... Das Ganze wird begleitet von Knacklauten, Schreien, Gezwitscher, Pfiffen, Quietschen, Gemurmel. Der Koitus ist kurz: Er dauert zwischen 5 und 15 Sekunden, die Partner wiederholen ihn jedoch mehrmals. In Gefangenschaft verstärkt sich die Sexualität und entartet. Die Männchen werden brutal. Die Masturbation wird fast zur Obsession. Die Männchen reiben ihren Penis ge-

gen alles, was ihnen in den Weg kommt. Tümmlerweibchen wurden beobachtet, die eine Stange benutzten, um ihre Wollust zu befriedigen.
Die Dauer der Schwangerschaft schwankt je nach Art. In den meisten Fällen pendelt sie sich zwischen 10 und 12 Monaten ein; 11 Monate beim Gemeinen Delphin, 11 bis 12 bei den Fleckendelphinen, 12 bei den Großen Tümmlern und dem Rissodelphin usw. Tatsächlich dauert sie von 7 Monaten beim Dall-Schweinswal und 8 beim Gemeinen Schweinswal bis 14 beim Beluga, 15 beim Narwal, Schwertwal, Pseudorca, Pygmäengrindwal und bei den Grindwalen und 16 beim Pottwal. Vielleicht 17 Monate (aber da ist man sich nicht sicher) bei den Schnabelwalen wie dem *Berardius bairdi.*
Wenn das Weibchen spürt, daß die Geburt bevorsteht, sondert es sich ab, wie es scheint in Begleitung eines oder mehrerer Weibchen der Gruppe, die man (anthropomorphisierend) »Hebammen«, »Patinnen« oder »Tanten« nennt und die bei der Geburt assistieren. In Wahrheit wurde dieses Verhalten in Freiheit niemals beobachtet, weil noch niemand einen Delphin hat gebären sehen. Was man bei den Buckelwalen in einem Fall für eine »Patin« gehalten hatte, hat sich als ein großes Männchen mit erotischen Absichten erwiesen! Die zukünftige Mutter wählt eine vor Schwertwalen und Haien geschützte Bucht. Sie atmet immer schneller. Sie leert ihren Darm. Die Fruchtblase reißt. Die erweiterte Vulva gibt den Schwanz des Babys frei, dessen Lappen eingerollt sind. Eine letzte Kontraktion, und der Fötus wird ausgestoßen. Die Brustflossen behindern den Durchgang nicht, da sie ebenso wie die Rückenflosse noch flach am Körper anliegen. Dank bestimmter schwacher Stellen reißt die Nabelschnur (40 bis 50% der Länge des Babys) direkt über dem Bauch des Fötus. Die Geburt dauert zwischen 30 Minuten und 2 Stunden bei einem Weibchen, das bereits geboren hat. Die Nachgeburt (Placenta usw.) wird 1 bis 2 Stunden später ausgestoßen, wodurch verhindert wird, daß sich zuviel Blut ins Meer ergießt. In Gefangenschaft wurde beobachtet, wie eine Gefährtin der Gebärenden sie davon befreit hat, indem sie mit dem Mund daran zog.
Sobald es geboren ist, schnellt das Junge zur Oberfläche empor, häufig von seiner Mutter nach oben gestoßen, vielleicht unterstützt durch die Schnauze oder die Brustflosse einer »Patin«. Das Spritzloch des kleinen Delphins öff-

Dieser Fleckendelphin trägt ein Junges an die Oberfläche, um ihm beim Atmen zu helfen. Zahlreiche Waltiere scheinen es nicht ertragen zu können, ihre Artgenossen und besonders ihre Jungen ertrinken zu sehen. Sie bringen sie nach oben und stehen ihnen stundenlang bei. Bisweilen scheinen sie dieses »altruistische« Verhalten auf andere Arten auszudehnen – auf den Menschen.

Eine von vielen anrührenden Szenen: das Stillen! Bei den Waltieren findet es im Wasser statt. Das Junge nimmt die mütterliche Zitze in seinen Mund; die Brust besitzt Muskeln, welche die Milch unter Druck in die Tiefe seiner gierigen Kehle spritzen. Die einzige Möglichkeit, nicht herumzukleckern!

net sich: Magie des ersten Blasens! Ein Weibchen wurde beobachtet, das sein Junges mehrere Male hintereinander auftauchen ließ, als wollte es ihm das Luftanhalten beibringen. Es kommt auch vor, daß die Mutter ein totgeborenes Baby hartnäckig an der Oberfläche hält.

Das Ausstoßen des Jungen mit dem Schwanz voraus ist bei den Waltieren logisch, obwohl in Gefangenschaft auch Geburten mit dem Kopf voraus vorkamen. Seeleute hatten es beobachtet, bevor die wissenschaftliche Literatur es notierte. Das Baby ist dadurch bei Komplikationen weniger der Gefahr ausgesetzt, Wasser zu schlucken, ja zu ertrinken. Es hat zur Entstehung von Legenden Anlaß gegeben ... Aristoteles glaubte, der junge Delphin könne bei Gefahr in den Bauch der Mutter zurückkehren. Die Inuit meinten, das Junge komme mit dem Schwanz zuerst heraus, um schwimmen zu lernen!

Verglichen mit dem erwachsenen Weibchen ist das Baby groß. Ein neugeborener Großer Tümmler wiegt 30 Kilogramm und mißt 1,20 Meter; seine Mutter 200 Kilogramm bei 2,80 Metern. Bei gleichen Proportionen müßte eine 50 Kilogramm schwere und 1,60 große Frau ein Baby von 7,5 Kilogramm und 65 Zentimetern gebären! Dieser Unterschied erklärt sich durch die Tatsache, daß der Delphin bei der Geburt bereit sein muß zu schwimmen. Er ist »Nestflüchter« und daher »reifer« als das Menschenbaby, das ein »Nesthocker« ist. Sobald er das erste Mal geblasen hat, schlängelt sich der kleine Delphin – erstaunt, auf der Welt zu sein. Seine Brustflossen entrollen sich und breiten sich aus. Mehrere Monate lang werden die Falten durch seine gekrümmte fötale Position deutlich sichtbar bleiben. Der Bewegungsreflex ist wie beim neugeborenen Menschen ausgebildet. Hier jedoch gibt es keine Frist: Das Junge muß sofort schwimmen! Es lernt, seine Atmung zu koordinieren. Seine Bahn wird sicherer; nach einer halben Stunde kommt es zurecht. Die Mama macht ihm Mut, liebkost es, beruhigt es, hat tausend Zärtlichkeiten für es. Willkommen in der weiten blauen Welt!

Soziales Leben

DIE GEMEINSCHAFTEN DER WELLEN Das Delta des Flusses Mahakam auf Borneo. Dichter Urwald. Die *Calypso* durchfurcht das braune Wasser voller Sinkstoffe. In diesem Augenblick schwimmt eine Gruppe Irrawaddy-Delphine (*Orcaella brevirostris*) vorbei. Ein Familienclan: sechs erwachsene Tiere, ein Junges. Die Delphine schwimmen stromaufwärts. Sie wollen in den Binnenseen der Insel jagen und profitieren vom Hochwasser des Flusses. Organisiert. Solidarisch. Verbunden durch Verhaltensweisen, deren Gesamtheit so etwas wie ein soziales Netz bildet.

Der Delphin beginnt seine Lehrzeit, sobald er den Bauch der Mutter verlassen hat. Schwach, schutzlos, ohne Höhle oder molliges Nest. Seine Mutter wacht über ihn. Er braucht ihre Wachsamkeit und die des ganzen Clans. Ohne die Fürsorge der erwachsenen Tiere hätte er keine Chance. Das erste, was er nach dem Atmen und Schwimmen lernt, ist das vorschriftsmäßige Milchtrinken. Seine erste Mahlzeit verlangt er nicht direkt nach seiner Geburt, sondern nach 24 Stunden. Mit seiner Schnauze klopft er sanft den Bauch seiner Mutter ab. Er entdeckt die angenehm warme Quelle. Die beiden Brustwarzen sind jeweils in einer Kerbe des Unterleibs beiderseits der Vulva verborgen. (Das Männchen hat zwei Restbrüste.) Die inneren Milchdrüsen münden jeweils in eine dieser erigierbaren Brüste. Subkutane Muskeln befördern die fettige Flüssigkeit unter Druck in den gierigen Mund. Diese Art der Ernährung findet man auch beim Flußpferd. Das Baby schöpft Atem, schwimmt hinter seine Mutter, die sich zur Seite neigt und nimmt die Brustwarze in seinen Schnabel, wobei es mit seiner Zunge eine Rinne bildet. Die Mama zieht ihre Brustmuskeln zusammen. Sie spritzt! Das Stillen dauert 4 bis 12 Sekunden und wiederholt sich zweimal pro Stunde.

> Man nimmt an,
> daß diese anhaltenden Kontakte
> die Voraussetzung für die Ausbildung
> einer Clan-»Kultur« schaffen.

Es wirkt weniger wie klassisches Stillen, eher wie das Saugen an einer Tube mit konzentrierter süßer Milch; aber Zärtlichkeit ist durchaus im Spiel. Die Milch ist tatsächlich konzentriert, aber nicht süß. Sie enthält zehnmal mehr Fett, zweimal mehr Proteine, fünf- bis sechsmal mehr Kalorien und zweimal mehr mineralische Salze (vor allem Kalzium und Phosphor) als Kuhmilch. Der Gehalt an Chlor, Natrium, Kalium, Eisen, Magnesium, Vitaminen usw. ist ähnlich wie bei den Landsäugern. Dieser Reichtum ist notwendig, da der Wärmeverlust des Jungen im Wasser ausgeglichen werden muß. Das Wachstum ist beschleunigt. Das Junge verdoppelt sein Gewicht in 8 bis 10 Tagen, das Kalb braucht dafür 47 Tage, das menschliche Baby 180. Mit einem Jahr hat der kleine Delphin seine Länge mehr als verdoppelt und sein Gewicht versiebenfacht. Er hat vier Fünftel seiner endgültigen Größe erreicht (der Mensch erst ein Drittel).

Das Stillen dauert (je nach Art) 6 bis 10 Monate bei den Bartenwalen, mindestens ein Jahr bei den Zahnwalen. Häufig sehr viel länger. Bei zahlreichen Zahnwalen bettelt das 2 bis 5 Jahre alte Junge, ebenso groß wie seine Mutter und seit langem schon imstande, sich von Fischen und Kalmaren zu ernähren, immer noch um Milch. Die Mutter akzeptiert es. Das Junge behält sein ganzes Leben lang eine privilegierte Beziehung zu ihr. Die Australierin Helen Marsh und der Japaner Toshio Kasuya haben die Bindungen zwischen Mutter und Jungem beim Tropischen Grindwal (*Globicephala macrorhyncha*) beschrieben. Die Schwangerschaften, alle 2 bis 3 Jahre beim Weibchen unter 20 Jahren (die Norm bei den Waltieren), werden seltener, wenn die »Dame« älter wird. Wenn sie die Vierzig überschritten hat, bekommt sie noch ein oder

Kurz nach seiner Geburt wird der kleine Delphin von seiner Mutter der Gruppe (hier Große Tümmler) vorgestellt. Von da an wird er ein soziales Tier. Sein Überleben – Ernährung, Sicherheit – hängt von seinen Artgenossen ab. Er lernt die Bräuche und die Sprache (Gesten und Haltungen) seiner Art. Er ist Teil einer effizienten Gemeinschaft, die im Meer herrscht.

Die Fleckendelphine des Atlantischen Ozeans zählen zu den organisiertesten Waltieren. Wenn eine Gruppe in dieser quasi »militärischen« Formation schwimmt, versteht man besser, daß die Delphine mit den Haien fertig werden und daß ihre Vorfahren aus dem Miozän nicht einmal den »weißen Superhai« (Procarcharodon megalodon) fürchteten!

zwei Junge, die sie mehr als 15 Jahre stillt, weit über ihre Geschlechtsreife hinaus! Man nimmt an, daß diese anhaltenden Kontakte die Voraussetzungen für die Ausbildung einer Clan-»Kultur« schaffen, die durch die Weibchen weitergegeben wird.
Die Waltier-Mama ist wachsam. Sie ruft ihr Junges bei der geringsten Unruhe mit einem Pfiff oder einer Armbewegung (»Komm her!«), die der unseren ähnelt. Sie bestraft es mit einer Ohrfeige oder einem Nasenstüber, wenn es sich zu weit entfernt. Denise Herzing hat beobachtet, daß die Mutter ihr ungehorsames Junges zu Boden drückt, bis es schreit. Mehrere Zeugen betonen, daß das Weibchen sich »mutig« (wenn das Wort in diesem Zusammenhang einen Sinn hat) zwischen einen Verfolger (oder einen aggressiven Menschen) und seinen Sprößling wirft.
Das Junge pfeift viel – wie ein Kind, das weint –, um seine Mutter zu rufen. Sie eilt herbei. Sie hilft ihm beim Schwimmen, wenn es müde ist. Hierzu benutzt sie das Staffelschwimmen oder den »Bernoulli-Effekt« – nach dem Schweizer Physiker, der im 18. Jahrhundert die Hydrodynamik begründete. Das Junge plaziert sich hinter den breitesten Teil des mütterlichen Rückens, zwischen Spritzloch und Rückenflosse. In dem Raum, der zwischen den beiden Körpern bleibt, erhöht sich die Fließgeschwindigkeit des Wassers. Daraus resultiert eine Verminderung der Reibungskräfte, die auf das Junge wirken, das nach vorne »gesaugt« wird und etwa 25% Energie spart.
Die Mutter zeigt eine grenzenlose Geduld. Sie akzeptiert Nasenstüber, zärtliches Knabbern, Schläge mit dem Schwanz oder Stöße mit dem Kopf, mit denen ihr Junges sie selbst im Schlaf nicht verschont. Der junge Delphin ist ungestüm. Seine Mama lehrt ihn die Haltungen, die Schwanz- und Flossenbewegungen, die Gestik der Gruppe. Sie zeigt ihm das Tauchen und den Umgang mit seinem Sonar: Der Echolot-Orientierungssinn bildet sich mit einem Monat aus. Sie führt ihn in die Lautsprache ein. Sie enthüllt ihm die Gefahren des Meeres, gibt ihm schon bald Beutetiere zum Probieren, leitet ihn an, wenn er zu jagen versucht. Mit ihrer Hilfe prägt er sich die Wanderungsrou-

ten des Clans, die gefährlichen Wege, die nahrungsreichen Plätze, die Ruhehäfen, die Spielplätze und die Plätze der Hochzeitsparaden ein.
Der ganze Schwarm steht den Tieren bei, die ihm angehören. Was man mit einer gewissen Pedanterie »epimeletisches Verhalten« nennt, ist nichts anderes als Alarm zu schlagen und seinen Artgenossen zu Hilfe zu kommen. Das beschränkt sich nicht auf das Paar Mutter-Junges. Ein von einem Feind angegriffenes Tier erhält Hilfe von seinem Clan. Den spektakulärsten Fall bilden die Kämpfe zwischen Delphinen und Haien. Die Haie greifen bisweilen einen kranken oder jungen Delphin an. Die Delphine stürzen sich gemeinsam auf sie, versetzen ihnen heftige Stöße mit dem Schnabel in den Bauch und bringen ihre enorm empfindliche Leber zum Platzen. Diese Konflikte haben eine lange Tradition: Im Miozän, vor 15 Millionen Jahren, mußten die Vorfahren der heutigen Delphine sich gegen den Appetit des »weißen Super-Hais«, des 15 Meter langen *Procarcharodon megalodon*, wehren. Und das durchaus mit Erfolg! Die Delphine kämpfen allerdings nicht immer mit den Haien: In der Moreton Bay bei Brisbane tragen die Großen Tümmler fast alle Bißspuren, jagen jedoch mit den Haien. Bei den Kokos-Inseln mischen die Tümmler sich jeden Tag unter die Hammerhaie.
Man hat häufig beobachtet, daß die Waltiere es hassen, ein Mitglied ihres Clans in Atemnot oder Schwierigkeiten zu sehen. Sie machen sich Sorgen. Sie umringen das kranke oder verletzte Tier, heben es mit ihrem Schnabel oder ihren Armen hoch, tragen es an die Oberfläche und stützen es dort stundenlang. Diese Hilfe erstreckt sich auch auf andere Arten – einschließlich der unseren! Über dieses Verhalten ist viel gerätselt worden: Impliziert der »Altruismus« des Delphins, daß er sich (zumindest ansatzweise) seiner »Beistandspflicht« bewußt ist? Die Hypothese ist faszinierend. Man kann eine evolutionistische Erklärung versuchen: Der Erfolg des „egoistischen Gens" eines jeden ist statistisch gesehen besser garantiert, wenn die Art solidarisch ist und die Mitglieder der Gemeinschaft sich an die Regel halten. Die gegenseitige Hilfe innerhalb der Familie, der man angehört – Mütter, Söhne, Töchter, Tanten, Vettern –, zu verstärken ist eine ausgezeichnete Methode, ein genetisches Erbe zu fördern. Dieser »Nepotismus« ist bei den Delphinen häufig.
Beide Geschlechter sind ausgewachsen, lange bevor sie geschlechtsreif sind. Das Alter der ersten Zeugung variiert bei den kleinen Waltieren (Schweins-

Die Delphine (hier Klymene-Delphine) schützen ihre Jungen effizient und ständig. Manche Arten organisieren Kinderstationen, in denen die Babys sich hinter einem Wall von erwachsenen Tieren bewegen. Die Mütter überwachen auch die Jungen anderer Weibchen, mit denen sie häufig verwandt sind.

wale, kleine Delphine) zwischen 5 und 6 Jahren, bei den großen (Schwertwal, Grindwale, Pottwal) zwischen 12 und 15. Der Durchschnitt liegt bei 10 bis 12, wie beim Großen Tümmler, den Fleckendelphinen, dem Furchenzahndelphin. Die Weibchen sind ein oder zwei Jahreszeiten vor ihren Gefährten bereit. Bei den Männchen genügt es nicht, daß die Keimdrüsen funktionstüchtig sind, damit sie Vater werden können; sie müssen sich auch eine entsprechende soziale Stellung erobern.

Die Bartenwale leben in kleinen Familiengruppen – Mutter und Junges, begleitet von ein oder zwei weiteren Weibchen und einem Männchen. Die Zahnwale sind geselliger, über die genaue Struktur der Schwärme weiß man jedoch bei den meisten Arten nichts. Die Schwärme, manchmal »Schulen« genannt, bestehen häufig aus fünf bis dreißig Tieren. Beim Dall-Schweinswal, beim Beluga, beim Melonenkopf, bei den Fleckendelphinen usw. sind es Versammlungen von Tausenden von Tieren. Beim Gemeinen Delphin wurden Verbände von Millionen Tieren gesichtet: schwindelerregender Herdentrieb! Die soziale Struktur ist teilweise von der Lebensweise und der Ernährung abhängig. Die (pelagischen) Waltiere des offenen Meeres schwimmen gerne in starken Verbänden: Auf diese Weise können sie die schnellen Beutetiere, die ihrerseits als Bänke schwimmen, gut lokalisieren und zusammentreiben. Die Wale der Küsten und Flüsse bilden kleinere Clans, die in den Riffen oder Flußschleifen nach Tieren in den Bodenablagerungen schnüffeln.

Die hierarchisierten Gesellschaften organisieren sich um einen Kern von fortpflanzungsfähigen starken Männchen, umgeben von Jungen. Zahlreiche Kombinationen scheinen möglich. Mit zwei großen Varianten.

Soweit man weiß, ist bei manchen Populationen von Pott- und Grindwalen die Basisgruppe der Harem, wie bei den Robben (Ohrenrobben, Walrosse, Seehunde). Die großen Männchen fordern sich in symbolischen Kämpfen heraus, die von Zeit zu Zeit ausarten. Der Sieger – der »Pascha« –, dessen Macht nicht lange anhält (die Aufgabe ist anstrengend!), herrscht über die

Was bedeutet diese kreisförmige Versammlung einer Gruppe von Atlantischen Fleckendelphinen über einem Sandboden der Karibik? Die sozialen Verhaltensweisen der Waltiere bleiben für uns ein Rätsel. Manche Gruppen leben in Haremsstrukturen, andere nach einem matriarchalen Schema, wieder andere in einer gemischten Organisationsform.

Wie wird die Rollenverteilung bei den Delphinen (hier Fleckendelphinen) vorgenommen? Auf welche Weise regeln diese Tiere ihre Kämpfe um die Rangordnung? Gewalt scheint eine geringere Rolle zu spielen als bei den meisten Säugetieren – von den Menschen ganz zu schweigen! Die Delphingesellschaft ist keine pazifistische Utopie, aber sie ist sanft.

Weibchen, die er versammelt und deren Befruchtung er sich als Recht herausnimmt. Dieser Harem ist allerdings niemals so verpflichtend wie bei den Ohrenrobben oder den See-Elefanten. Es kommt vor, daß mehrere Männchen sich zusammentun, um zu herrschen, und sich die angenehme Aufgabe des Koitus teilen. Diese Komplizen sind häufig Brüder oder Vettern; denselben Typ von familiärer Macht hat man auch bei den Löwen und den Geparden beobachtet. In anderen Pott- und Grindwalpopulationen, bei den Schwertwalen und beim Pseudorca führen die Weibchen die Gruppe der fortpflanzungsfähigen Tiere an. Es herrscht das Matriarchat, wie bei den Elefanten, Wölfen oder Hyänen. Die Herrscherin oder Matriarchin führt eine Gruppe von Weibchen und Jungen. Ihre Töchter erben die Vorrangstellung. Die *Alpha*-Männchen streichen um sie herum und erkundigen sich nach ihrem hormonalen Zustand.

In anderen Populationen führen die Weibchen die Gruppe der fortpflanzungsfähigen Tiere an. Es herrscht das Matriarchat.

Doch ob Harem, Matriarchat oder eine Mischung aus beidem (mit herrschenden Tieren beiderlei Geschlechts und offenen Gruppen, die je nach Saison wechseln, wie es bei vielen Delphinen der Fall zu sein scheint: Große Tümmler, Fleckendelphine, Gemeiner Delphin ...), entscheidend ist die fortpflanzungsfähige Gruppe. Doch sie ist nicht die einzige. Die jungen Männchen, die ohne übermäßiges Zartgefühl von den Paschas verjagt werden, wenn sie ihre Geschlechtsreife erreichen, schließen sich zu Gruppen von »Junggesellen« (oder »Abiturienten«) zusammen. Sobald sie sich stark genug fühlen, fordern sie die herrschenden Männchen heraus.

Die alten Weibchen beenden ihr Leben in der Hauptgruppe. Die Männchen wählen, nachdem sie als Führer abgelöst worden sind, die Einsamkeit. Glaubt man den Walfängern, schwimmen die von den Jahren weiß gewordenen Männchen bis ins Packeis, um zu sterben. Die Lebenserwartung der Waltiere variiert je nach Größe: Die Schweinswale und die kleinen Delphine erreichen 15, manchmal 20 Jahre. Die mittelgroßen Delphine leben 25 bis 30 Jahre – die Großen Tümmler bis zu 40; manche Weibchen dieser Art, die Randall S. Wells bei Sarasota (Florida) studiert hat, sogar fast 50. Die großen Zahnwale und die Bartenwale sterben mit über 50. Die Schwert- und Grindwalweibchen werden über 70. Auch der riesige Pottwal stirbt in der Regel in diesem Alter, manche sollen aber hundert werden!

Folgende Doppelseite: Ein Zug Atlantischer Fleckendelphine. Die soziale Organisation des Schwarms hat, wenn er auf der Suche nach Beute patrouilliert oder Gefahr wittert, etwas Faszinierendes. Die Tiere bewegen sich wie ein Körper vorwärts. Manche Forscher sprechen von »Empathie« – einer unmittelbaren Einfühlung in die anderen.

IN GESELLSCHAFT: GROSSE TÜMMLER UND FLECKENDELPHINE Sie nehmen Gestalt an in der Karibik: blaue Magie. Man könnte meinen, die Großen Tümmler grüßen die Männer der *Calypso*, die über den Korallen der Silberbank tauchen. Die Zeit steht still ...

Wir wissen einiges über das soziale Leben der Großen Tümmler (*Tursiops truncatus*). In Gefangenschaft setzt sich häufig ein Männchen durch, das nach dem Haremsmodell herrscht. Der »Führer« zeigt die Zähne, greift die Untergebenen an, springt, um seine Stärke zu beweisen, und gibt tausend Töne von sich, einschließlich Detonationen (indem er den Mund plötzlich schließt und öffnet). Den Weibchen gegenüber spielt er den Tyrannen – wie den Jungen gegenüber, die ihre Mütter vor seinen Wutausbrüchen schützen müssen. Auch Zärtlichkeit ist zu beobachten: synchronisierte Sprünge, Schlängeln, Liebkosungen ... Die Weibchen bieten ihren Bauch dar und paaren sich selbst außerhalb der Zeit des Östrus.

In Freiheit im Meer sind die soziale Organisation und die Verhaltensweisen komplexer, und die Aggressivität ist weniger stark. Die Gruppengröße schwankt zwischen zwei und tausend Tieren. Selbst während der großen saisonalen Versammlungen gibt es zwei stabile Untergruppen, Clans von zwei bis zwanzig Tieren, in denen mal ein Pascha, mal eine Bruderschaft von Männchen und mal ein Weibchen herrscht. Laut Bernd und Melany Würsig, die die Großen Tümmler in Argentinien studiert haben, bleiben diese Gruppen »offen«: Manche Tiere gehören ihr dauerhaft an, andere wechseln. Von Herbst bis Frühjahr, wenn die Anschovis in großen Schwärmen im offenen Meer schwimmen, sind die Gruppen größer als im Sommer, wenn seßhafte Beutetiere zwischen den Küstenfelsen gejagt werden müssen.

Man könnte meinen, dort herrscht
eine Freiheit ...
würdig eines Thelems!
Eine Art von Anarchie.

Der Amerikaner Randall S. Wells und seine Mannschaft haben die Großen Tümmler von Sarasota in Florida beobachtet. Sie haben die Interaktionen zwischen Individuen festgehalten: Verfolgungen, Sprünge, zärtliches Aneinanderreiben und Stoßen, Nasenstüber, zärtliches Beißen, Liebkosungen, Genitalberührungen und hetero- oder homosexuelle Paarungen; das Ganze begleitet von Knacklauten, Pfeifen, Kreischen, Zähneknirschen ... Hier bleiben die Gruppen jahrelang stabil. Die Jungen folgen ihrer Mutter 4 bis 6 Jahre. Wenn sie ihre Mutter verlassen, schließen die Jungen sich gemischten Gruppen (Männchen und Weibchen) von Sub-Erwachsenen an, in denen sie noch 6 Jahre verbringen. Die geschlechtsreifen Weibchen nehmen dann eine Gruppe fortpflanzungsfähiger Männchen auf. Die Männchen müssen sich einen Rang erkämpfen, wenn sie Leben weitergeben wollen. In der Herde herrscht Solidarität. Die Mütter bilden eine wirksame U-Formation, eine Art Kinderstation, in der die Kleinen sicher spielen können. Wenn eine Mutter sich entfernt, um zu jagen, läßt sie ihr Junges in der Obhut anderer Weibchen: Ein praktisches gegenseitiges »Babysitting«. In Florida, Europa und Australien hat man festgestellt, daß die Küsten häufig zwei Arten von Schwärmen Große Tümmler beherbergen: seßhafte und nomadisierende. Sie sind nicht auf dieselbe Beute aus. Erstere scheinen letztere zu fürchten, antworten nicht auf ihre Rufe und mischen sich nicht unter sie.

Während die Schwärme der Großen Tümmler einen organisierten Eindruck machen, wirken die der Fleckendelphine anarchisch. Man könnte meinen, es herrscht dort eine Freiheit ... würdig eines Thelems! Die langschnabelige Art (*Stenella longirostris*) ist von Kenneth S. Norris in Hawaii studiert worden. Der Fleckendelphin des Atlantik (*Stenella frontalis*) wurde bei den Bahamas von Denise Herzing beobachtet. Die Gruppen der langschnabeligen Fleckendelphine verändern ihre Gestalt: Nachts schließen die Tiere sich zu Hunder-

Der Schwertwal (links) in »Spionage«-Haltung im Eis. Beobachtet er die Umgebung für seine Gruppe? Bei den Schwertwalen hat das Alpha-Männchen eine hohe Rückenflosse wie eine Standarte, die Gesellschaft scheint jedoch matriarchalisch organisiert zu sein. Wenn der Tropische Grindwal Blasen macht (rechts), drückt er damit eine gewisse Nervosität aus. Vorsicht!

ten in der offenen See zusammen, um Fischschwärme einzukreisen. Am Morgen bilden sich wieder kleine Gruppen, eher zufällig, wenn auch bestimmte Familienstrukturen kohärent bleiben. Die Fleckendelphine des Atlantik leben dagegen in Schwärmen von 40 bis 60 Tieren. Die Gleichberechtigung der Geschlechter scheint die Regel zu sein: kein Harem, kein Matriarchat, kein ausschließlicher Partner. Die alten Männchen beschützen die Neugeborenen und erziehen die Jungen mit Hilfe erfahrener Weibchen.

IN GESELLSCHAFT: SCHWERT- UND GRINDWALE Bei Vancouver Island vor British Columbia (Kanada) gibt es eine wunderschöne, von Koniferen gesäumte Bucht, an deren Ende ein Felsen vorspringt, an dem die Schwertwale, einer nach dem andern, ihren Bauch reiben. Die Weibchen mit geschwollener Vulva, die Männchen mit erigiertem Penis ... Nicht weit von dort bietet eine kleine Bucht der Wollust dieser großen schwarzweißen Delphine einen Boden aus glatten Kieselsteinen; vielleicht handelt es sich um einen Ort, welcher der sexuellen Initiation der Jungen vorbehalten ist.

Das Leben der Schwertwale (*Orcinus orca*) ist ein Roman ... Organisierte Jäger, Truppenverbände ... Die Walforscher erkennen sie an ihrer Rückenflosse, die mehr oder weniger stark von Narben eingekerbt ist, und am grauen Fleck (»Sattel«), der sich hinter ihrer Rückenflosse ausbreitet. Auf 500 Kilometer Küste teilen sich diese Tiere vor British Columbia in drei große Populationen: zwei seßhafte (eine im Norden, eine im Süden) und eine nomadisierende. Die Wanderer kommen von weit her – aus Alaska – und jagen große Beutetiere: Seelöwen, Ohrenrobben, Seehunde, Grauwale ... Die Seßhaften leben von Fisch, vor allem vom Lachs. Insgesamt bilden etwa 260 Waltiere dreißig Familiengruppen von 5 bis 20 Individuen. Die Schwertwale sind schwatzhaft: Knacklaute, Pfiffe, modulierte Rufe ... Aber jede Familie hat ihren Dialekt, den die anderen schlecht oder gar nicht verstehen. Die Seßhaften fürchten die Nomaden; sie schweigen, wenn sie sie kommen hören.

Bei den Schwertwalen hängt die Stärke der Schwärme teilweise von der Art der gejagten Beute ab. Die Schwertwale Norwegens kreisen den Hering und die Schwarmfische ein: Sie leben in Schwärmen von 30 oder 40. Diejenigen Patagoniens oder der Crozet-Inseln hetzen die Ohrenrobben, die See-Elefanten und die Pinguine: Sie bilden Gruppen von 3 bis 6. Vor British Columbia begegnet man einzelgängerischen Schwertwalen und Gruppen, in denen Weibchen und mehrere Männchen verschiedenen Alters miteinander leben. Die typische Familie folgt jedoch dem Modell des Matriarchats mit einem starken, erfahrenen Weibchen. Die Matriarchin gründet ihr Geschlecht; sie behält ihre Nachkommenschaft – Töchter, Enkelinnen usw. – bis zu ihrem

Tod bei sich. Ihre männlichen Erben begleiten sie bis zum Ende ihrer Jugend; dann müssen sie ihr Glück bei Weibchen anderer Familien versuchen, mit denen sie nicht verwandt sind. Inzest ist tabu ... Die großen Männchen streichen um die matriarchale Gruppe herum und bedrängen sie, wenn die Zeit der Liebe gekommen ist. Sie kämpfen symbolisch miteinander, mit Knacklauten und Tönen, Sprüngen, einschüchternden Angriffen, Drohungen mit geöffneter Schnauze, klatschen mit den Brustflossen auf die Wellen und mit heftigen Schwanzschlägen auf das Meer. Dann folgt die Hochzeitsparade: Mehrere Tonnen tanzen einen erstaunlich fließenden zärtlichen erotischen Tanz ...
Bei den Grindwalen oder Pilot-Delphinen – dem schwarzen langflossigen (*Globicephala melas*) und dem tropischen kurzflossigen (*Globicephala macrorhyncha*) – variiert die soziale Struktur. Bekannt sind als Harem organisierte Gruppen mit einem Pascha. Meist besteht die Familie aus einer alten Matriarchin, ihren Töchtern, Enkelinnen usw. und zusätzlich Männchen – junge, sub-erwachsene, erwachsene, aber keine fortpflanzungsfähigen. Wenn die »mater familias« stirbt, manchmal mit über 70, fällt die Familie auseinander, und die älteren Töchter gründen jeweils ihren eigenen Clan. Die Männchen werden in der matriarchalen Gruppe nur geduldet, wenn sie sich an folgende Regel halten: Sie können mit ihren Schwestern und Kusinen sexuelle Spiele treiben, aber nicht zum Zeitpunkt des Östrus! Wenn sie Nachkommen wollen, müssen sie einen Seitensprung versuchen. Sich ein Weibchen einer anderen Familie suchen und es verführen ... Diese gefährlichen Reisen erklären vielleicht, daß ihre Lebenserwartung 50 Jahre nicht übersteigt. Die Stärke der sozialen Bindung bei diesen Tieren kommt auch in der Tatsache zum Ausdruck, daß sie zu den Waltieren mit den häufigsten Massenstrandungen gehören. Wenn die Matriarchin sich krank oder desorientiert auf die Küste wirft, folgen ihr alle ...

IN GESELLSCHAFT: WEISS- UND NARWALE Erster Schnee auf dem St.-Lorenz: Flocken auf den graublauen Wirbeln des Stroms. Die *Calypso* kehrt von der Erforschung der Großen Seen zurück. Bei Tadoussac fährt sie zwischen die grauen Steilküsten des Saguenay-Fjords. Die Mannschaftsmitglieder tauchen in einer Taucherglocke. Unter einer oberflächlichen braunen humushaltigen Süßwasserschicht entdecken sie eine 200 Meter tiefe Linse klaren Salzwassers, in der es von Plankton und Kabeljau wimmelt. Und da sind sie, die Seelen des Ortes: die Belugas, die »Weißen Wale« ... Diese elfenbeinfarbenen Wale mit bläulichen oder vanille Reflexen profitieren vom Lebensmittelschrank des Saguenay-Fjords. Sie sind prachtvoll – Schatten, Phantome im blaugrünen Wasser, mit dieser verformbaren Melone, diesem biegsamen Hals, diesen schrägen Lippen, diesen runden Brustflossen, dieser molligen und wendigen Gestalt, geschaffen für das Schwimmen im Eis. Sie pfeifen, schreien, singen, quietschen, klappern: die »Kanarienvögel des Meeres«. Von Zeit zu Zeit schlägt ein Tier die Kiefer aufeinander, als Zeichen von Nervosität. Es kommt vor, daß einer von ihnen ein seltsames Glockenläuten, Morsezeichen ähnlich, von sich gibt. Leider haben die Belugas des St.-Lorenz-Stroms– geschwächt und sterilisiert durch die Verschmutzung des Stroms – nur noch eine Galgenfrist!
Die Art (*Delphinapterus leucas*) scheint für das gesellige Leben geschaffen. Im Nordpolarmeer wandert sie in Gruppen von 10 bis 30 Tieren, die matriarchal mit deutlicher Geschlechtertrennung organisiert sind. Das herrschende Weibchen führt seinen Clan an: Es bildet einen geschlossenen Block mit seinen Töchtern, Enkelinnen und deren Jungen. Die sub-erwachsenen und erwachsenen Männchen bilden eine eigene homogene Gruppe. Die Kräftigsten säen Zwietracht in den Reihen der gebärfähigen Weibchen, wenn die Zeit der Liebe gekommen ist, d.h. im Frühjahr, vor der Wanderung nach Norden. Im September, Oktober, am Ende dieser Reise, die der Nahrungssuche dient, finden die fetten, gesättigten Tiere wieder zu Tausenden zusammen. Und die matriarchalen Familien und Gruppen von Männchen bilden sich erneut.
Die Amerikaner Kenneth S. Norris und Tom Smith haben die Zusammenrottung von etwa 1700 Belugas beobachtet, die jedes Jahr, in der schönen Jah-

Die männlichen Narwale, welche »die Klinge kreuzen«, liefern sich ein mittelalterlich anmutendes Duell: alle Attribute des Rittertums! In Wahrheit wird ihr Kampf jedoch mit der »akustischen Lanze« geführt. Im übrigen kommuniziert die Art durch alle möglichen Schreie, Quietschlaute, Pfiffe, Knacklaute. Konzerte im arktischen Eis ...

reszeit, Somerset Island im Hohen Norden Kanadas verzaubern. Woher diese Tiere kommen, ist unbekannt – vielleicht aus der Baffinsee, aus Gewässern Grönlands. Sie ziehen massenhaft in das Mündungsgebiet des Cunningham River. Sie winden sich in seichtem Wasser. Man könnte schwören, daß sie leiden; in Wirklichkeit reiben sie sich wollüstig an den Kieseln. Sie schuppen ihre Haut ab. Sie stranden sogar freiwillig bei Ebbe und warten auf die Flut, um ins Wasser zurückzukehren. Die Gefahr, daß ein Eisbär sie angreift, ist groß. Manche lassen dabei ihr Leben.

Wie sein Vetter, der Weißwal, ist auch der Narwal oder »Einhorn des Meeres« (*Monodon monoceros*) für die Gewässer der Arktis geschaffen, die das Packeis für die meisten Waltiere unwirtlich macht. Die Art lebt in Gruppen von 5 bis 20 Tieren, teils matriarchalisch organisiert, teils aus Männchen verschiedenen Alters bestehend, manchmal gemischt, die im Herbst in großen Versammlungen zusammenkommen. Die Fortpflanzungszeit ist April, Mai. Die herrschenden Männchen mit ihrem gedrehten, bei manchen nahezu 3 Meter langen Zahn werden nervös. Man hat beschrieben, wie sie wegen der »schönen Augen« einer Dame »die Klinge kreuzen«. Der ritterliche Vergleich ist nicht falsch: Die Waffe beeindruckt die Konkurrenz. Manchmal stürzt einer der Rivalen los und sticht zu. Die Narben, die sie alle auf den Seiten tragen, beweisen, daß diese Angriffe nicht nur symbolisch sind. Die Waffe verletzt bisweilen auch ein Weibchen, wie kanadische Biologen im Lancaster Sound zwischen Devon Island und Baffinland festgestellt haben. Man nimmt heute an, daß dieser hypertrophierte Zahn vor allem bei der Aussendung von Lauten und Ultraschall eine Rolle spielt. Der Narwal ist wie der Weißwal geschwätzig: Pfeifen, Quietschen, Schreie, Knacklaute bilden seine Sprache. Der Kanadier Peter Beamish hat festgestellt, daß beim Durchgang der Ketten von Hochfrequenzknacklauten das Horn zu vibrieren beginnt. Es verstärkt und lenkt die Ultraschallströme. Wenn die männlichen Narwale »die Klingen kreuzen«, liefern sie sich in Wahrheit ein Klangduell mit einer »akustischen Lanze«!

Zu bestimmten Zeiten des Jahres sammeln sich die Belugas oder Weißwale an von ihnen gewählten Orten zu riesigen Schwärmen. Diese Waltiere verdienen ihren Spitznamen »Kanarienvögel des Meeres«. Sie pfeifen, singen, schreien, brüllen oder klappern unablässig; mit Glockengeläut, Aufeinanderschlagen der Kiefer, Zähneknirschen …

Gesten und Spiele

DIE SPRACHE DES KÖRPERS Die Taucher der *Calypso* tauchen in das klare Wasser bei den Iles de la Galite, in der offenen See am Cap Blanc in Tunesien ... Eine sichelförmige Rückenflosse taucht aus der Tiefe auf, dann eine weitere und noch eine. Die unnachahmlichen Köpfe: Es sind Pilot-Delphine. Grindwale (*Globicephala melas*) ... Ein gewaltiges Männchen, Weibchen, Junge. Ein Harem. Sie kommen näher in einem Gewitter von Pfiffen und Knacklauten. Der »Chef« scheint die Taucher abzuhören. 7 Meter, 3 Tonnen. Auch wenn die Männer sich immer wieder sagen, daß kein »Globi« jemals einen Menschen angegriffen hat, fühlen sie sich doch unwohl. Das Männchen sieht sie scharf an. Es zeigt seine Zunge und seine konischen Zähne. Seine langen, gekrümmten Brustflossen schlagen rhythmisch, als dirigierte es ein unsichtbares Orchester. Und dann, tauchend und wieder emporsteigend, streift das Tier die Taucher. Es dreht den Bauch und ... verrichtet sein großes Geschäft. Eine Welle ... Das Wasser ist über mehrere Kubikmeter braun. Eine Rabelaissche Gestalt: Lacht der Grindwal über seinen Streich?
Bei den Waltieren scheint jede Geste einen Sinn zu haben. Die des Defäkierens (aus Verachtung oder aus Angst?) auf Eindringlinge ist nicht zufällig. Die Tiere benutzen sie auch gegen aufdringliche Artgenossen. Die Gebärden bilden eine Sprache bei allen Geschöpfen mit leistungsfähigen Augen und Gehirnen; selbst bei manchen Insekten und Weichtieren (Polypen); und natürlich bei den Wirbeltieren – von den Fischen über die Amphibien, Reptilien und Vögel bis zu den Säugetieren. Je besser die Gehirnkapazität ist, um so vielfältiger sind diese Gesten und um so reicher ihre Bedeutung. Umgekehrt lassen die entwickelten Körpersignale die Vorhersage zu, daß die Art einen recht hohen Intelligenzgrad besitzt.
Das Problem ist, zu verstehen, was sie sagen. Wir vermögen schon nur mit Mühe gewisse typische Haltungen (Unterwerfung, Herrschaft, Aggressivität, Wut, Freude ...) beim Hund, bei der Katze oder beim Schimpansen in unsere Sprache zu übersetzen. Beobachtungen im Wasser sind selten; die Interpretation ist reiner Wahnsinn. Um sich mit der (Gebärden- oder Laut-)Sprache des Gorillas oder des Schimpansen vertraut zu machen, haben George Schaller oder Diane Fossey bzw. Jane Goodall jahrelang mit diesen Tieren

Die Sprünge der Delphine – hier Große Tümmler – verzaubern den Seemann, der auf hoher See kreuzt. Für die Fachleute handelt es sich um eine echte Sprache: Das Tier, das sehr hoch über dem Wasser springt, signalisiert seinen Artgenossen seine Anwesenheit. Er fordert Aufmerksamkeit, zeigt vielleicht einen Weg, dem sie folgen sollen, oder eine Gefahr, oder behauptet seine Macht.

gelebt und jedes Verhalten und jede Reaktion in jeder Situation festgehalten. Im Meer, wo die Begegnungen mit den Waltieren nur einige Minuten dauern und häufig durch das Material (Schiffe, Taucheranzüge), das die Wissenschaftler benötigen, behindert werden, ist das unmöglich.
Die Gesten des Großen Tümmlers, des Schwertwals, der Fleckendelphine werden uns noch lange Rätsel aufgeben, ganz zu schweigen von denen der schemenhaften Schnabelwale! Wir können jedoch mit gutem Grund annehmen, daß sie präzise, komplex und »bedeutungsvoll« sind. Den Waltieren steht ein breites Repertoire an Liebkosungen mit der Nase, der Brustflosse oder dem Bauch zur Verfügung. Sie reiben den Körper ihrer Artgenossen, besonders ihre Geschlechtsorgane, selbst außerhalb der Zeiten der Liebe. Der Große Tümmler oder der Fleckendelphin schiebt die Spitze seiner Brustflosse oder seine Schnauze in den Genitalschlitz eines – anders- oder gleichgeschlechtlichen – Tiers seiner Gruppe. Das Männchen erforscht den Körper des anderen mit seinem erigierten Penis. Die Jungen praktizieren ein merkwürdiges Aneinanderreiben ihrer Zähne.

Die Versöhnung erfolgt
Nase an Nase, Seite an Seite,
unter einer Flut
gegenseitiger Liebkosungen.

Auch die Mimik ist vielfältig. Mag das »Lächeln« des Delphins auch lediglich auf einer erblich bedingten Struktur der Kiefer beruhen, die Zeichen des geöffneten Mundes haben durchaus eine Bedeutung: Das Zeigen der Zähne bedeutet Wut; das Rausstrecken der Zunge scheint eine Einladung zu lustvollen Spielen. Die Verformungen der Melone sind reich an Bedeutungen. Dieses Organ verändert sich beim Beluga, den Flußdelphinen und selbst bei den Delphinidae (Grindwale, Große Tümmler, Schwertwal, Fleckendelphine) fortwährend. Das Tier benutzt diese Veränderungen des Volumens, um die Wirksamkeit seines Sonars zu erhöhen; es nützt sie für die Kommunikation. Beim Beluga zeigt eine Senkung des Stirnbuckels nach hinten an: »Alles in Ordnung, ich habe keine bösen Absichten ...«; während eine Wölbung nach vorne Unruhe und Aggressivität bedeutet.
Diese wird bei zahlreichen Arten auch durch Zähneblecken und das Ausstoßen von Blasen durch das Spritzloch ausgedrückt, oder durch Bisse in Schwanz, Seiten und Brustflossen, durch Anrempeln, in letzter Sekunde gestoppte Angriffe ... Die Versöhnung erfolgt Nase an Nase, Seite an Seite, unter einer Flut gegenseitiger Liebkosungen und mit ausgelassenen synchronisierten Bewegungen im Wasser.
Ein spektakuläres Verhalten vieler Waltiere hat den Namen »Kerze mit dem Schwanz nach oben« (englisch *lobtailing*) erhalten. Es besteht darin, daß das Tier sich senkrecht mit dem Kopf nach unten im Wasser aufrichtet und den Schwanz aus dem Wasser ragen läßt. Das Tier bewegt seine Schwanzflosse wie ein Banner rhythmisch hin und her und beendet seine Demonstration

Der Langschnabeldelphin ist ein Akrobat. Niemand hebt besser wie er von der Wasseroberfläche ab, mit Drehungen, Windungen, Pirouetten oder spielerischen Schlägen mit dem Schwanz. Was bedeuten diese Sprünge, die das Tier manchmal minutenlang macht? Die Interpretation bleibt für den menschlichen Beobachter schwierig.

gerne mit einem gewaltigen Schlag flach aufs Meer. Bei Kolossen wie dem Pottwal hallt dieser Schlag wie ein Kanonenschuß. Es wurden Gruppen von Delphinen beobachtet, die diese Figur im Chor ausführten. Und die Bedeutung? Ist es eine Form, seine Anwesenheit oder seinen hierarchischen Rang einem Partner oder Konkurrenten zu signalisieren? Eine freundschaftliche Einladung? Oder im Gegenteil (wenn die Geste mit einem Schlag aufs Wasser endet) eine Demonstration von Stärke?

Ein anderes Verhalten, das die meisten Waltiere gemeinsam haben, ist »Spionage« (englisch *spy-hoping*) genannt worden. Es ist das symmetrische Gegenstück zur obenbeschriebenen »Kerze«. Das Tier stellt sich vertikal ins Wasser, der Kopf ragt bis zum Auge aus dem Wasser. Es wedelt, um seine Position zu halten. Manche (der Große Tümmler, der Furchenzahndelphin, die Fleckendelphine, der kleine Schwertwal) treiben die Figur ins Extrem: Es gelingt ihnen, sich aufrecht aufs Wasser zu stellen, als gingen sie auf dem Schwanz – vorwärts oder rückwärts! Die Meeresparks schlagen aus dieser akrobatischen Nummer Kapital. Und der Zweck dieser Spionage? Es heißt, der Delphin benutze sie, um die Umgebung zu beobachten. In der Tat kann er das Bedürfnis haben, sich in bezug auf die Küste zu lokalisieren, insbesondere wenn Parasitengeräusche (Brandung, Motorengeräusche) sein Sonar stören oder ihn etwas beunruhigt. Der Stellung werden aber auch andere Bedeutungen zugeschrieben. Herrschaft? Sammeln der Truppe?

Tatsächlich haben zwanzig Gesten eine Bedeutung, die uns verschlossen bleibt. Grüße mit ein oder beiden Brustflossen zugleich, ausgestreckt auf dem Rücken. Hartnäckiges Schlagen des Wassers mit den Brustflossen. Schlängeln des Körpers. Krämpfe der Rückenflosse, die das Tier anschließend kraftvoll auf den Schaum schlägt (*finning*). Leichte Bewegungen des Schwanzes zur Seite. Kontraktionen des Unterleibs. Wasserfontänen aus dem Mund ... Niemand weiß, ob wir das eines Tages zu entschlüsseln vermögen.

Am spektakulärsten bleibt der Sprung (englisch *breaching*, die französischen Walfänger sprechen von *brèche*). Hierbei taucht das Waltier zunächst und wirft sich dann mit seiner ganzen Kraft dem Licht entgegen, durchbricht die Wasseroberfläche wie ein Meteor, erhebt sich so hoch wie möglich in die Luft und fällt schließlich auf der Seite oder auf dem Rücken, silbrige Gischt aufwirbelnd, wieder zurück. Manchmal scheint der Sprung verkürzt, wie ihn die Schwertale schätzen, was die Engländer *half breaching* nennen. Andererseits kann der Sprung bei den Großen Tümmlern 6 Meter erreichen. Das Tier schnellt aus dem Wasser und läßt seiner Phantasie freien Lauf: schlängelnde Bewegungen, Schwanzschläge, Drehungen mit gespanntem Körper oder gekrümmtem Rücken ... Man hat bis zu sieben Drehungen um die Längsachse

Die Zärtlichkeiten sind eine Sprache, wie diese Fleckendelphin-Mutter mit ihrem Jungen bezeugt (links). Die Weißwalmama weiß ebenfalls mit tausend Liebkosungen und »Küssen« ihre Liebe zu ihrem Sprößling auszudrücken (oben). Während die Waltiere sich aneinander reiben, hören sie im übrigen nicht auf, miteinander durch Laute zu sprechen.

Der Schwertwal springt (oben), um etwas zu signalisieren. Die Sprünge der Waltiere sind häufiger während der Zeit der Liebe (Herausforderungen zwischen Männchen? Verführungstänze?) und bei schlechtem Wetter (um für die Artgenossen lokalisierbar zu sein?). Lange bevor er für den Zirkus dressiert wurde, konnte der Große Tümmler bereits »auf dem Schwanz laufen« (rechts).

beim Akrobaten unter den Delphinen, dem langschnabeligen Fleckendelphin, gezählt. Andere schnelle Sprünge werden auf dem Bauch ausgeführt, in Schwimmrichtung, was ein schnelles energiesparendes Vorankommen erlaubt, da das Tier fast ebensoviel Zeit außerhalb des Wassers wie im Wasser selbst verbringt.

Man hat für diese Demonstrationen »objektive« Erklärungen gesucht. Man hat darin eine Art gesehen, sich von Parasiten zu befreien, von Wal»flöhen«, von allzu anhänglichen Kopfsaugern oder treibenden Algen. Man hat angenommen, diese Übungen würden helfen, die Fisch- oder Kalmarbänke einzukreisen. Man hat die Hypothese aufgestellt, ihre Funktion bestünde darin, ein etwas großgeratenes Beutetier in der Speiseröhre »hinunterzubefördern«. Sie sind aber auch Botschaften. Eine Sprache. Sie drücken die Anwesenheit des Springers aus, insbesondere wenn ein Unwetter oder Parasitengeräusche die Sonare stören. Sie tragen, vor allem bei schlechtem Wetter, dazu bei, die Struktur der Gruppe auf Reisen aufrechtzuerhalten. Man kann sich vorstellen, daß sie Herausforderung, Stärke, Eroberung ausdrücken. Sie werden von einer Minute zur anderen zu Verführungstänzen für das andere Geschlecht.

Vor allem aber hat man den Eindruck, daß sie der Ausdruck von Lebensfreude sind, des Glücks, frei und ungebunden im Meer zu leben. Es sind Spiele ... Das Spielen ist für das Junge eine Form, das Leben zu lernen; eine Probe, ein Training der Muskeln und Nerven, eine Gelegenheit, die Reflexe, die Sinne, das Gedächtnis, das Wissen zu entwickeln. Für die Erwachsenen sind Spiele eine Möglichkeit, Gefühle auszudrücken – ein Übermaß an Aggressivität abzubauen, Freude nach außen sichtbar zu machen ...

In den Augen des Beobachters ist das Kriterium für das Spiel seine Zwecklosigkeit. Zahlreiche nützliche Verhaltensweisen werden ins Spielerische gewendet: die Kerze mit dem Schwanz nach oben, die Spionage, die Schläge mit den Brustflossen auf den Schaum, die Sprünge ... Die Waltiere haben noch tausend andere Vergnügungen. Sie lieben das »Gleiten« mehr, als es für ihr tägliches Leben nötig ist. Sie wälzen sich mit Wonne in der Dünung und schwimmen mit den Strömungen. Sie lassen ihren Schwanz aus dem Wasser ragen und lassen sich wie »Segelboote« vom Wind vorwärtstreiben. Sie erfinden sich Spielzeug: der Schwertwal den Pinguin oder die Ohrenrobbe, der Große Tümmler den Fisch oder die Muschel.

Die Waltiere »surfen« leidenschaftlich gern. Stundenlang tummeln sie sich auf den natürlichen Wellen oder der Bugwelle der Schiffe – vom Segelschiff bis zum riesigen Öltanker. Sie »klettern« auf den Schaumkamm und lassen sich mit voller Geschwindigkeit antreiben, mit einem fast greifbaren Glücksgefühl ... Man nimmt an, daß es sich um eine spielerische Fortsetzung des

Staffelschwimmens (»Bernoullieffekt«) handelt, das es dem Jungen erlaubt, ohne Anstrengung hinter dem Rücken seiner Mutter zu schwimmen. Doch was für ein Schauspiel!
Die Kleinen spielen natürlich mehr als die Erwachsenen. Sie greifen sich an, verfolgen sich, verstecken sich, streiten sich um Algen- oder Holzstücke. Auf diese Weise probieren sie ihre Kräfte aus und bereiten sich auf die künftigen Rangkämpfe vor. Die Erwachsenen stehen ihnen in nichts nach. Der Franzose Christophe Guinet hat ein ungewöhnliches Verhalten der Schwertwale in den kalten Gewässern der Possessioninsel des Crozet-Archipels beschrieben. Zwischen zwei Jagden auf den See-Elefanten oder den Pinguin verbünden einige Weibchen und Junge sich gegen einen zerstreuten Artgenossen, um über ihn herzufallen und ihn in einem Überraschungsangriff auf dem Ufer stranden zu lassen ... Wildes Getümmel und aufspritzende Gischt! Der Ausgang ist niemals tragisch. Nachdem seine »Gegner« ihn eine Minute auf dem Sand festgehalten haben, befreit das »Opfer« sich und kehrt ins Meer zurück. Das Spiel beginnt von neuem mit einem anderen »Prügelknaben«. Für die Jungen ist es ein erzieherisches Spiel, das sie trainiert, die kleinen See-Elefanten bis auf den Sand zu verfolgen. Manchmal strandet ein Schwertwal freiwillig, bevor er sich ins Meer gleiten läßt. Die großen Männchen verzichten darauf; sie scheinen sich der Gefahr bewußt zu sein, der sie sich damit in Anbetracht ihrer Masse aussetzen. Auch die Babys werden nicht einbezogen: Ein schlecht berechneter heftiger Stoß, und der Körper würde zu weit auf den Strand geschleudert, an eine Stelle, von wo es ihm unmöglich wäre, in den Ozean zurückzukehren.

Rechte Seite: Zwei Große Tümmler springen gemeinsam. Die Körpersprache ist unmittelbarer, aber weniger entwickelt, weniger abstrakt als diejenige der Wörter. Beim Menschen ergänzen sich die beiden Informationsquellen. Besitzen die Waltiere ebenfalls Wörter, Sätze, eine Syntax? Eine faszinierende Frage.

Gesprochene Sprache

ANDEUTUNG EINER KULTUR Amazonien. Ein ruhiger Fluß, ein lauer und sanfter *igarapé* ... Der Taucher gleitet ins rotbraune Wasser. Er fühlt sich wohl. Er läßt sich treiben. Ein Traum von friedlicher Natur ... Da hört er in der flüssigen Tiefe merkwürdige sanfte Rufe. Knacklaute, Knirschen, Pfiffe, Gemurmel. »Tschip-tschip.« »Ffrrtt.« Manchmal wie das Quietschen einer Schloßtür. Er kann die Tiere nicht erkennen, die dieses Konzert konkreter Musik veranstalten, aber er kennt sie. Und da blasen sie. Puff! Ein Paar rosa Delphine (*Inia geoffrensis*).
Sprechen die Delphine miteinander? Wenn ja, was sagen sie? Was erzählen sie sich, angenommen, sie unterhalten sich? Was würden sie uns sagen, wenn wir ihre Sprache könnten? Was gäbe man für eine Simultanübersetzung! Angesichts eines Paars denken wir an ein Liebesduett: Romeo und Julia im Wasser. Und wenn es ein Streit wäre? Oder zwei Männchen? Vergeblicher Anthropomorphismus.
Viele Freunde der Delphine haben sich in den sechziger Jahren daran beteiligt, als der Amerikaner John Lilly und der Holländer Wilhelm Dudoc van Heel

In Gesellschaft bringen diese Tropischen Grindwale unablässig in Sequenzen organisierte Laute hervor, die Sätze zu sein scheinen ... Um sicher zu sein, daß diese Tiere miteinander sprechen, muß der Wissenschaftler noch zumindest einen Teil ihrer Rede übersetzen. Die vor zwanzig Jahren diesbezüglich gehegten Hoffnungen haben sich kaum erfüllt.

Waltiere in Gefangenschaft studiert haben. Nachdem John Lilly beobachtet hatte, daß diese Tiere Geräusche nachahmen, vor allem diejenigen, welche die Menschen mit dem Mund machen, versuchte er ihnen Englisch beizubringen. Er sagte *cup of tea* und glaubte zu hören, wie die Großen Tümmler diese Worte getreu wiederholten – während ein objektiver Zeuge nur einen Rülpser gefolgt von Pfiffen vernahm. (Man fragt sich im übrigen, was der Ausdruck »Tasse Tee« bei einem Delphin auslösen könnte.) Danach ersann Lilly ein Computerprogramm, das Botschaften des Menschen in die Delphinsprache übersetzen sollte und umgekehrt; dieses *JANUS*-Projekt (*Joint Analog Numeric Understanding System*) hat außer zu Träumen zu nichts geführt.

Die Belugas sind freiwillig auf den Kieseln von Somerset Island im Hohen Norden Kanadas gestrandet. Jedes Jahr kommen Tausende von Tieren dieser Art trotz der Bedrohung durch die Eisbären hierher, um »sich bräunen zu lassen« und sich in der Frühlingssonne zu aalen. Muß man in diesem Brauch einen Ansatz von »Kultur« sehen?

Die gesprochene Sprache, komplexer als die der Gebärden und Haltungen, besteht aus Lauten (Phonemen), die sich zu Wörtern verbinden (Lexikon), die sich wiederum nach den Regeln einer Syntax und Grammatik zu Sätzen verbinden.Durch akustische Schwingungen drückt sie Bilder, Begriffe, Gedankengänge aus. Informationen und Ideen. Wir Menschen glauben, sie gehöre uns allein. Kann man annehmen, die Waltiere besitzen eine rudimentäre Sprache? 1804 gestand Lacépède ihnen »ein sehr unvollkommenes, aber dennoch recht klares Rudiment einer Sprache« zu. Fruchtbare Intuition.

Die Waltiere bringen zahlreiche Laute hervor. Schon Aristoteles hatte es bemerkt: »In der Tat handelt es sich beim Delphin um eine Stimme. Er besitzt eine Lunge und eine Luftröhre; da seine Zunge jedoch nicht gelöst ist, kann er keine artikulierten Laute hervorbringen.« Heute weiß man, wie diese Schallwellen entstehen. Die Delphine und ihre Vettern erzeugen sie im wesentlichen mit Hilfe dreier Luftkammmern (Vorhof-, Stirnnasen- und Zwischenkieferkammer), die an ihr Spritzloch angrenzen; darüber hinaus mit Hilfe ihres entenschnabelförmigen Kehlkopfs, der zu vibrieren vermag. Ein Großteil dieser Ströme besteht aus raschen Knacklauten für die Echolot-Orientierung, ein gewisser Teil könnte jedoch der Kommunikation dienen. Zudem bringen die Waltiere eine phantastische Vielfalt von Gezwitscher, Pfiffen, Quietsch-, Knack- und Schnurrlauten hervor. Die Frequenzen dieser Emissionen decken den Bereich ab, den das menschliche Ohr wahrnimmt (von 20 bis 20 000 Hertz), gehen jedoch in den Ultraschallbereich über, bei den meisten Delphinidae bis 150 000, beim Ganges-Delphin bis zu 380 000 Hertz.

Die echte gesprochene Sprache hat ihre Gesetze. Erstens signiert jeder »Sprecher« seinen Beitrag durch ein einmaliges Stimmtimbre, durch das die anderen ihn identifizieren können. Zweitens sind Rede und Dialog um so reicher, als es sich um eine »emotionale Phase« des sozialen Lebens handelt – Liebe, Jagd oder Gefahr (angesichts derer man Alarm schlagen und vor der man entweder fliehen oder der man begegnen muß). Drittens werden die Wörter nicht zufällig geäußert, als »akustischer Brei«, sondern in Themen strukturiert, getrennt durch regelmäßige Zwischenräume, mit Wiederholungen, Sequenzen (Leitmotive), einem Rhythmus, Worten, Sätzen. Im Gefolge der Pionierarbeiten des Franzosen René-Guy Busnel, der zahlreiche Forschungsreisen auf der *Calypso* unternahm, haben die Bioakustiker versucht – und versuchen immer noch –, herauszufinden, ob diese drei Gesetze auch für die Waltiere gelten. Sie versenken Unterwassermikrophone, machen Aufnahmen und analysieren anschließend die Sonogramme.

1979 weisen die Amerikaner Melba C. Caldwell und David K. Caldwell nach, daß die stimmliche Signatur bei den Großen Tümmlern sehr wohl existiert. Jedes Tier besitzt eine »akustische Kontur«, die es den Walforschern – *a fortiori* den Delphinen – erlaubt, es mit Sicherheit zu identifizieren. Dieser individuelle »Kode« wird früh erworben: zwischen 1 und 2 Jahren. Peter Tyack stellt schon bald fest, daß manche Tiere die Signatur anderer nachahmen!

Die Tiere scheinen sich häufig anzusprechen, gegenseitig Fragen zu stellen, zu antworten, kurz, sich zu unterhalten.

Das zweite Kriterium (die Vielfalt und Fülle der Laute, vor allem in emotionalen Momenten) scheint ebenfalls erfüllt. Bei einigen Arten ist diese Vielfalt verblüffend. 1982 klassifizieren die Amerikaner Marilyn E. Dahleim und Franck Awbrey die Emissionen der Schwertwale. Dreizehn Tiere, deren »Sätze« »signiert« sind, erzeugen einundzwanzig Arten von Vokalisierungen zwischen 40 und 40 000 Hertz – darunter den aufsteigenden Schrei (*upscream*), den absteigenden Schrei (*downscream*), Quietschen (*creak*), Klage (*whine*), Pfiff (*whistle*), Modulation (*tone*), Brummen (*buzz*), Abprall (*ricochet*), explodierendes Knacken (*click burst*), Schnattern (*chatter*) und die »Meeressäge« (*seasaw*).

Der Beluga – der Weißwal – gehört zu den unverbesserlichen Schwätzern. Die Seeleute des Hohen Nordens lieben seine melodischen Pfiffe, die der Kanadier Pierre Béland seit Jahren studiert. Wenn man ein Unterwassermikrophon in die Gewässer versenkt, in denen das Tier lebt, erklärt er, hört man eine wahnsinnige Musik, wie ein Symphonieorchester beim Stimmen. Neben einer Skala von Pfiffen und Gezwitscher erfüllen die Belugas den Meeresraum mit einem erstaunlichen Repertoire von Schreien, Hupgeräuschen, Gefiedel, Türschlagen, Gekläffe, Schnarchgeräuschen, Brummen, Knirschen. Bisweilen klingt es wie auf einem Bauernhof: Manche quietschen wie Schweine, blöken wie Lämmer, wiehern wie Pferde! Man vernimmt Glockenläuten, das Morsegeräuschen ähnelt. Werden sie erschreckt, geben sie explodierende Pfiffe von sich: Signale zum Sammeln.

Das dritte Kriterium – die Gliederung der »Rede« in Wörter und Sätze mit einer Konstruktion, Leitmotiven, einem Vokabular, einer Syntax – ist sehr viel schwieriger nachzuweisen. Die Analyse der Sonogramme beweist die Regelmäßigkeit der Emissionen, ihre Strukturiertheit, ihre Konstruktion. Die Tiere scheinen sich häufig Fragen zu stellen, zu antworten, kurz, sich zu unterhalten. Reicht das aus? Die Meinungen der Fachleute gehen auseinander. Man hat – René-Guy Busnel als erster – die hypothetische Klangsprache der Delphine mit den Pfeifsprachen verglichen, die Menschen an drei Orten der Erde benutzen: in Mazateco in Mexiko, in Silbo Gomero auf den Kanarischen Inseln und in Aas, einem kleinen Dorf des Béarn in den französischen Pyrenäen. Die Auswertung der Sonogramme dieser merkwürdigen Kommunikationsformen zeigt, daß es möglich ist, auf diese Weise von einem Tal zum anderen echte Dialoge zu führen, das heißt, Informationen, Instruktionen zu übertragen. Die Pfeifer, erklärt René-Guy Busnel, benutzen die Frequenz-

Folgende Doppelseite: Die Fleckendelphine jagen häufig in Gesellschaft der Thunfische. Diese Gewohnheit hat es ihnen erlaubt, jahrhundertelang gut zu leben. Heute wirkt sie sich verhängnisvoll für sie aus: Die Netze der Menschen lassen sie ertrinken, während sie die Fische fangen. Können die Fleckendelphine das Problem »verstehen«?

modulation (zwischen 1200 und 2200 Hertz) und die Amplitudenmodulation. Jeder der sehr lauten Pfiffe (110 Dezibel auf 1 Meter) trägt über mehrere Kilometer. Der Klangsatz enthält Modulationen und Betonungen, welche die Konsonanten ersetzen. Zahlreiche Oberschwingungen geben das Timbre, die Signatur.

Die Klangemissionen der Waltiere ähneln dem – mit Modulationen, Phrasierungen, Betonungen, Dialogen. Zumindest hat man diesen Eindruck. Etwas anderes ist es zu beweisen, daß diese »Wörter« Information transportieren. Und wenn ja, auf welche Weise – bis zu welchem Abstraktionsgrad. Seit der schönen und verwirrenden Erfahrung des Amerikaners Javis Bastian in Kalifornien ist man auf diesem Gebiet kaum vorangekommen. Neugierig gemacht durch die Geschichte von wilden Großen Tümmlern, die die Unterwassermikrophone inspizierten, wobei eines der Tiere seinen Artgenossen etwas zu »erklären« schien, bevor sich eine »allgemeine Diskussion« entspann, ersinnt Bastian die folgende Versuchsanordnung: Zwei gefangene Delphine (ein Männchen: Buzz, ein Weibchen: Doris) leben in einem Becken. Man bringt ihnen bei, den Hebel eines Fischverteilungssystems zu betätigen, wobei ein (blinkendes oder anhaltendes) Lichtsignal ihnen anzeigt, ob sie nach links oder rechts drücken müssen. In einer zweiten Phase bringt man Doris bei, daß nur Buzz berechtigt ist, den Hebel zu drücken. Schließlich trennt man die beiden Tiere durch eine Wand, die keine Lichtstrahlen, aber Schallwellen durchläßt. Man zeigt das Lichtsignal nur Doris. Sie pfeift und knackt: Sogleich drückt Buzz in der richtigen Richtung auf den Hebel! Der Test ist jedesmal positiv ... Wenn die beiden Partner durch ein Hindernis getrennt sind, das die Schallwellen blockiert, ist Buzz verloren.

Allerdings kommt man kaum weiter, wenn man gefangene Waltiere studiert. Um hinter das Geheimnis der Schallkommunikationen zu kommen, muß man vor Ort gehen. Ins Meer. In die großen Flüsse. Und da wird die Sache kompliziert ... Um den eventuellen Sinn der »Sätze«, die man hört, zu erfassen, muß man bei jeder einzelnen Emission wissen, welches Tier sie für wen unter welchen Umständen und mit welchen Ergebnissen hervorgebracht hat – doch davon ist man noch weit entfernt.

Erschwert wird das Ganze noch durch die Tatsache, daß bei den Delphinen und ihren Vettern jede Gruppe ihr eigenes Idiom, ihren Dialekt zu haben scheint. Bei den Schwertwalen vor British Columbia haben John Ford und Dean Fisher zwölf verschiedene Rufe identifiziert, von denen jeder aus zahlreichen strukturierten Klängen besteht. Die drei lokalen Populationen (zwei seßhafte, eine nomadisierende) bedienen sich jedoch nicht derselben »Ausdrücke«. Jede Familie benutzt ihre eigenen »Wendungen«, ihr »Idiom«. Erinnern wir uns, daß es siebenundsechzig Arten von Zahnwalen gibt; wenn man für jede Art von mehreren »Dialekten« und »Unterdialekten« ausgeht, steht der Übersetzer vor einem unlösbaren Problem. Nichts beweist im übrigen, daß die Sprache des Schwertwals oder des Großen Tümmlers oder des Mesoplodon sich nicht ebenso stark hinsichtlich Entwicklungsstand und Komplexität unterscheiden wie die des Menschen und des Schimpansen – oder des Halbaffen.

Die Schallemissionen der Waltiere ähneln einer gesprochenen Sprache. Man hat nachgewiesen, daß sie in manchen Fällen das Verhalten anderer Individuen der Gruppe beeinflussen. In der Natur muß der Walkundler angesichts eines Handelns, dessen allgemeiner Sinn ihm verschlossen bleibt, die Waffen strecken. Man schmunzelt bei der Vorstellung, der erste »Delphin«-Satz, den wir übersetzen, könnte lauten: »Achtung, da kommen die Menschen!«, wobei »die Menschen« ein Synonym ist für »gefährliche Irre«. Man muß vor allem fürchten, daß uns für alle Zeiten ein vermittelndes Dokument fehlt – dieser Stein von Rosette, der es Champollion ermöglichte, die Hieroglyphen zu entziffern.

Vor zwanzig Jahren glaubten die meisten Fachleute, daß wir in zwanzig Jahren zumindest über den ersten Entwurf eines Lexikons der Delphin-Sprachen verfügen würden. Wir müssen zugeben, daß wir nichts haben. Bleibt der Traum. Flüssig und klangvoll wie ein »Tschip-tschip-tschip« des rosa Delphin in einem *igarapé* Amazoniens.

Gehirn

EIN AUFSTIEG ZUR INTELLIGENZ Im Mittelmeer, auf hoher See bei den Iles de Marseille ... Möwen fliegen zu den Klippen von Riou: Weiß und Weiß auf Blau. Der Mistral peitscht kurze Wellen auf. Die Männer der *Calypso* haben (vorsichtig) einen Gemeinen Delphin (*Delphinus delphis*) gefangen. Einen stämmigen von 130 Kilogramm. Sie haben ihm einen Tragriemen umgeschnallt, an dem eine Miniaturkamera befestigt ist. Ziel der Operation: das Tier als Kameramann zu »beschäftigen«. Das Waltier soll zu seiner Gruppe schwimmen und das Leben seiner Artgenossen filmen, ihre Tauchmanöver, ihre Streitereien, ihre Spiele, ihr Liebesleben. Jeder an Bord hält das für eine gute Idee. Wir sind in den Sechzigern: Niemand hat es je versucht. Die Männer lassen den gezäumten Delphin wieder frei und ... Katastrophe! Der Arme bleibt, wo er ist. Es gelingt ihm nicht, zu den Seinen zurückzufinden, die in diesen Gewässern kreisen. Er bewegt sich nicht mehr und läßt sich sinken, als »wollte« er sterben. Die Taucher fangen ihn wieder ein und befreien ihn ganz.

Im Gegensatz zum Großen Tümmler, zu den Fleckendelphinen, zum Pseudorca oder zum Schwertwal weigert sich der Gemeine Delphin (wie übrigens auch der Narwal), mit dem Menschen zusammenzuarbeiten. Er ist nicht »dressierbar«. Er akzeptiert die Gefangenschaft nicht. Er stirbt vor Traurigkeit. Oder er rammt seinen Kopf gegen die Wände seines Beckens. Will er sein Leben beenden? Faszinierende Frage: Wenn man sie bejaht, kann man behaupten, daß das Tier erstens eine Art Intelligenz besitzt, daß es die Situation begreift; und daß es zweitens zumindest ansatzweise ein Selbstbewußtsein hat.

Kann man den Delphinen diese beiden höheren Funktionen des Gehirns zuschreiben, auf welche die Menschen so stolz sind? Träumer, Dichter, Romanciers, Mystiker der »neuen Allianz« zwischen Mensch und Tier, der »tiefen Ökologie« oder des »New Age« haben sich diese Vorstellung zu eigen gemacht, ohne sich mit wissenschaftlichen Beweisen zu belasten. Manche haben nicht gezögert, den Delphinen einen Intelligenzgrad zuzugestehen, der dem unseren entspricht oder sogar höher ist. Andere haben ein »intuitives Verstehen«

Hinter der Frage nach der Sprache steht diejenige nach der Intelligenz, die ihrerseits diejenige nach dem Bewußtsein ins Spiel bringt. Kann man mit den Instrumenten der Wissenschaft auf vernünftige Weise versuchen, den Intelligenzquotienten (IQ) dieser Fleckendelphine einzuschätzen? Die Frage bleibt offen. Kein objektiver Geist kann vor der Schwierigkeit des Unterfangens die Augen verschließen.

Wenn der Große Tümmler den Fotografen in der Tiefe des Wassers mit dieser Haltung amüsierter Neugier betrachtet (rechts), wie sollte man da nicht über seine Fähigkeit spekulieren, die Dinge zu verstehen? Die Definition der Intelligenz ist jedoch ein schwieriges Unternehmen. Den Psychologen gelingt es schon beim Menschen kaum. Wie schwierig ist es dann erst bei den Tieren!

beschworen, eine »Empathie« zwischen ihnen und uns. Wieder andere haben in einem leichten Anfall von Wahn, der normalerweise den Fantasy- und Science-fiction-Autoren vorbehalten ist, von »Telepathie« zwischen ihrer und unserer Art gesprochen und aus ihnen gar Venus-Botschafter oder Venusianer gemacht ...

Umgekehrt behaupten einige sarkastische Geister, die Waltiere wären nicht viel schlauer als Ratten; wir würden ihnen hauptsächlich deswegen einen hohen Intelligenzgrad zuschreiben, weil sie sich uns gegenüber »freundlich« verhalten, ohne Aggressivität, neugierig, ja (was die Großen Tümmler, die Fleckendelphine betrifft) sanft und zärtlich. Wir glauben unwillkürlich, daß ein Geschöpf, das soviel Interesse für uns zeigt, nicht dumm sein kann. Dazu paßt auch, daß viele unserer Phantasien über die »außergewöhnliche« Intelligenz der Waltiere auf der Tatsache beruhen, daß sie ihr Imitationstalent auf unsere Kosten entfalten. Sie ahmen unsere Gesten oder unser Verhalten im nassen Element nach, wirbeln umher, spucken Blasen oder Wasser. Daß ein Tier uns auf diese Weise verspottet, scheint uns nur möglich, wenn es einen gewissen »Sinn für Humor« besitzt, der einen hohen Entwicklungsgrad des Gehirns voraussetzt. In Wahrheit ist die Nachahmung in der Natur unter den Vögeln und Säugetieren ein verbreitetes Verhalten. Die »erstaunlichen Drehungen« der Delphine, die man in den Vergnügungsparks vorführt, zeugen mehr von der Geduld und List der Dresseure als von der Schlauheit der Tiere.

Versuchen wir etwas Ordnung in dieses Durcheinander zu bringen. Die Waltiere sind große Säugetiere. Sie kommunizieren. Sie tauschen Informationen aus, wir werden jedoch vielleicht niemals imstande sein, die Idiome zu übersetzen, in denen sie sich ausdrücken. Wir haben keine Vorstellung vom Komplexitäts- und Abstraktionsgrad, den sie erreichen und der je nach Art variiert. Sie benutzen für das »Sprechen« eine Anzahl von Zeichen, die teils auf den Lauten, teils auf Haltungen, Gesten, Zärtlichkeiten usw. beruhen. All diese Fähigkeiten machen nicht *ipso facto* Intellektuelle aus ihnen. Zahlreiche Tiere besitzen in unterschiedlichem Ausmaß die gleichen – von der Meise bis zum Hund, zur Ohrenrobbe und zum Gorilla.

Wenn man versucht, den Intelligenzgrad zu beurteilen, besteht eine erste Annäherung darin, daß man das Bruttogewicht des Gehirns ermittelt. Die Delphine haben ein großes. Dieses Kriterium kann man verbessern, indem man den »Cephalisationskoeffizienten« berechnet, das heißt die Gehirnmasse bezogen auf die Körpermasse. Ein 70 Kilogramm schwerer Mensch hat ein Gehirn von 1,3 Kilogramm: 1,8% seiner Masse. Ein 200 Kilogramm schwerer Großer Tümmler hat ein Gehirn von 1,5 Kilogramm: 0,75%. Einen vergleichbaren Prozentsatz findet man beim Schimpansen, jedoch nur 0,025% beim Pottwal (der absolut gesehen das größte Hirn auf der Welt hat: 10 Kilogramm) und 0,007% beim Blauwal. In Wahrheit bedeutet das (Brutto- oder relative) Gewicht des Gehirns nicht sehr viel. Innerhalb unserer Art haben Genies ein Gehirn von 1 Kilogramm gehabt und weniger scharfsinnige Personen eines von 1,5 Kilogramm! Alles hängt von der Verteilung der Neuronen ab und vom

Linke Seite: Dieser Große Tümmler, der an der Wasseroberfläche zu träumen scheint, ist fähig, Probleme von einiger Komplexität zu lösen. Mit Hilfe strukturierter Klänge übermittelt er seinen Artgenossen Informationen. Er informiert sie mit »Sätzen«, die eindeutig einen gewissen Abstraktionsgrad haben. Wie könnte man ihm also Intelligenz absprechen?

Man hat verschiedene Experimente zur Sprache und Intelligenz von gefangenen Delphinen durchgeführt. Manche davon, wie diejenigen John Lillys, scheinen unter zu vielen Aprioris gelitten zu haben. Andere, etwa diejenigen von Louis M. Herman in Hawaii, eröffnen faszinierende Perspektiven.

Prozentsatz derjenigen, die in den »noblen« Erkenntnisprozessen eine Rolle spielen. Das Gehirn des Delphins hat eine dicke Hirnrinde – dicker als bei den meisten Säugetieren, dünner jedoch als die unsere. Sie weist zahlreiche und tiefe Windungen auf. Die Gewebestruktur des Gehirns bezeichnen die Anatomen allerdings als »eher primitiv und undifferenziert«. Etwa 60% seiner Neuronen sind für das Hören zuständig. Der Rest ist Geheimnis ... Man muß wissen, daß beim Menschen kaum 10% der Gehirnzellen zu den höheren Fähigkeiten der »Intelligenz« beitragen. Der Rest dient den Sinneswahrnehmungen, der Motorik usw.

Die Intelligenz: Der Psychologe, der Philosoph wissen, wie gefährlich dieses Wort ist. Man summiert darunter eine Vielzahl von Eigenschaften, die meist weder meßbar noch von Individuum zu Individuum vergleichbar sind und noch weniger zwischen verwandten Arten. Ist sie die Fähigkeit, Kenntnisse anzusammeln? Welcher Art jedoch? Und ab welchem Abstraktionsgrad? Ist sie von einer angeborenen Struktur, einem sozialen Lernprozeß abhängig – oder von beidem? Man sagt häufig, sie schließe mentale Prozesse ein, dank derer das Individuum die Welt versteht und auf angemessene Weise auf neue Situationen reagiert, welche die in die genetische Erbsubstanz eingeschriebenen Verhaltensweisen (der »Instinkt«) nicht zu bewältigen vermögen. Doch was ist eine »angemessene Reaktion«?

Als schlecht definierte ist die Intelligenz sehr schwer zu fassen. Bei den Waltieren sind »reflektierte« Verhaltensweisen in Freiheit nur selten beobachtet worden. Man weiß, daß diese Tiere sich in zahlreichen Fällen absprechen, bevor sie handeln. Bei der Jagd wählen sie eine Strategie und eine Taktik, die von der Art der Beute und von der Umgebung (hohe See, Riffe, Mündungsgebiete usw.) abhängen. Jedes Tier kennt seine Rolle, seinen Platz und den Augenblick, in dem es einzugreifen hat. Diese Art von Rollenverteilung findet man auch bei den Löwinnen, den Wölfen ... Die Schwertwale scheinen am schlauesten zu sein. Man könnte schwören, daß sie das Kausalitätsgesetz verstehen: In der Antarktis machen sie mit dem Schwanz Wellen, um die Seehunde oder Pinguine auf ihren Eisflößen aus dem Gleichgewicht zu bringen. Bei den Crozet-Inseln wissen sie, daß das Hochwasser der Flüsse die jungen See-Elefanten zum Ozean mitnimmt: Sie warten an der Mündung. In der Walfangzeit unterscheiden sie die normalen Schiffe, denen sie sich nähern, von denen, die mit einer Harpunenkanone ausgerüstet sind und die sie meiden müssen. Auch bei den Großen Tümmlern finden wir derartige »entwickelte« Verhaltensweisen. Sie lösen mit ihrer Schnauze die Knoten der Fischernetze; selbst wenn sie unkoordiniert an diesen Stricken ziehen, zeigen sie doch, daß sie das Prinzip der Fessel verstanden haben. Die gejagten Pottwale tauchen in Wasserschichten hinab, welche die Sonarwellen der Schiffe zerstreuen. Als es noch eine Segelflotte gab, entfernten sich diese Riesen auf der Luvseite, als hätten sie »begriffen«, daß ihre Verfolger ihnen bei entgegenkommendem Wind nicht folgen können.

Louis M. Herman hat gezeigt, daß die Großen Tümmler fähig sind, ein umfangreiches Vokabular (in der Gebärden- wie in der Lautsprache) zu erwerben, vor allem aber auch, daß sie diese »Wörter« (Nomen, Verben, Adverbien ...) miteinander verbinden und mit Sätzen zurechtkommen, die – selbst ungeordnet! – bis zu fünf dieser Elemente enthalten.

Sehr viel verwirrender sind die Experimente, die der Amerikaner Louis M. Herman und seine Mitarbeiter (Melissa F. Shyan, Jane Taylor, Paul H. Forestell) in Honolulu machen. Sie lassen erahnen, daß die Delphine ein hervorragendes Niveau im Umgang mit »Ideen« erreichen. Die Versuchstiere sind zwei gefangene Große Tümmler – zwei Weibchen, Akeakamai (auf polynesisch: »Freundin der Weisheit«; abgekürzt: »Ake«) und Phoenix (»Phoe«). Louis Herman bringt Ake zunächst eine Gebärdensprache bei, die zum Teil auf der Taubstummensprache beruht, und Phoe eine computergestützte Lautsprache. Die Tümmler verbinden eine bestimmte Gebärde oder einen bestimmten Laut mit einem bestimmten Gegenstand (»Ball«, »Schwanz«...). Sie erwerben sehr schnell ein Vokabular von Verben (»berühren«, »suchen«...). Dann verbinden sie beides: »Suche Frisbee«, »berühre Korb«... Sie prägen sich adverbiale Begriffe ein: »über«, »unter«, »hinten«, »vorne«, »oben«, »unten«, »rechts«, »links«, »innen«, »außen«... Schließlich verstehen sie Sätze, die bis zu fünf dieser Elemente enthalten: »Berühre Ball Schwanz suche Korb« oder »Mache Frisbee Korb berühre Ball«. Mehr noch: Wenn man ihnen diese »Wörter« ungeordnet gibt, verstehen sie die Botschaft dennoch. Auf den visuellen Satz »rechts Frisbee Ball innen« hin trägt Ake den Ball in das Frisbee zu ihrer Rechten.

Auf den akustischen Satz »Oberfläche Reifen hindurch« springt Phoe aus dem Wasser und durch den Ring. Die Tümmler beherrschen die Bedeutung der Wörter, die Semantik. Sie verfügen über ein Vokabular von mehreren Dutzend Begriffen. Sie beherrschen die Satzkonstruktion, die Syntax. Sie haben Zugang zum Symbol, zu einer Art von Logik, zur Abstraktion. Sie können nicht nur sagen, ob sich ein bestimmter Gegenstand in ihrem Becken befindet, was leicht scheint, sondern auch, ob nicht, was einen höheren Grad an mentaler Vorstellung erfordert. Und sie haben ein Gedächtnis. Nach sechs Monaten Unterbrechung haben Ake und Phoe ihr Training wieder aufgenommen, als hätten sie erst am Tag zuvor damit aufgehört. Sie hatten nichts vergessen.

Ist der Große Tümmler wirklich dieser »Intellektuelle der Meere«, der Bruder der Menschen durch die Größe seines Gehirns, von dem der Homo sapiens *seit einem Vierteljahrhundert träumt? Es wäre etwas voreilig, wollte man dies bejahen. Andere Beobachtungen – anatomische, histologische oder »psychologische« – gehen kaum in diese Richtung. Man weiß es nicht so recht ...*

Louis Herman brütet neue Experimente aus. Er versucht, die Frage nach dem Bewußtsein bei den Delphinen wissenschaftlich anzugehen. Dafür benutzt er die Videotechnik. Er filmt Ake und Phoe in ihrem Becken und zeigt ihnen dann den Film. Man könnte schwören, daß die Tiere sich auf dem Bildschirm wiedererkennen, daß sie wissen, wer sie sind. Eine faszinierende Perspektive.

Sie haben Zugang zum Symbol,
zu einer Art von Logik,
zur Abstraktion.
Und sie haben ein Gedächtnis.

Es bleiben jedoch viele Rätsel. Die Männer der *Calypso* haben erlebt, wie Delphine hilflos in Fischernetzen gefangen waren. Die Tiere, in Panik in der Falle aus Maschen, waren unfähig, über einen 20 Zentimeter dicken Gummiwulst zu springen, um zu entkommen – wenn sie wollen, können sie 5 Meter in die Luft springen. Unverständlich. Ist die Panik der einzige Grund für dieses Verhalten, das manche als »dumm« bezeichnen? Hier hat der Amerikaner Kenneth S. Norris eine verlockende Hypothese. Er nimmt an, daß die Delphine, wenn sie im Schwarm sind, Informationen nicht nur durch Laute weitergeben, sondern auch durch eine subtile Körpersprache. Indem sie die Rückenflosse schräg stellen, das Licht auf ihrem Schwanz spielen lassen usw., sprechen sie miteinander. Der Bruchteil einer Sekunde genügt, um die Gruppe zu koordinieren: wenden, tauchen, auftauchen ... Wenn sie in einem Netz gefangen sind, zusammengepfercht, fehlt ihnen diese Sprache. Nicht nur, daß ihr Sonar übersättigt ist, sie haben auch nicht genügend Distanz zwischen sich, um ihre Bewegungen zu koordinieren. Die Lichtinterferenzen stören die Kommunikation. Entweder gelingt es ihnen sehr schnell zu entkommen, oder sie sinken alle gemeinsam, Opfer eines tödlichen Streß.
Sind die Waltiere intelligent? Auf diese Frage wird es wohl niemals eine endgültige Antwort geben. Alles hängt davon ab, welche Bedeutung man diesen Worten gibt. Zumindest aber verstehen Delphine komplexe Situationen und reagieren angemessen auf sie. Sie erreichen bei bestimmten Experimenten ein erstaunliches Abstraktionsniveau. Die Schwertwale gelten als die Schlauesten der Ordnung; und es ist ihnen gelungen, den größten natür-

Der Tropische Grindwal und die anderen Waltiere hüten das Geheimnis ihrer Intelligenz. Falls sie eine besitzen, wird sie sich wohl von der unseren unterscheiden. Werden wir jemals wissen, wie sie aussieht, bis zu welchem Komplexitätsgrad sie sich erhebt? Werden wir eines Tages auch nur rudimentäre Gedanken mit einem Delphin austauschen können?

Der Fleckendelphin springt (oben), und mit ihm springt der Geist des Meeres. Die Träume der Menschen und diejenigen der Delphine scheinen sich manchmal in der Gischt des offenen Meeres zu vereinen. Der Große Tümmler, der vor der Kamera des Fotografen Blasen ausstößt (rechts), scheint ihm etwas in einer Comic-Sprechblase zu erzählen. Nur was?

lichen Lebensraum der Erde zu kolonisieren, 71% der Erdoberfläche, mit einem unvergleichlichen Fächer von Situationen, Klimabedingungen, Problemen, Nahrungsquellen. Nur der *Homo sapiens* hat ebenfalls den Planeten vom Äquator bis zu den Polen erobert. Soll man in diesen parallelen Schicksalen das Symbol eines doppelten Aufstiegs zur Intelligenz sehen, einerseits im Meer, andererseits auf den Kontinenten?

TRÄUMEN DIE DELPHINE? Das Wasser des Karibischen Meeres ist angenehm warm, wie der Bauch der Mutter. Dämmerung, die Zeit, in der die Delphine Siesta halten. Es sind Große Tümmler (*Tursiops truncatus*). Ein großes Weibchen, das nicht schläft, kreist zwischen seinen Artgenossen. Diejenigen, die schlafen, treiben direkt unter der Oberfläche. Schlaff, mit geschlossenen Augenlidern, sinken sie langsam, während sie ihr Spritzloch schließen. Mit einem kurzen Schlag des Schwanzes tauchen sie alle 20 bis 30 Sekunden zum Atemholen wieder auf.

Aristoteles hat die schlafenden Delphine beschrieben, die »ihr Spritzloch, durch das sie atmen, außerhalb des Wassers halten und die Flossen langsam hin und her bewegen«. Der Philosoph präzisiert, daß Zeugen »einen Delphin haben schnarchen hören«. Dieser Schlaf scheint bisweilen tief. Man hat angenommen, daß er Ursache für Unfälle ist – Zusammenstöße mit Schiffen, Verletzungen der Schwanzflosse usw. Anne Colet und Raymond Duguy glauben nicht an diese »merkwürdige Legende«. Tatsächlich hat das Waltier einen leichten Schlaf. Wenn man ihm ein Schlafmittel verabreicht, ohne es an der Oberfläche zu halten, ertrinkt es.

Was ist das Geheimnis dieses Schlafs im Wasser? Manche sagen, da die Atmung der Waltiere willkürlich ist, schlafen diese Tiere niemals. Schwer zu glauben. Andere behaupten, sie ruhten sich in Minisequenzen von einigen Minuten in der Tiefe des Wassers oder sogar während des Schwimmens aus. Eine phantastischere Hypothese ist von dem Russen Lev Muchametov aufgestellt worden. Dieser hat bei drei Arten – dem Großen Tümmler, dem Gemeinen Schweinswal und dem rosa Amazonas-Delphin – Elektroenzephalogramme gemacht. Diese Waltiere schlafen insgesamt täglich ungefähr 8 Stunden, wie wir, aber auf andere Weise. Nicht am Stück, sondern in Abschnitten von 5 Minuten bis 2 Stunden. Sie greifen zu einer unglaublichen physiologischen »List«, um in Morpheus' Arme sinken zu können. Ihre beiden Hirnhälften funktionieren nicht phasisch: Während des Schlafes sind sie ge-

trennt, unabhängig ... Während die rechte schläft, ist die linke wach – und umgekehrt. Die eine hält den Tonus des Körpers aufrecht, insbesondere die Aktivität der Atmungs- und Bewegungsmuskeln. Das Seltsame ist, daß die Trennung kein anderes asymmetrisches Verhalten nach sich zieht. Wie die Waltiere das machen, ist unbekannt; bei der Katze bleibt der Schlaf auch dann global, wenn man die »Brücke« (den Balken), der die beiden Hirnhälften verbindet, durchtrennt.

Kenneth S. Norris hat auf hoher See bei Hawaii den Schlaf der langschnabeligen Fleckendelphine (*Stenella longirostris*) beobachtet. Diese gesellige, eher nachtaktive Art schläft am Tag in wenig tiefem Wasser in Gruppen von vierzig bis sechzig Tieren. Im Ruhezustand stellen diese Waltiere ihre Klangemissionen ein. Sie schlafen buchstäblich mit einem Auge: Das der Gruppe zugewandte Auge ist geschlossen, das zum Meer gerichtete offen und wachsam. Nach einer gewissen Zeit verändern die Schläfer ihre Position – und wechseln folglich das Auge und die Hirnhälfte ... Zwei oder drei Tiere übernehmen jedoch für alle Fälle die Wache, sind »auf beiden Augen wach«, und achten auf Gefahren – Haie, Schwertwale oder Schiffe.

Der Weißstreifendelphin des Pazifik (*Lagenorhynchus obliquidens*) ist tagaktiv. Der Tümmler paßt seine Lebensweise der seiner Beute an – hier nachtaktive Kalmare, dort tagaktive Fische. Der Gemeine Delphin ruht oder jagt zu jeder beliebigen Stunde.

Die Waltiere schlafen mit einem Auge. Träumen sie? Die Arbeiten der Russen Avenir Tomilin und Lev Muchametov scheinen das Gegenteil zu beweisen. Die Delphine zeigen – für jede Hirnhälfte – typische Einschlaf-, Tiefschlaf und Aufwachphasen. Sie sind jedoch (mit den Echidna, Monotremata Australiens) die einzigen Säugetiere, die keine paradoxe Schlafphase haben – diejenige, in denen die Neuronen auf anarchische Weise ihrer Energie ent-

Träumen die Delphine im offenen Meer? Ihr Schlaf wirft ein ganz besonderes Problem auf. Diese Tiere atmen willkürlich; wenn sie das Bewußtsein verlieren, ertrinken sie. Kann man aber leben, ohne zu schlafen? Und also ohne zu träumen? Es scheint, daß der Traum ein Vorrecht der höherstehenden Organismen ist – der Warmblüter.

laden werden, was zu scheinbar unzusammenhängenden Bildern außerhalb jeder Logik führt, die man »Träume« nennt. Wenn dies erwiesen ist, widerspricht es dem Evolutions»gesetz«, demzufolge der Traum eine Begleiterscheinung der höchsten Organisationsstufen des Nervensystems ist. Es ist möglich, daß man einfach nicht imstande war, die typischen Wellen des paradoxen Schlafs bei den Waltieren und die physiologischen Begleiterscheinungen (unbeweglicher Körper, lebhafte Augenbewegungen...) aufzuzeichnen. Man kann auch die Hypothese nicht außer acht lassen, daß die Delphine anders als wir träumen. So wie sie nicht die gleiche Intelligenz wie wir haben, haben vielleicht auch ihre Neuronenentladungen nichts mit denen gemeinsam, die uns bezaubern oder erschrecken – angenehme Träume oder Alpträume.

Kenneth S. Norris suggeriert, daß der paradoxe Schlaf, wie die Wissenschaftler ihn durch Elektroencephalogrammreihen bei den Landsäugern »kodifiziert« haben, vielleicht an das binokulare Sehen geknüpft ist; die Delphine sehen jedoch nicht dasselbe mit ihren beiden Augen. Für den Neuseeländer Wade Doak gibt es eine noch schönere Erklärung: Als »akustische« Tiere erschaffen sich die Waltiere Bilder von ihrer Umgebung vor allem mit Hilfe ihres Sonars. Warum also könnte man sich nicht vorstellen, daß die Fürsten des Ozeans ohne visuelle Darstellungen träumen, mit anderen Wahrnehmungen (auditiven, taktilen), ähnlich denen der blindgeborenen Menschen, die bereits Denis Diderot (*Le Rêve d'Alembert*) im 18. Jahrhundert faszinierten?

Sind die Waltiere – dieser Große Tümmler – die einzigen Säugetiere, die nicht träumen? Man glaubt heute, daß die Natur eine Lösung gefunden hat, um sie trotzdem in den Schlaf zu wiegen. Sie hat die beiden Hälften ihres Gehirns getrennt. Während die rechte sich ausruht, wacht die linke. Der Delphin schläft buchstäblich mit einem Auge. Träumt er auch nur halb?

Der Mond verblaßt. Die Morgenröte zieht herauf. Zu dieser Zeit erstaunen uns die Waltiere besonders. Das Meer ist ihr Reich. Der Dichter würde sagen, sie sind die Herren des Kosmos. Dawn Goley hat, während sie monatelang den Weißstreifendelphinen des Pazifik (*Lagenorhynchus obliquidens*) folgte, wunderbare Entdeckungen gemacht. Sie hat festgestellt, daß diese Waltiere nachts schlafen; daß sie sich aber in der Morgendämmerung an der Wasseroberfläche sammeln und singen. Sie lassen Gesänge, Vogelgezwitscher über dem Wasser erschallen, die sich miteinander verbinden und einträchtig dem erwachenden Licht entgegensteigen. Die Tremoli und Triller verstärken sich. Die Delphine bilden das Orchester der ersten Morgen der Welt. Die Erde, verschmutzt vom Lärm der Menschen, gewinnt ein wenig von ihrer ursprünglichen Unschuld zurück.

DIE FRAGE DES »SELBSTMORDS« Der Delphin wirft sich hartnäckig an die Küste. Schimmernd, rührend, die Augen voller »Tränen«, vom Ufer angezogen wie von einem Magneten: Er wird dort sterben, ausgetrocknet, erstickt unter seinem eigenen Gewicht. Nichts und niemand wird diesen »Selbstmord« verhindern ... Ein faszinierendes Verhalten ... Wenn der Wal aufs feste Land zurückkehrt, das seine Vorfahren vor mehr als 55 Millionen Jahren verlassen haben, so tut er das, um zu sterben. Ist es ein »Selbstmord«? Kann ein Tier den Tod wählen? Dazu müßte es sich bewußt sein, daß es existiert. Man hat Hunde oder Katzen vor »Verzweiflung« sterben sehen (sagt man), nachdem sie ihren Herrn verloren hatten. Ein solches Verhalten ist kein Selbstmord, sondern das Ergebnis eines zerstörerischen Streß', der das Gleichgewicht des Nervensystems zerstört. Bei den Delphinen scheint das Problem komplexer. Die Massenstrandungen haben viel Tinte fließen lassen. Sie sind nicht neu, auch wenn unsere Umweltverschmutzung die Sache nicht besser macht. Schon im 1. Jahrhundert unserer Zeitrechnung beschreibt Plinius eine: »Unter der Herrschaft des Tiberius ließ das Meer, sich zurückziehend, gegenüber der Küste der Provinz Lugdunum auf einer Insel mehr als dreihundert ungeheure Tiere von erstaunlicher Art und Größe zurück, und nicht weniger an der Santons-Küste.« Man nimmt an, daß es sich um Grindwale handelte. In der Renaissance untersucht Guillaume Rondelet am Strand gestorbene Delphine und versucht die Ursache ihres Todes herauszufinden; er führt ihn auf Parasiten zurück, die den »Nasenbremsen« verwandt sind, welche »die Thunfische stechen«. Nicht schlecht erkannt ... Seit 1913 führen Wissenschaftler in England gewissenhaft Buch über die Strandungen. Andere Länder haben sich angeschlossen. In Frankreich sammelt das Muséum d'Histoire Naturelle von La Rochelle alle Beobachtungen zentral: Identifizierung der Arten, Lokalisierung der Orte, Sterblichkeitsfaktoren (Unfälle, Parasiten, Infektionskrankheiten, Umweltverschmutzung...).

Zur Frage nach der Intelligenz gehört auch die nach dem Selbstbewußtsein. Haben diese Großen Tümmler eine Ahnung von sich selbst? Wissen sie, daß sie existieren? Die Frage stellt sich auch angesichts der Menschenaffen. Diese Tiere erkennen sich in einem Spiegel oder auf Videobildern. Welche Wahrnehmung haben sie von ihrer Einzigartigkeit? Sein oder nicht sein ...

Die Frage des Bewußtseins, wie die Walforscher und die Primatologen sie heute stellen, hat philosophische, moralische und religiöse Implikationen. Der Mensch scheint immer weniger dieses Wesen zu sein, das sich radikal von den anderen Geschöpfen unterscheidet, wie er lange Zeit geglaubt hat. Er steht diesen Großen Tümmlern näher, als er dachte.

Fast alle Waltiere sind betroffen. Manche Schnabelwale sind uns nur durch einige bei Ebbe zurückgebliebene Kadaver bekannt. Es gibt Überraschungen: Der *Pseudorca crassidens* war bislang als Fossil beschrieben worden, als 1862 etwa hundert dieser Tiere in der Nähe von Kiel an der Ostsee stranden. Als zehn Delphine 1984 bei Tréguier in der Bretagne sterben, zögert man bei ihrer Identifizierung, weil man bis dahin annahm, daß diese Fraser-Delphine (*Lagenodelphis hosei*) Europa nicht besuchen. Die geselligsten Waltiere werfen sich scharenweise aufs Ufer. Bei den Grindwalen ist das nicht selten. Den »Rekord« hält der Pseudorca: 1964 »begehen« achthundert dieser dunklen Bläser gemeinsam an einem Strand Argentiniens »Selbstmord«.
Das Stranden der Waltiere fordert die Fachleute heraus, denn es bleibt ein Rätsel. Es gibt darüber ebenso viele Hypothesen wie über das Aussterben der Dinosaurier. Als ironische Hommage an die Phantasie der Menschen seien nur die Thesen erwähnt, die eine Verbindung zwischen dem Erscheinen der Waltiere an der Küste und den Erscheinungen von UFOS, Kometen oder ungünstigen Konjunktionen im Horoskop sehen. Wenden wir uns den ernsthaften Fährten zu. 15 Theorien konkurrieren miteinander oder ergänzen sich.
1. Manche Tiere stranden von Strömungen angeschwemmt; sie waren bereits im Meer gestorben – aus Altersschwäche, durch Krankheit, durch Unfall. Die Hauptkrankheiten, die Anne Collet zufolge bei der Autopsie entdeckt werden, sind Herzinsuffizienz, Lungenödem und Bronchopneumonie. Besonders viele Strandungen finden zudem, präzisiert die Wissenschaftlerin, im Golfe de Gascogne während der heftigen Unwetter auf hoher See statt. Tagelanger hoher Seegang erschöpft selbst die außergewöhnlichsten Schwimmer.
2. Manche der Waltiere, die an den Küsten enden, sterben an der Verschmutzung des Wassers durch Umweltgifte: Ölpest, Haushalts-, Industrie- und Landwirtschaftsabfälle, tödliche »Cocktails« aus Schwermetallen, Säuren, PCB, Pestiziden und radioaktiven Isotopen.
3. Eine Hauptrolle unter den unzähligen vom Menschen verursachten Umweltverschmutzungen scheinen die akustischen Umweltbeeinträchtigungen zu spielen. Das Dröhnen der Schiffsmotoren, stört zusammen mit dem Lärm tausender von Sonaren, die den Ozean erforschen, das Echolotsystem der Zahnwale.

4. Man kann nicht ausschließen, daß manche Strandungen auf den Einfluß anderer Waltiere zurückzuführen sind. Es gibt den Fall eines blauweißen *Stenella caeruleoalba*, der auf dem Sand starb und dessen Körper von den Bissen seiner Artgenossen aufgeschlitzt worden war: aus einem geheimnisvollen Grund »verurteilt«... Die Schwertwale des Crozet-Archipels stoßen sich gegenseitig auf den Sand: Ein Unfall ist schnell geschehen. Und es wurden Schweinswale beobachtet, die sich, erschreckt durch die Ankunft eines Schwarms von Schwertwalen, auf den Strand warfen.

Warten wir überzeugendere Beweise ab, um diesen Tieren ein Bewußtsein ihres Daseins zu- oder abzuerkennen.

5. Bei den Waltieren kann wie bei anderen Tieren eine Bevölkerungsexplosion manche Tiere zwingen, vertraute Gegenden zu verlassen, wobei es vorkommt, daß sie sich auf der Suche nach einem neuen Gebiet verirren.
6. Die Waltiere, die an der Küste sterben, sind häufig durch Parasiten geschwächt. 1972 haben S. H. Ridgway und M. Dailey im Gehirn toter Delphine im Süden Kaliforniens ein Gewimmel von Saugwürmern gefunden.
7. 1979 hat der Franzose J. Maigret die wiederholten Strandungen von Delphinen und Grindwalen auf der Halbinsel Cap Vert im Senegal untersucht. Diese Unfälle treten vor allem am Ende des Frühlings auf, gleichzeitig mit der starken Vermehrung von Pflanzenplankton – »rote Flut« von einzelligen Algen der Klasse der Dinophyzeen wie den giftigen *Gonyaulax*. Die Waltiere vergiften sich beim Schwimmen in dieser »Suppe« oder durch das Verschlingen verseuchter Fische.
8. Bei den Zahnwalen sind Struktur und Hierarchie des Schwarms stark ausgeprägt – um ein großes Männchen (den Pascha) oder ein herrschendes Weibchen (die Matriarchin) herum. Wenn dieser Führer strandet, folgt ihm die ganze Gruppe wie eine Hammelherde.
9. Allerdings muß man ermitteln, aus welchem Grund der Chef (oder die »Chefin«) vom Weg abkommt. Man nimmt an, daß manche Schlammböden die Schallwellen absorbieren. Diese Erklärung wirkt schwammig. Die Großen Tümmler, die in der Nähe der schlammigen Küsten von South Carolina jagen und sogar auf das Ufer kommen, um die Fische zu verschlingen, haben keine Probleme mit der Echolot-Orientierung.
10. Eine verwandte These wurde 1962 von dem Holländer W. H. Dudok van Heel formuliert: Die Waltiere könnten zugleich von einer sanft abfallenden schlammigen Küste und einem Unwetter verwirrt worden sein. Das ist wenig wahrscheinlich.
11. Die inneren Faktoren bleiben die wichtigsten. Ein tauber Delphin ist verloren. Die Krankheiten des Gehörs können verschiedene Ursachen haben (Mißbildungen, Infektionen usw.). Wenn sie auf übertragbare Parasiten – Viren, Bakterien oder Würmer - zurückgehen, können sie Massenstrandungen erklären. 1973 hat der Amerikaner J. R. Geraci in den Ohrhöhlen von gestrandeten Waltieren Invasionen von kleinen Fadenwürmern, runden Verwandten der Spül- oder Fadenwürmer, entdeckt. Schon 1955 hatte der Russe S. L. Deljamur vermutet, daß ähnliche Parasiten für die Strandungen »tauber« Schweinswale auf der Krim verantwortlich seien.
12. Man hat angenommen, daß manche Waltiere in den Tod gehen, weil sie Meerarme durchschwimmen wollen, die einst existiert und an die ihre Art sich erinnert haben soll, die jedoch durch geologische Erschütterungen und ein Absinken des Meeresniveaus zerstört worden wären. Science-fiction.
13. J. R. Geraci und F. G. Wood vertreten eine andere These. Ihre Kernaussage: Waltiere stammen von Landsäugern und Amphibien ab. Wenn sie erschreckt wurden oder verletzt waren, flüchteten letztere sich instinktiv auf das Festland. Die Strandungen könnten ein Wiederaufleben dieses Verhal-

tens sein. Beunruhigte oder kranke Waltiere könnten den Reflex haben, auf dem Strand Schutz zu suchen – ein typisches Verhalten der Meerechsen der Galapagos-Inseln, die von den Erdechsen abstammen.

14. Wenn Waltiere stranden, kommt es vor, daß mitleidige Menschen versuchen, sie ins Wasser zurückzubringen. Zur Verzweiflung ihrer »Retter« kehren die Tiere hartnäckig auf den Strand zurück. Es hat den Anschein, als bliebe die »Nadel« ihres Kompasses in der falschen Position blockiert. Diese Beobachtung hat manche Wissenschaftler veranlaßt, eine Art magnetischen Sinn zu vermuten. Die Delphine und ihre Vettern besitzen im Gehirn kleine Magnetitkristalle, durch die sie empfindlich auf winzigste Veränderungen des Magnetfeldes der Erde reagieren. Dieses ist nicht überall gleich; die Bläser lernen, entlang dieser »Isodyname« (Verbindungslinien zwischen Orten mit gleicher magnetischer Stärke) zu wandern. Heftige Gewitter, Sonneneruptionen, vielleicht manche Mondzyklen verändern die gewohnten Verhältnisse, wodurch die Waltiere buchstäblich den Kopf verlieren.

15. Aristoteles war irritiert von den Strandungen der Delphine. Er gab zu, daß er die Ursache nicht kannte. Lobenswerte Bescheidenheit des Philosophen: Machen wir es wie er! Bei unserem gegenwärtigen Kenntnisstand kann die Wissenschaft die letzte Hypothese des »Todeswillens« bei manchen Waltieren nicht einfach mit einem Federstrich wegwischen. Warten wir überzeugendere Beweise ab, um diesen Tieren ein Bewußtsein ihres Daseins und damit auch den eventuellen Wunsch, das Leben zu beenden, zu- oder abzuerkennen.

Eine geistige Revolution ... Der Homo sapiens *ist allen Tieren durch die Intelligenz und die Technik überlegen. In seinem Wesen unterscheidet er sich von ihnen jedoch nicht. Wie sie das Ergebnis der langen und wunderbaren Entwicklung des Lebens, genießt der Mensch mit dem Großen Tümmler die Pracht der untergehenden Sonne am Horizont des zerbrechlichen Raumschiffs, das sie mit sich nimmt.*

4

DELPHINE UND MENSCHEN

Fürsten der Wellen! ... Die Delphine verzaubern uns. Man sagt, daß sie den Seeleuten Glück bringen, die Schiffbrüchigen retten, unsere Musik mögen und manchmal freundschaftliche Beziehungen mit den Menschen anknüpfen. Der Wissenschaftler glaubt nicht alles, was man ihm erzählt. Doch er weiß, daß die Waltiere unter unseren Fischernetzen, unseren Umweltverschmutzungen, unseren Verwüstungen leiden. Er wünschte sich mehr Respekt. Er erinnert sich an die Meinung der alten Griechen, die der Dichter Oppius im 2. Jahrhundert resümiert: »Die Delphine jagen bedeutet die Götter beleidigen. [...] Die Götter halten das Massaker an dem Monarchen der Tiefen für ebenso abscheulich wie die Ermordung eines Menschen.«

Gefährdungen

BARBARISCHE JAGDEN Kälte. Gekräuseltes Meer. Eisige Gischt. Arktische Seeschwalben mit gegabelten Schwänzen fliegen am Himmel. In rosa Planktonbetten blasen Wale. Die *Alcyone* kehrt aus der Bering-Straße zurück. Eine Mannschaft hat das Inuit-Dorf Inupiat in der Nähe von Barrow in Alaska erreicht – einen der nördlichsten Orte der Erde. Die Männer Cousteaus haben an einer auf traditionelle Weise durchgeführten Jagd auf den Narwal teilgenommen, der wegen seines Fleisches und *muktuk* (Fett und Haut) und wegen des Elfenbeins seines Horns gejagt wird. Eine Jagd im Kajak, wie die Eskimos sie seit grauer Vorzeit machen, nachdem sie den Tod des Tieres getanzt, pantomimisch dargestellt und ihm dafür gedankt haben, daß er sich opfert, um die Menschen vor der Hungersnot zu bewahren. Logik des Überlebens. Respekt vor der Natur.

Die Beziehungen zwischen Menschen und Waltieren gestalten sich je nach Zeit und Ort unterschiedlich. Die kretische, griechische und römische Antike ehrt die »Monarchen der Meere«. Sie sind auf Vasen und Münzen abgebildet, und auf die Wände der Tempel gemalt. Modelliert oder als Mosaik schmücken sie die Paläste. Die griechische Mythologie macht aus den Delphinen listige Vermittler der Heirat zwischen Poseidon und Amphitrite. Sie sind die Tiere, die den Wagen des Meeresgottes ziehen, oder als unterseeische Reittiere der Göttin Thetis dienen. Die Legende besagt, daß sie den Klängen der Leier des Arion lauschen; daß sie Telemach, den Sohn des Odysseus, retten. Sie sieht in ihnen reuige Piraten, von Poseidon in Geschöpfe des Wassers verwandelt. Sie erzählt, daß Apollon sich in einen Delphin verwandelt, um an dem Ort an Land zu gehen, den er »Delphi« nennt. Oder daß Ino, die sich mit ihrem Sohn Melikertes auf der Flucht vor Feinden ins Meer gestürzt hat, in eine Meeresgöttin verwandelt wird und sieht, wie ihr Kind von einem Bläser zu den Ufern von Korinth getragen wird.

Die antiken Erzählungen überliefern zwanzig Episoden, in denen Delphine Schiffbrüchigen helfen oder Kinder auf ihrem Rücken mitnehmen – bei Iasos und Porosolene in Kleinasien; bei Byzanz; bei Baiae im Golf von Neapel; auf den Wassern des Sees Bizerte ... Diese wunderbaren Geschichten machen die Waltiere zu vertrauten und achtbaren, fast heiligen Tieren. Die Alten verehren sie. Oppius kann schreiben: »Die Delphine jagen bedeutet die Götter beleidigen.«

Die antiken Erzählungen
überliefern zwanzig Episoden,
in denen Delphine
den Schiffbrüchigen helfen.

Das Mittelalter begegnet den Bläsern nicht mit derselben Freundschaft. Gewiß, »Dauphin« wird der edle Name des französischen Thronerben, als 1343 die Provinz des Dauphiné – dessen Wappen zwei azurblaue Delphine auf goldenem Grund zeigt – an das Königreich angeschlossen wird. Das Interesse, das man den Waltieren entgegenbringt, ist jedoch prosaisch. In Frankreich werden die Schweinswale (»marsouins« von holländisch *marswin* ›Meerschwein‹) »pourcilles«, »pourceaux«, »cochons« oder »sangliers« genannt, während die Engländer »porpoises« (von lat. *porcus piscus* ›Schwein-Fisch‹) sagen. Wenn sie stranden, werden die »Schweine« als eßbar betrachtet. Man zählt sie zu den Fischen: »mageres Fleisch«; man kann sie also in der Fastenzeit essen. Ihr Fleisch wird von Guillaume Rondelet als »zäh, von schlechter Substanz, kotig« bezeichnet. Man serviert es jedoch an der Tafel von François I. und von Heinrich VIII. »Man pökelt es«, präzisiert ein von Raymond Duguy wiedergefundener Text; „man kocht es mit Zwiebeln, Petersilie und ähnlichem; manche braten es und essen es mit Orangen oder einer mit

Viele antike Berichte schildern die Freundschaft zwischen Delphinen und Menschen. Die alten Griechen und die meisten Seefahrervölker der Erde begegneten den Waltieren mit einem Respekt, der in den blutigen Zeiten des Walfangs verlorengegangen ist. Heute erobern sich die Delphine (wie dieser Große Tümmler von Hawaii) die Bewunderung des Menschen zurück.

Die Inuit (Eskimos) jagen seit grauer Vorzeit den Narwal im Packeis. Die Jagden der Eingeborenen gefährden die Arten jedoch nicht. Der Inuk-Harpunier in seinem Kajak fing nur die Tiere, die er unbedingt für die Ernährung seiner Familie brauchte. Nach einer Zeremonie, in der er den Wal im voraus um Verzeihung bat ...

Zucker und Gewürzen gekochten Sauce; andere braten es auf dem Grill; die köstlichsten Stücke sind Leber und Zunge ...« Man schätzt vor allem den Speck, den man unter Namen wie »Fastenspeck«, »graspois« oder »craspois« verkauft. Der König erhebt natürlich eine Steuer – die »graspade« – auf diese Erzeugnisse: Schweinswale, Delphine und Wale werden als »königliche Fische« deklariert. Der Herzog der Normandie verlangt eine Abgabe. In der Nähe von Rouen erhält die Abtei von Jumièges das Privileg, ihre Mönche mit den Schweinswalen der Seine zu ernähren, deren Öl die Lampen der Kopisten speist. Wilhelm der Eroberer gewährt der Abtei von Hastings ein vergleichbares Vorrecht.

Ebenso wie die Basken ab dem 9. Jahrhundert und vor allem seit der Renaissance den gewaltigen Schwarzen Glattwal oder Biscaya-Wal (*Eubalaena glacialis*) mit der Harpune zu jagen beginnen (vorher begnügten sie sich damit, gestrandete Exemplare auszuschlachten), entwickeln auch die Normannen, Engländer, Holländer, Deutschen, Skandinavier, Russen usw. Techniken für die Verfolgung der kleinen Waltiere. Man legt Netze (in der Normandie »vasces« genannt) in den Mündungen der Küstenfische aus. In ihnen fängt man die Bläser, denen man dann mit der Lanze den Gnadenstoß gibt. Die Fischer schließen sich zu Syndikaten oder *Societas walmannorum* (von norwegisch *walman* ›Walfänger‹) zusammen.

Überall auf der Welt werden die Delphine und Schweinswale traditionell wegen ihres Fleisches und ihres Specks gejagt. Die Inuit (Eskimos) Alaskas, Kanadas und Grönlands harpunieren wie ihre Vettern in Sibirien Belugas und Narwale, deren Fleisch, Haut und Fett sie verzehren und deren Leder, Knochen, Därme und Zähne sie restlos verwerten. Die Eingeborenen der Kamtschatka, die Ainus Japans töten Waltiere in allen Größen mit Harpunen, die sie (so glaubt man) mit Akonitin vergiften. Die Indianer der Queen Charlotte Islands und Vancouvers nehmen es mit den Schwertwalen auf, deren Todeskampf sie in Zaubertänzen pantomimisch darstellen, bei denen sie rotgefärbtes Wasser auf den Boden spucken. In Japan erzählt das älteste bekannte Buch, das *Kojiki* (›Bericht über die alten Dinge‹) von der Waljagd. Die Vietnamesen, Malaien, Indonesier, die Eingeborenen Madagaskars, der Küsten Afrikas, Südamerikas, der Karibik, Polynesiens, Australiens setzen von Zeit zu Zeit einen Delphin auf ihren Speisezettel. Diese Jagden der Einheimischen gefährden keine Art. Sie ergänzen die Versorgung der Menschen mit Proteinen, ohne Raubbau zu treiben.

Europa und dann die Vereinigten Staaten, Japan und Rußland verändern die Situation. Diese Länder entwickeln die Großjagd. Seit dem 18. bis ins 20. Jahrhundert hetzen immer mächtigere Flotten die Giganten des Meeres. »Er bläst!...« Vor allem sein Blut ... Er »blüht«, wie die Walfänger mit grausamer Poesie sagen ... Schwarzer Glattwal, Nördlicher Glattwal, Buckelwal, Pottwal, Gemeiner Finnwal, Blauwal, Zwergblauwal: sinnlose Gemetzel! Hunderttausende dieser Kolosse sterben durch die Harpune. Das Initiationsepos *Moby Dick* mündet in industrielles Abschlachten nach der Erfindung der Motorboote und der Harpunenkanone (durch den Norweger Svend Foyn 1868). »Und auf dem Meer breitet das Blut sich aus/Wie ein Mantel aus schwimmendem Purpur...«, singt der chilenische Dichter Samuel A. Lillo (1940). Die Fangboote und die Fabrikschiffe röten das Meer. Schwertwal und Pseudorca, Grindwale, Narwale, Belugas, Schnabelwale, alle taugen sie zur Ölgewinnung, als Fleisch, als Mast, als Hundefutter oder für hundert Arten chemischer Produkte.

Während dieser Epoche sind die kleinen Waltiere weniger gesucht als die großen, aus dem einzigen Grund, weil sie weniger rentabel sind: Es sind tausend Gemeine Delphine nötig, um die Masse eines Blauwals aufzuwiegen. Einigen Arten wird gleichwohl Furchtbares angetan. Es kommt zu Gemetzeln unter den Gemeinen Schweinswalen (*Phocaena phocaena*) in der Nord- und Ostsee. Bis in die Mitte des 20. Jahrhunderts fangen die Skandinavier jeden Sommer Tausende dieser Bläser am Eingang des Skagerrak und Kattegat und pökeln sie für den Winter ein. Im Schwarzen Meer rotten die Russen nach dem Zweiten Weltkrieg dieselbe Art – ebenso wie den Großen Tümmler und den Gemeinen Delphin – in einem solchen Ausmaß aus, daß die Fischereigebiete aus Mangel an »Rohstoff« 1966 schließen. »Damals hat man einer barbarischen Fangweise ein Ende gesetzt«, erzählt der ukrainische Biologe A. Birkun. Sterbend, erstickend wurden die Tiere zu Tausenden aufs Ufer gezerrt, wo sie unter entsetzlichen Qualen starben. Zeugen erinnern sich an ihre herzzerreißenden Klagen, die vom Strand emporstiegen. Häute und Fett wurden verarbeitet. Ein Ausmusterungs- und Verarbeitungsnetz zog sich die ganze Küste der Krim und des Kaukasus entlang. Jährlich wurden 100 000 Waltiere gefangen. Man schätzt die Zahl der im Schwarzen Meer im 20. Jahrhundert getöteten Tiere auf 7 Millionen. 1966 wurde diese Jagd in der Sowjetunion, in Bulgarien und in Rumänien verboten, aber erst 1983 in der Türkei.

Der Schwertwal wird industriell gejagt, mit der Harpunenkanone. Die Russen erlegten bis 1985 jährlich tausend. Isländer, Norweger und Japaner stehen dem in nichts nach. Den Beluga ereilt ein ganz ähnliches Schicksal. Auch der Narwal entgeht der Gewalt nicht, noch der Gänseschnabelwal (*Ziphius cavirostris*), der Baird-Wal (*Berardius bairdi*) oder der Nördliche Entenwal (*Hyperoodon ampullatus*), von denen die Norweger zu Beginn unseres Jahrhunderts jährlich 3000 Exemplare töten. Heute hat dieses Ab-

Das Blutbad, das die Einwohner der Färöer-Inseln nördlich von Schottland jedes Jahr unter den Schwarzgrindwalen anrichten, sind Teil jener sakrosankten Traditionen, von denen die Menchen sich besser trennen sollten. Die brüllenden Pilot-Delphine, von den Netzen in einem Hafen in die Enge getrieben und von der Bevölkerung mit Lanzen abgestochen, bieten einen schrecklichen Anblick.

Linke Seite: Die Hector- oder Neuseeland-Delphine tummeln sich in Freiheit in den Gewässern dieses Landes, das alle Meeressäugetiere schützt und mehr Arten eine Heimat bietet als jedes andere. Das Ende des industriellen Walfangs bedeutet jedoch nicht, daß sie gerettet sind. Andere Gefahren lauern.

schlachten aufgehört. Die Eingeborenen der Arktis haben immer noch das Recht, jährlich 3000 Belugas für ihren Lebensunterhalt zu töten, sie verletzen jedoch dreimal soviel. Zu seinem Pech schwenkt der Narwal eine Elfenbeinwaffe, die sich teuer verkaufen läßt; man jagt ihn schwarz; seine Zahl nimmt ab.

In zahlreichen Fällen werden die Delphine indes weiterhin wegen ihres Fleisches gejagt, das man auf den Märkten verkauft oder anläßlich von Festen verzehrt. In Japan ist Walfleisch das teuerste Fleisch. Da es als cholesterinarm gilt, wird es in Luxusgeschäften verkauft oder als *sushimi* in vornehmen Restaurants serviert. Bei der Halbinsel Izu im Süden Tokios und der Insel Iki in der Korea-Straße werden ganze Bänke von Rauhzahndelphinen (*Steno bredanensis*), Pazifischen Weißstreifendelphinen (*Lagenorhynchus obliquidens*), Fleckendelphinen und weißblauen Delphinen in die Buchten getrieben; man tötet sie mit Lanze oder Messer: Ströme von Blut! Nicht weniger als 20 000 Weißblaue Streifendelphine sterben auf diese Weise jedes Jahr.

An der anderen Küstenseite des Pazifik, nahe der Küsten Perus und Chiles, ist das Gemetzel weniger konzentriert, aber ebenso barbarisch. Der hübsche Schwarzkinndelphin (*Lagenorhynchus australis*) und sein Vetter, der Kreuzträgerdelphin (*L. cruciger*), der Schwarzdelphin (*Cephalorhynchus eutropia*) und der Commerson-Delphin (*C. commersonii*) sterben massenhaft: Sie dienen als Köder in den Reusen für den Fang der Königskrabben. Auf der anderen Seite Südamerikas ist die Jagd auf die kleinen Waltiere immer noch im Gang – von Argentinien bis in die Karibik. Ein Bericht stellt fest, daß jedes Jahr 7000 Delphine vor den Küsten Venezuelas abgeschlachtet werden; ein Teil des Fleisches wird auf den örtlichen Fleischmärkten verkauft; der Rest wird zu Ködern für die Haifischjagd verarbeitet. Gleiche Zahlen gelten für die Meere Südostasiens, insbesondere Thailands und Indonesiens.

Bei den Färöer-Inseln nördlich von Schottland spielt sich jedes Jahr ein faszinierendes und beklagenswertes Schauspiel ab: In einem Getöse von Motorbooten werden tierreiche Bänke von Schwarzgrindwalen (*Globicephala melas*) zur Küste getrieben, wo man sie in einer Bucht oder einem Hafen in die Enge treibt, hinter ein Netz. Das ganze Dorf nimmt in einer Art Mordrausch mit Bootshaken oder Messer an dem Massaker teil. Selbst die Kinder schlagen zu. Das Meer färbt sich purpurrot wie ein Bild vom Weltuntergang. Die Tiere brüllen ihren Schrecken heraus. Mehr als 2000 sterben jedes Jahr auf diese Weise. Seit das Moratorium über die kommerzielle Jagd auf die großen Waltiere 1985 in Kraft getreten ist, spielen die Nationen, die weiterhin harpunieren, ein perverses Spiel. Sie mißachten nicht nur die Entscheidungen der Internationalen Walfangkommission (in Japan, Norwegen, Island werden kleine Finnwale unter dem Deckmantel der »Wissenschaft« getötet, und manche skrupellosen Kapitäne jagen gelegentlich schwarze Glattwale, Grauwale, Buckelwale oder große Finnwale), sondern »rächen« sich auch auf Kosten der kleinen Waltiere. Diese unterstehen nicht der Zuständigkeit der IWK. Japan wildert nach Herzenslust. Es stürzt sich mit einer Art wilder Grausamkeit auf den Dall-Schweinswal (*Phocaenoides dalli*), von dem es 1988 38 000 und 1989 40 000 abschlachtet, bevor es diese Jahresquote (welche die Art innerhalb einiger Jahre zum Aussterben verurteilt hätte) auf 18 000 beschränkt.

Das Schicksal der Flußdelphine ist leider nicht besser. Obwohl geschützt, verfängt der *baiji* des Jangtse sich in den Angelhaken oder Netzen der Fischer. Der *susu* oder Indus- und Ganges-Platanista und in geringerem Ausmaß der Irrawaddy-Delphin enden unter dem Messer und dann im Magen der Dorfbewohner, die darüber hinaus ihr Öl auffangen, dem hundert medizinische und aphrodisische Kräfte zugeschrieben werden. Die Tiere (Seehunde oder Schlangen, Tiger oder Delphine), bei denen ein Teil des Körpers in dem Ruf steht, die versagende Libido der Männchen unserer Art wieder zum Leben zu erwecken, haben wirklich Pech! Den rosa Amazonas-Delphin ereilt dasselbe Schicksal. Man tötet ihn obendrein, weil man ihm nachsagt, er »raube« die Söhne und Töchter des Landes, um mit ihnen Kinder zu haben, die sich von anderen darin unterscheiden, daß sie immer kalte Füße haben.

Ein industrieller Umschlagsplatz für kleine Dall-Schweinswale in einem japanischen Hafen ... Die japanischen, taiwanesischen, koreanischen, indonesischen, isländischen, norwegischen, chilenischen ... Walfänger jagen weiterhin manche Arten von Waltieren wegen ihres Fleisches oder ihres Fetts. Nur einige Stücke dienen der Ernährung des Menschen.

Gefahren

DIE FALLEN DES MEERES Alaska. Kodiak Island, wo die riesigen Braunbären leben. Die Männer der *Calypso* studieren die Wanderung des roten Lachses: durch die Kraft des Instinkts stromaufwärts getrieben ... Der Fischfang ist reglementiert. Ein »Schiedsrichter« der *Fish and Game* gibt den Schiffen das Startsignal. Ein Gewehrschuß: einige Stunden Schleppnetzfischen. Man könnte glauben, die Ressource sei geschützt: eine Illusion. Außerhalb der amerikanischen Territorialgewässer entdecken die Taucher einen Beweis für unsere Rücksichtslosigkeit: ein Fischernetz; ein Treibnetz, mehr als 10 Kilometer lang und 40 Meter hoch, versenkt von einem japanischen Schiff. Eine dieser »Todesmauern«, die wir überall in den Meeren ausspannen und die seitdem eine der Hauptursachen für die Sterblichkeit der Tiere ist ... Die Männer der *Calypso* inspizieren die Maschen. Die Katastrophe hat das gefürchtete Ausmaß. Das Netz schimmert unheilvoll im blaugrünen Wasser. Fische haben sich darin gefangen: Lachse, Dorsche usw. Aber auch Stellers Seelöwen, Nördliche Seebären, Papageitaucher, Alke. Pazifische Weißstreifendelphine (*Lagenorhynchus obliquidens*). Und Dall-Schweinswale (*Phocaenoides dalli*), deren tote Schwänze absurd in der Strömung wedeln.
Die Treibnetze sind seit Ende der sechziger Jahre in Gebrauch und immer größer geworden. Aus ein paar hundert Meter Länge wurden Kilometer! Sie werden abends versenkt. Nachts treiben sie ab und fischen. Morgens zieht man sie wieder heraus. Tödliche Alles-Fänger. Eine Studie zeigt, daß Netze dieses Typs 41 Millionen nicht erwünschte Tiere von mehr als 100 Arten getötet haben, um 106 Millionen Kalmare zu ernten. Und diese Todesmauern versperren heute alle Ozeane. 1990 schätzt die Mammal Marine Commission, daß die Flotten der verschiedenen Länder täglich eine Gesamtlänge von 25 000 Meilen versenken. Genug, um einmal die Erde zu umrunden!
Selbst wenn sie verlorengehen, »fischen« diese Fallen ganz allein weiter: Fast unzerstörbar, aus Nylon oder anderen unverrottbaren synthetischen Fasern, sacken sie voll von Opfern ab und steigen wieder empor, sobald diese sich

Im St.-Lorenz-Golf ist der Tanz der Belugas in ihrem schneeweißen Kleid eine Augenweide für die Liebhaber freier und wilder Wale. Doch leider! Obwohl das Gesetz sie schützt, wird der Schwarm immer kleiner. Zu lange von den eifersüchtigen Fischern als »schädlich« angesehen und dezimiert, werden die weißen Delphine heute Opfer eines schrecklichen Cocktails von Umweltgiften.

zersetzen, nehmen eine neue Ladung auf und sinken von neuem. Angesichts dieser Katastrophe melden sich die Naturschutzverbände zu Wort. Die Medien berichten darüber. 1991 beschließt die Generalversammlung der Vereinten Nationen, daß ab dem 31. Dezember 1992 kein Treibnetz von mehr als 2,5 Kilometern Länge mehr versenkt werden darf. Ein frommer Wunsch ... Die Industrieflotten verwenden trotzdem manchmal noch riesige Fangnetze. Im Mittelmeer benutzen die Italiener sie, um Thunfische und Schwertfische zu fangen. Sie lösen einen Sturm der Empörung aus: Damit ihre Netze keinen Schaden leiden, schneiden sie den noch lebenden Delphinen, die sich darin verstrickt haben, die Flossen ab. Um jede Spur ihres Tuns zu verwischen, schlitzen manche die Delphine auf und beschweren sie mit Steinen, damit die Kadaver nicht an die Oberfläche treiben.

Selbst wenn sie verlorengehen, »fischen« diese Fallen ganz allein weiter; fast unzerstörbar.

Die Treibnetze sind nicht die einzige Falle im Meer. Manche Fachleute sind der Meinung, daß die Pelagischen Schleppnetze – auch sie immer monströser – ebenfalls gefährlich sind. Ganz zu schweigen von den Drehnetzen, die man für den Thunfischfang verwendet. Im tropischen Ostpazifik sehen mehrere Delphinarten häufig unter sich den Gelbflossen-Thunfisch (*Thunnus albacares*) schwimmen, mit dem sie sich verschiedene Beutetiere teilen. 1957 erfinden die Amerikaner die Methode des »Fischfangs mit dem Delphin«. Die Thunfischfänger umfangen die Waltiere mit ihren Thunfischnetzen und heben sie hoch, indem sie den Boden wie eine Börse schließen. Die gefangenen Delphine geraten in Panik und sterben massenhaft. 800 000 Opfer 1962! Zwischen 1970 und 1980 fängt allein die Flotte der Vereinigten Staaten in jeder Jagdsaison 150 000 bis 250 000 Subtropische Fleckendelphine (*Stenella attenuata*) und Langschnabeldelphine (*Stenella longirostris*); in weniger als 25 Jahren verschwinden 80% der Bestände dieser beiden Arten aus dem Ostpazifik. Insgesamt vernichtet diese Art des Fischfangs 6 bis 7 Millionen Delphine. Die Bilder, die Sam LaBudde 1989 filmt, alarmieren die amerikanische Öffentlichkeit, die den Gelbflossen-Thunfisch-Markt boykottiert und die Firmen zwingt, auf diese Weise gefangene Fische nicht mehr in den Handel zu bringen. Ein Werbecoup für die amerikanischen Erzeuger, die bald »dolphin safe«-Erzeugnisse garantieren? Ein Trick, um die Konkurrenz zu täuschen, indem man Mexiko oder Venezuela »unerlaubter Fangmethoden« beschuldigt? Wie auch immer, 1993 sterben weniger als 4000 Delphine in den Thunfischnetzen im Ostpazifik. Nach offiziellen Angaben.

Man hat verschiedene Methoden erfunden, die es den Fischern erlauben, ihrem Beruf nachzugehen, ohne die Waltiere zu töten. Man hat Vorrichtungen ersonnen, die diese Tiere rechtzeitig in die Flucht schlagen: Apparate, die Ultraschall und Panikschreie aussenden. Man beschwert die Netze so, daß ihre Spitze sich direkt unter der Wasseroberfläche befindet und die Waltiere darüberspringen können, bevor sie in Panik geraten. All dies ist schön und gut. Nur müssen die Fischer auch aufhören, die Delphine zu hassen. Die Einstellung auf diesem Gebiet ändert sich, aber es ist noch nicht lange her, daß die Hochseefischer im Waltier einen »treulosen« und »gefräßigen« Konkurrenten, einen »Schädling«, einen »Teufel« sahen, zu deren Beseitigung jedes Mittel recht war – Gewehr, Dynamit, vergiftete Köder ... Vergessen wir nicht, daß die Populationen der Belugas im St.-Lorenz-Golf bereits ausgefischt waren, während die Fischer immer noch für jedes getötete Tier eine Regierungsprämie bekamen ...

Die entscheidende Frage liegt woanders. Man kann sie ganz unverblümt so formulieren: Wie sähe das Schicksal der Delphine und ihrer Vettern aus,

wenn wir das Meer vollständig leerfischten? 1850 belief sich die Menge der pro Jahr gefangenen Fische, Weichtiere und Krustentiere weltweit auf nahezu 500 000 Tonnen. 1940 waren es 20 Millionen Tonnen. Heute 80 bis 90! Circa 5 Millionen immer mächtigere, immer besser ausgerüstete Schiffe der industriellen Fischerei schöpfen das Meer Tag und Nacht ab. Die Meere werden längst überfischt. Wir greifen die Substanz an. Einst wimmelnde Gründe bieten dem Appetit der Fleischfresser nichts mehr. Waltiere (wie im übrigen auch die Robben) verhungern langsam aber sicher. Eine Studie über die Großen Tümmler des Adriatischen Meeres bei Kroatien zeigt, daß die Art normalerweise 10% ihrer Zeit mit der täglichen Nahrungssuche zubringt, ihr heute jedoch 80% widmen muß. Eine anstrengende Suche. Vorspiel des Aussterbens.
Die Hauptgefahr, welche die Waltiere bedroht, ist in Wahrheit der Einbruch des Menschen. Der Mensch ist überall. Er erobert die Küsten und das offene Meer, jede Insel, jedes Atoll, jede Lagune – vom Äquator bis zum Packeis. Er errichtet seine Fabriken, seine Städte, seine Häfen in den Buchten oder Mündungsgebieten, aus denen die Meeressäuger ihre Wohnungen, ihre Spielplätze, ihre Liebesbetten, ihre Entbindungsheime, ihre Zufluchtsstätten bei Krankheiten oder Unwettern gemacht hatten. Wir begradigen die Küsten, betonieren sie zu für unsere urbanen, industriellen, touristischen Bedürfnisse. Wir verwüsten die Algen- und Posidoniagärten, die Korallenriffe, die Mangroven. Die Flußdelphine werden das Opfer der Schaufelbagger und Betonmischmaschinen; die großen Stauwehre fügen ihnen mehr Schaden zu als die Fischernetze. Selten, allzu selten sind die Naturparks, die den Waltieren weite Räume bieten, wo sie ihr Auskommen finden, spielen, in ihrer Sprache diskutieren, sich in Frieden ausruhen, die Wonnen der Liebkosungen genießen, sich lieben und ihre Jungen hegen und pflegen können. Unsere Gesellschaft, unsere Medien, unsere Künstler, unsere Kinder verlieben sich gerade in dem Augenblick leidenschaftlich in den Delphin, da wir sein Reich verwüsten.

Bedrohungen

DAS VERGIFTETE MEER Die Côte d'Azur ... Sie war einmal wunderschön. Die Betonmauer, welche die Menschen dort vor einem halben Jahrhundert errichtet haben, ist eine Schande. Die *Calypso* ist nach ihrer *Reise ans Ende der Welt* – in die Antarktis – im Hafen von Monaco vor Anker gegangen. Außenborder knattern ringsum: Wo ist die Stille der ungeheuren weißblauen Weiten des Pols? Man hat immer wieder geschrieben, daß die Waltiere unter dem Seeverkehr leiden. Daß sie mit Schiffen kollidieren oder von den Schiffsschrauben aufgeschlitzt werden. Anne Collet glaubt nicht recht daran: Bei zahlreichen Autopsien gestrandeter Delphine hat sie nur wenige Opfer von Kollisionen oder Verletzungen durch Schiffsschrauben gefunden. Wenn das Tier nicht bereits stirbt oder taub ist, warnt es das Geräusch des Schiffes, selbst eines Segelschiffs; es entkommt mühelos dem größten Schiff. Natürliche Feinde der Delphine und Wale sind eigentlich nur der Schwertwal (der niemanden fürchtet), einige Haiarten (Weißhaie, Tigerhaie, Hammerhaie, Grauhaie, Blauhaie, Stierkopfhaie), die Schwertfische und die Sägefische (bisweilen aggressiv). Natürlich können sie sich zahlreiche durch Viren, Bakterien, Einzeller oder Pilze hervorgerufene Krankheiten zuziehen. Sie sterben an Bronchopneumonien, Gehirnentzündungen, Darminfektionen, Leber- und Nierenentzündungen usw. Sie leiden an Krebs, Degenerations- oder Autoaggressionskrankheiten. Innere Parasiten befallen manchmal ihr Verdauungssystem, ihre Körperhöhlen oder ihre Lungen: Schlauchwürmer (Fadenwürmer, Kratzer), Plattwürmer der Klasse der Saugwürmer oder der Bandwürmer (*Phyllobotrium delphini*). Eine der häufigsten Krankheiten, die Wurmbronchitis, führt zu einer tödlichen Ateminsuffizienz.
Die äußeren Parasiten sind eher unangenehm als gefährlich. Die Waltiere versuchen sich von ihnen zu befreien, indem sie sich an Bodenkieseln, Fel-

An der Spitze der hohen und komplexen Nahrungspyramide des Meeres stehend, verschlingen die Delphine (wie dieser Fleckendelphin) Beutetiere, in denen sich die toxischen Rückstände, welche die Menschen ins Meer leiten, mehrfach konzentriert abgelagert haben. Tausend Arten von Landwirtschafts-, Haushalts- und Industrieabfällen vergiften sie oder machen sie unfruchtbar.

sen, Wrackteilen oder Schiffsrümpfen reiben. Manche Nutznießer wie die Kopfsauger begnügen sich damit, sich von den Bläsern befördern zu lassen, und profitieren von den Essensresten ihrer Wirte: einfache Mitesser. Die Neunaugen (*Petromyzon*) saugen sich mit ihrem runden napfartigen Saugmaul an der Haut fest und saugen Blut. Auch andere Geschöpfe setzen sich auf der Haut fest: so etwa Seepocken (Thoraziken), Rankenfußkrebse, die einen Kalkstiel ausscheiden, ihren Wirt durch Juckreiz quälen, aber nicht seine Körpersäfte saugen. Unter den Ruderfußkrebsen finden sich echte Parasiten: Die »Seeflöhe« bohren sich mit dem Kopf voraus durch die Haut; die *Penella*, fadenförmig und lang, setzen sich gern auf den Flossen fest. Die »Walläuse«, Flohkrebse, von denen viele zur Gattung *Cyamus* gehören, haben zehn Füße und einen Stech-Saug-Mundapparat. Fast jede Waltierart hat ihren *Cyamus*.

Die Parasiten schwächen und töten ein Tier manchmal, gefährden jedoch nicht die Existenz der Art, auf deren Kosten sie leben. Von den zehntausend giftigen Substanzen, die der Mensch in die Flüsse und Meere leitet, kann man das nicht sagen. Die Verschmutzungen des Wassers haben für alle Geschöpfe schlimme Folgen, besonders aber für die Delphine und ihre Vettern, die an der Spitze der Nahrungspyramide des Meeres stehen. Die Waltiere verschlingen Beutetiere, in denen unsere Gifte ihre Konzentration im Durchschnitt auf jedem Stockwerk des tropischen Gebäudes (von griech. *trophein* ›essen‹) – vom pflanzlichen Plankton über die kleinen und großen tierischen Planktonarten und die Fleischfresser erster und zweiter Ordnung bis zu den großen Räubern – jeweils um eine Zehnerpotenz erhöht haben. Als in den Jahren 1950–1960 eine Fabrik der *Chisso* in Japan organisches Quecksilber in die Minamata-Bucht leitet, ist dieses Metall im Wasser nicht nachweisbar. Bei den Fischerfamilien, die sich vom Fisch der Region ernähren, kommt es zu so starken Konzentrationen, daß 300 Todesfälle und 1500 Fälle irreversibler Behinderungen auftreten. Den Delphinen ergeht es nicht besser, vor allem denjenigen, die in der Nähe der industriellen und städtischen Zentren leben oder im Mündungsgebiet verunreinigter Flüsse.

Alles endet im Meer: unsere Landwirtschafts-, Industrie- oder Hausabfälle, ob sie nun heimtückisch sind wie das Blei unserer Autos oder die Östrogene unserer Hormonviehzucht, brutal wie die Ölpest oder launisch wie die Wolke von Tschernobyl ... Diese Umweltschädigungen betreffen die Ökosysteme des Wassers und folglich jedes Waltier.

Die Waltiere, die sich von Kalmaren ernähren, wie der Pottwal, der Rissodelphin, die Grindwale und viele andere, lassen sich verführen, Plastiktüten zu verschlingen – wie es auch die Meeresschildkröten machen; mit denselben dramatischen Konsequenzen: Darmverschluß und Tod. Anne Collet hat nicht weniger als dreißig Supermarkttüten im Magen eines gestrandeten Delphins gefunden, ganz zu schweigen vom Einwickelpapier von Schokoladenriegeln, Säckchen mit Fischködern usw. Die Menschen machen sich keine Vorstellung von den Schäden, die sie der Wasserfauna zufügen, wenn sie diese Abfälle in die Flüsse oder ins Meer werfen.

Die Waltiere sind betroffen von der Verringerung der Ozonschicht, die zu einem wesentlichen Teil den Fluorchlorkohlenwasserstoffen zu verdanken ist, die wir in die Luft jagen. Dadurch daß die Stratosphäre schwächer wird, läßt sie mehr ultraviolette Strahlung durch, vor allem das durchdringende UV B, welches das genetische Material der Zellen angreift. Krebskrankheiten und Mißbildungen beim Fötus sind die Folge. In der Antarktis, wo das Ozonloch im Frühjahr größer ist als anderswo, wird das pflanzliche Plankton geschädigt und mit ihm die gesamte Nahrungskette, insbesondere das Krill, das die Bartenwale verschlingen, und die Kalmare, die Leibspeise der Delphine.

Manche Umweltschädigungen mögen uns harmlos vorkommen. Für die Meeressäugetiere sind sie es nicht. Dies gilt etwa für die akustische Umweltverschmutzung. Eine anerkannte Ursache für die Sterblichkeit der Waltiere ist der Lärm, den wir im Meer machen. Das Getöse unserer Motoren und die Ultraschallwellen unserer Sonargeräte durchdringen das Wasser. Die Bläser leiden darunter. Ihr natürliches Sonar wird in Mitleidenschaft gezogen. Übersättigt. Gestört. Der Amerikaner Walter Munk hatte sich vorgenommen, die Erwärmung des Planeten durch den Treibhauseffekt zu untersuchen, indem er Jahr für Jahr die Veränderung der Ausbreitungsgeschwindigkeit von mit 205 Dezibel ausgesendeten Schallwellen über 15 000 Kilometer Ozean zwischen der Heard-Insel und San Francisco messen wollte. Die Walforscher haben ihn inständig gebeten, darauf zu verzichten, denn mehr als 200 000 Waltiere und 100 000 Robben hätten das Experiment als tödlichen Angriff erlebt.

Jegliche Art von Umweltverschmutzung ist beklagenswert – Abwässer mit Säuren und Waschmitteln, Altöl, Nitrate, Phosphate oder radioaktive Isotope. Denise Viale hat kürzlich auf den Zusammenhang zwischen dem Einleiten von »rotem Titanschlamm« durch die Firma *Montedison* ins Tyrrhenische Meer und vermehrt auftretenden Strandungen von Pottwalen auf Korsika und in der Toskana hingewiesen. Ebenso hat man festgestellt, daß die Kohlenwasserstoffe doppelt giftig sind; sie vergiften die Bläser chemisch und verstopfen physisch ihre Bronchien. Die Waltiere fliehen vor der Ölpest, leiden aber unter den Folgen des Heizöls. Einschließlich dessen, das von den illegalen Bilgenentwässerungen der Öltanker stammt.

Rechte Seite: Diese Biologen legen einem Beluga ein Aufnahmegerät an, mit dessen Hilfe sie seine Wanderungen und Tauchmanöver besser kennenlernen wollen. Sie versprechen sich davon faszinierende Entdeckungen. Allerdings sollten andere Menschen endlich damit aufhören, gleichzeitig die letzten Waltiere abzuschlachten, zu vergiften oder den Hungertod sterben zu lassen!

Dieser Große Tümmler springt in einem texanischen Hafen: Das Bild einer Art, die uns verzaubert, die unsere »Zivilisation« aber meist dem Gestank des Heizöls, der Giftigkeit der Schwermetalle oder der grausamen Gefangenschaft in den Netzen der Industriefischerei aussetzt ... Werden wir diesen Tieren, die uns entzücken, einen Platz im Ozean lassen?

Der Große Tümmler saust vor der Calypso auf dem in vielfältigen Blautönen schillernden Korallenmeer dahin. Wir lieben diesen Anblick. Wir wollen ihn für die künftigen Generationen bewahren. Werden wir wenigsten so vernünftig sein, dem Ozean nicht seine Nahrungsreserven zu nehmen, indem wir die Industriefischerei sinnvoll beschränken? Es scheint eher nicht so.

Die schlimmsten Umweltschädigungen bleiben diejenigen durch die Schwermetalle, die Pestizide und die Polychlorierte Biphenyle (PCB).
Die Schwermetalle – Quecksilber, Blei, Cadmium, Chrom, Zink, Kobalt, Titan, Kupfer ... – sind in verschiedenem Ausmaß giftig. Ihre Schädlichkeit hängt von ihrer eigentlichen gesundheitsschädlichen oder tödlichen Wirkung, aber auch von der Zeit, die sie brauchen, um vom Organismus abgebaut zu werden – ab. Bei manchen ist dieser Zeitraum genausolang oder länger als die Lebenserwartung des Tiers. Die Schwermetalle werden in seinen Geweben abgelagert. Sie werden durch die Plazenta oder die Milch von der Mutter auf das Baby übertragen.
Am gefährlichsten ist das Quecksilber, vor allem in seinen organischen Formen – Ethylquecksilber und Methylquecksilber. Wir leiten es durch unsere Plastik-, Farb-, Pappabfälle usw., durch unsere Goldminen, unsere Batterien und manche Fungizide in die Umwelt. Die Krankheit von Minamata, die Hydrargyrose, zieht die Haut, den Verdauungsapparat, die Nieren, die Gelenke, die Atemwege, das Gehirn in Mitleidenschaft – bis zum Tod. Überall auf der Welt werden Waltiere durch Quecksilber vergiftet: bis zu 857 Teile je Million (ppm) in der Leber der Weißblauen Delphine des Ligurischen Meeres; der erlaubte Wert in der menschlichen Nahrung liegt bei 0,5 ppm! Die Hauptmenge dieses Quecksilbers befindet sich in den Nieren, die es blockiert, und im Gehirn, das es zerstört.
Auch das Blei ist in organischer Form – als Tetraethyl- oder Tetramethylverbindung – äußerst schädlich. Es rührt vom Benzin unserer Autos (wo es als Antiklopfmittel wirkt), von unseren Rohrleitungen, von bestimmten Farben her. Es führt zur Bleivergiftung, die sich durch tödliche Darm-, Herz-, Blut-, Nieren- und Nervenstörungen ausdrückt. Das Cadmium in den Batterien, Akkumulatoren, phosphathaltigen Düngern und – vor allem – schmutzabweisenden Farben, mit denen wir den Rumpf der Schiffe streichen, führt zu Kalziummangel in den Knochen: Das Skelett wird weich, brüchig.
Die Pestizide (Fungizide, Herbizide, Insektizide usw.) stammen aus der Landwirtschaft, manchmal aus der Kriegstechnik wie das berühmte Herbizid »agent orange«, das die Amerikaner in Vietnam einsetzten. Das bekannteste ist das DDT (Dichlordiphenyltrichlorethan), das die reichen Länder verboten haben, den armen aber immer noch verkaufen.
Es sind mehrere Familien dieser Produkte auf den Markt gebracht worden, vor allem organische Chlor- und Phosphorverbindungen. Diese Moleküle sind dazu bestimmt zu töten, und sie töten in der Tat. Mehr als ihre Hersteller uns glauben lassen. Die Insektizide töten ebenso wirksam Krustentiere, Weichtiere und Fischlarven wie Blattläuse oder Kartoffelkäfer. Bei den Säugetieren lagern sie sich bevorzugt in den Fettgeweben ab und führen zu zahlreichen Störungen. DDT, DDD, Lindan, Parathion, Marathion usw.: hübsche Namen, traurige Realitäten.
Polychlorierte Biphenyle (PCB), verwendet in Isoliermitteln, Plastikmaterialien, Schmiermitteln, Farben usw. führen zu Krebs, Mutationen und Mißbildungen und Unfruchtbarkeit. Etwa 1,2 Millionen Tonnen sind in der Natur freigesetzt worden, davon 20% im Meer. Das vollständige Verschwinden der

Folgende Doppelseite: Zeigen diese eleganten Großen Tümmler die ersten Symptome dessen, was man das »Aids der Delphine« nennen kann? Für diesen Zusammenbruch der Abwehrkräfte des Immunsystems, den man bei gestrandeten Waltieren an verschiedenen Orten der Erde festgestellt hat, scheint die gemeinsame Wirkung von Umweltgiften wie Schwermetallen und PCB verantwortlich gemacht werden zu können.

Gemeinen Schweinswale aus dem Puget Sound (Washington), aus der Waddenzee (Niederlande) und der Ostsee ist auf starke PCB- (und DDT-)Konzentrationen zurückzuführen. Die Schwertwale von Vancouver haben PCB-Konzentrationen von 250 ppm und DDT-Konzentrationen von 640 ppm in ihren Fettgeweben; ähnlich die Grindwale des Nordatlantik: PCB 190 ppm, DDT 95 ppm.

PCB plus DDT: ein tödlicher Cocktail. Die Umweltverschmutzungen mit mehreren Komponenten sind die schlimmsten. Sie addieren ihre verheerenden Wirkungen nicht, sie multiplizieren sie. Und sie werden von überall gemeldet. Eine Massenstrandung von Schweinswalen in der Nähe des Donaudeltas 1990 war leicht zu erklären, weil die Rumänen dort Tausende von Fässern mit DDT, Pyralen und Farbrückständen gelagert haben.

Besonders tragisch scheint das Schicksal der Belugas des St.-Lorenz-Stroms zu sein. Die großen weißen Delphine sind krank und fast unfruchtbar. Verurteilt – obwohl sie geschützt sind. Opfer eines Gebräus aus chemischen Giften, die aus den großen amerikanischen Seen kommen. Schwermetalle, Pestizide, PCBs. Die etwa 450 überlebenden Exemplare des Schwarms sind betroffen. Fast 80% der Weibchen gebären nicht mehr. 40% von ihnen weisen Schädigungen der Brust auf. 40% der gestrandeten Tiere haben Krebs ... Ist das ein Vorgeschmack dessen, was die anderen Waltiere erwartet? Und die Menschen?

Diese vielgestaltigen Umweltverschmutzungen sind um so beunruhigender, als die Tiere, die sie schädigen, ganz besonders anfällig für Infektionen durch Mikroben werden. 1990 und 1991 stranden die Weißblauen Streifendelphine des Mittelmeeres massenhaft: tausend allein an den Küsten Frankreichs und Spaniens.

Es handelt sich um eine Epidemie, ausgelöst durch den Morbillivirus, einen Erreger, der mit dem der Carré-Krankheit des Hundes und der Epidemie, die 1988 die Seehund-Populationen der Nordseehäfen dezimiert hat, verwandt ist. Die hohe Übertragungsgeschwindigkeit könnte mit dem traurigen Zustand chemischer Verseuchung zusammenhängen, in dem das *Mare Nostrum* sich befindet. Diese Episode erinnert an andere. 1987 steht Dr. Gerarci einer Serie von 375 Strandungen von Großen Tümmlern von New Jersey bis Virginia ratlos gegenüber. Die Waltiere zeigen verschiedene Krankheitsbilder: Krebs, Mykosen, Hautgeschwüre, Syphilis, Lungenentzündungen, Darmentzündungen, Hirnhautentzündungen usw. Scheinbar eine Liste der Krankheiten, die vom menschlichen Aids-Virus ausgelöst werden. Die Delphine starben durch den Zusammenbruch der Abwehrkräfte ihres Immunsystems. Sie scheinen jedoch nicht durch einen Virus des HIV-Typs angesteckt worden zu sein. Verantwortlich scheint der infernalische Cocktail aus Schwermetallen, Pestiziden und PCBs zu sein. Den wir teilweise auf unserem Teller wiederfinden.

Der Pygmäen-Schwertwal verschlingt einen großen Fisch (unten): ein geschickter Jäger. Doch wie soll er überleben, wenn die Menschen die gesamte Nahrung des Meeres rauben? Die Tümmlermutter schickt sich an, ihr Junges zu stillen (rechts). Doch wie kann sie vermeiden, daß es krank oder unfruchtbar wird, wenn die Milch, die sie ihm gibt, verseucht ist?

ZIRKUSDELPHINE Die Delphine verführen uns. Sie verkörpern Kraft und Schnelligkeit im nassen Element. Ihr Mund hat dieses »Lächeln«. Sie ahmen unsere Gesten nach. Sie lernen spielerisch. Lauter Qualitäten für unsere Zirkusspiele. Sehr früh schon führt man sie zum Vergnügen des Publikums in Tierschauen vor. Die Römer ließen sie vielleicht in ihren Naumachien springen. Anne Collet weist darauf hin, daß schon im Jahre 1400 ein Schweinswal in einem Becken des Palastes der Herzöge der Bourgogne in Dijon plätscherte. 1417 schenkte König Karl VI. Isabeau von Bayern ein Exemplar, das sie in einem Wasserbassin des Hôtel Saint-Paul in Paris bewundert hatte. Eines dieser Säugetiere gehört zur Menagerie von Karl VII. im Schloß von Chinon. 1860 werden lebende Große Tümmler im Westminster Aquarium in London und in der Station biologique von Arcachon ausgestellt. 1870 erregen fünf Belugas die Neugier der Londoner. 1913 führt man in New York Große Tümmler und Schweinswale vor, deren »offensichtliches sexuelles Verhalten« die puritanische amerikanische Gesellschaft schockiert.
1938 zeigt das Filmstudio Marine Studios in Saint Augustine (Florida) auf moderne Weise Große Tümmler an dem Ort, wo das Marineland von Florida entstehen wird. Der erste Delphindresseur, der dort arbeitet, heißt Adolph Frohn und einer der ersten Schüler *Flippy*. Heute gehen die Waltiere in Gefangenschaft in die Tausende: mehr als 3000 Große Tümmler, Hunderte von Grindwalen, Flecken- und Langschnabeldelphinen, dunklen Delphinen, mehr als 120 Schwertwale, 100 Belugas, an die 1000 Gemeine Schweinswale, kleine Schwertwale, rosa Amazonas-Delphine, Cuvier-Schweinswale, Commerson-Delphine usw.; nicht zu vergessen ein Indus-Platanista und einige Jangtse-Delphine in China. Meeresparks machen gewaltige Gewinne. Überall werden neue eröffnet. Die Zuschauer drängen sich. Die Kasse stimmt.

Die Zuschauer sind entzückt, die Kinder klatschen in die Hände. Die Waltiere sind weniger erfreut.

Die Waltiere werden wie alle Zirkustiere von Fachleuten dressiert, die mit Hilfe von Wiederholungen, Belohnungen, List und Geduld attraktive Programme zu gestalten wissen. Das Prinzip besteht darin, natürliche Verhaltensweisen in »komische« oder »rührende«, d.h. vermenschlichte Nummern zu verwandeln. Bei den Delphinen legt man den Akzent auf das »Lächeln« mit offenem Mund, die Sprünge, die Schwanzschläge (auf Bälle statt auf Fische), die Kerzen mit dem Schwanz in der Luft, die Spionage, das Grüßen und Schlagen mit den Brustflossen, das Erzeugen von Blasen, das Spucken, das Surfen oder den Reflex, jemand an die Oberfläche zu bringen.
Die Zuschauer sind entzückt, die Kinder klatschen in die Hände. Die Waltiere sind weniger erfreut, trotz ihres ewigen »Lächelns«. Gewiß, ihre Besitzer behandeln sie gut: Die Tiere kosten viel Geld. Man läßt es ihnen an nichts fehlen. Man mißhandelt sie nicht. Beim kleinsten Wehwehchen kommt der Tierarzt. Doch sie sind ihrer Freiheit beraubt. Sich in einem Becken von ein paar Dutzend Metern bewegen zu müssen bedeutet für Geschöpfe, die täglich mehr als 100 Kilometer in der offenen See schwimmen, dasselbe wie für Menschen das Gefängnis von Alcatraz! Die Tiere leben nicht unter normalen Lebensbedingungen. Die Nahrung wird ihnen zugeteilt. Die Gesellschaft ist zu homogen: Die gefangenen Tiere haben in etwa dasselbe Alter. Das Verhältnis der Geschlechter ist unausgewogen. Das Herrschaftsverhalten kippt in heftige Aggressionen um. Der Streß zermürbt die untergebenen Tiere, die keinen Ort haben, an den sie sich zurückziehen können. Die Umweltreize sind für diese Geschöpfe mit ihrem subtilen Sonar von unsäglicher Armut. Der einzige Horizont besteht aus Beton: Neurasthenie ist vorprogrammiert. Fälle von Wahnsinn kommen vor ... Es verwundert nicht, daß der Narwal

Zirkusdelphine in Florida: Das Schauspiel dieser dressierten Waltiere, die tausend »drollige Nummern« vorführen, amüsiert kleine und große Menschenkinder. Die Delphine wahrscheinlich weniger, die den Meerespark als Gefängnis erleben. Im besten Fall finden sie sich mit ihrem Schicksal ab. Im schlimmsten Fall gehen sie ein oder rammen den Kopf gegen die Wände.

und der Gemeine Delphin das Leben in Gefangenschaft niemals akzeptiert haben ... Doch wenn sie auch den Kopf nicht gegen die Wände rammen, glücklich sind die Zirkusdelphine nicht. Ihre Rückenflosse, die schlaff zur Seite hängt, drückt ihre Traurigkeit aus. Die Sterblichkeitsrate ist erschreckend – wenn es auch schwer ist, genaue Zahlen zu nennen, da die Verantwortlichen wenig Interesse haben, die Todesfälle in ihren Unternehmen zu veröffentlichen. Einmal abgesehen vom Streß der Gefangenschaft, ist es auch nicht leicht, die Becken sauber zu halten: Schwankungen von 1 Promille im Salzgehalt des Wassers führen zu Geschwüren und Nekrosen der Haut. Jedes Tier produziert täglich 4 Liter Urin und 1,5 Kilogramm Kot; zur Verschmutzung trägt auch das Publikum und der Wind bei.

Eine Zeitlang glaubte man, Delphine bekämen in Gefangenschaft viel Nachwuchs. Manche Optimisten schreiben sogar, die Delphinarien könnten seltene Arten retten. Illusionen. Es kamen zwar in der Tat einige Junge in Gefangenschaft zur Welt, die meisten starben jedoch sehr früh – durch Krankheit und vor allem, weil ihre Mutter nicht in der Lage war, sich um sie zu kümmern. Gefangen mit etwa 2 Jahren, weit vor seiner Geschlechtsreife, hatte das Weibchen, das sein Junges zwischen 8 und 12 bekam, niemals ein erwachsenes Weibchen gesehen und niemals eine Mutter erlebt ...

Die Delphine für die Parks werden an verschiedenen Orten der Welt mit Netzen gefangen – die Großen Tümmler bei Kuba, die Schwertwale bei Island und Chile, auf hoher See bei Japan usw. In den Vereinigten Staaten und in Europa sind die Waltiere geschützt und ist ihr Fang untersagt. Man verbietet jedoch nicht die Einfuhr für die Delphinarien: Was für eine Heuchelei! Es ist nicht leicht, ein wildes Waltier zu bezwingen. Man transportiert mehrere in einem Netz. Für jedes Tier, das in zufriedenstellender Verfassung seinen Bestimmungsort erreicht, sterben drei bis zehn Artgenossen. Das sind niedrige Zahlen im Vergleich zu den Metzeleien durch die gigantischen Fischernetze oder die großen Verluste durch die Umweltverschmutzungen. Aber auch sie zählen.

Mit Hilfe der Meeresparks die Gewässer eines Tages wieder mit seltenen Arten bevölkern zu können, ist eine Utopie. Gegenwärtig werden trotz aller Wiedereingliederungsprogramme nur sehr wenige Tiere wieder in der Natur ausgesetzt. Man wagt es nicht, den Schwertwal *Keiko*, Star des Films *Free Willy* von Simon Wincer (1993), freizulassen. Zum Zeitpunkt der Dreharbeiten war er 7 Jahre alt und wird jetzt, während diese Zeilen geschrieben werden, in einem Becken des Parks Reino Aventura in Mexiko festgehalten.Von ihren Artgenossen verstoßen, unfähig, allein ihre Nahrung zu finden, den Räubern preisgegeben und verloren in der Weite des Meeres, schwimmen freigelas-

Die Schwertwale springen im zu blauen Wasser ihres Zirkusbeckens. Wie können diese Tiere der offenen See, die in Freiheit im Spiel der Wellen und in der Liebkosung der Gischt täglich 100 Kilometer zurücklegen, lange die Enge ihres betonierten Kerkers ertragen? Selbst bei guter Behandlung gehen sie ein.

sene Delphine zu ihren früheren Gehegen zurück. Sie verwandeln sich in Pseudo-»Botschafter«, für welche die Gesellschaft der Menschen ein Ersatz für die Gesellschaft der Delphine ist, die sie endgültig verloren haben.

KRIEGSDELPHINE Die Waltiere haben kein Glück mit dem Militär, das sich bemüht, in seinen Schiffen die Form ihrer Körper oder die Struktur ihrer Haut nachzuahmen. Ganz zu schweigen von den Träumen von perfekten biologischen Sonaren, die in den Köpfen der Ingenieure herumspuken. Die Bläser dienen der Bionik als Modelle, während immer noch in Friedenszeiten mit dem Gewehr und der Kanone auf sie geschossen wird ... L. F. Lopez und M. P. Simmonds haben einen direkten Zusammenhang zwischen der Zahl von Strandungen von Schnabelwalen, Grindwalen und Delphinen und den Manövern der Kriegsmarine bei den Kanarischen Inseln nachgewiesen. Die Geräusche stören das Sonar der Waltiere, die unterseeischen Explosionen versetzen ihnen Schocks. Gar nicht zu reden von den echten Seeschlachten oder dem Niederschlag der Atomexplosionen in der Atmosphäre beim Bikini-, Eniwetok- oder Mururoa-Atoll.
Seit langem schon träumen die Militärs der Vereinigten Staaten, der ehemaligen Sowjetunion, Frankreichs, Großbritanniens usw. davon, Delphine einzuziehen. »Diese Tiere spielen leidenschaftlich gern mit den Menschen, und man macht Mörder aus ihnen«, resümiert Rick Trout, ehemaliger Trainer am Naval Ocean System in San Diego (Kalifornien). In den Vereinigten Staaten fängt alles in den sechziger Jahren an, als die Navy von den erstaunlichen Möglichkeiten des Sonars der Zahnwale hört. 1965 nimmt der Große Tümmler *Tuffy* am Experiment des Unterwasserlabors *Sealab* teil. Er überbringt den Meeresforschern Botschaften aus 70 Meter Tiefe. Die Dunkelheit, die Turbulenz des Wassers, die Strömungen, die Dekompressionsstufen machen ihm nichts aus. Und er kostet nicht viel: ein Boot und zwei Trainer, das ist alles. Die amerikanische Marine trainiert bald mehrere Dutzend Große Tümmler, Fleckendelphine, Schwertwale und Belugas, aber auch Ohrenrobben und Seelöwen in drei geheimen Zentren: in Key West (Florida), im Naval Ocean System Center in San Diego (Kalifornien) und in Kaneohe Bay (Hawaii). Sie hegt die Hoffnung, damit Supertaucher auszubilden, die unschlagbar darin sind, die Kampfschwimmer aufzuspüren und außer Gefecht zu setzen oder Sprengladungen am Rumpf feindlicher Schiffe anzubringen. Der Vietnamkrieg erlaubt Versuche an der Front ... Delphine sind vor dem Marinestützpunkt Cam Ran im Einsatz. 1970–1971 testet man das *Swimmers Nullification Program*: Rick Trout zufolge werden vierzig Kampfschwimmer des Vietcong von den Druckluftbajonetten getötet, die man auf den Schnau-

zen der dressierten Großen Tümmler befestigt hatte. Undisziplinierte Waltiere greifen jedoch auch mehrere amerikanische *marines* an und töten sie auf dieselbe Weise ...

Die Militärs lassen sich nicht entmutigen. Sie planen, den Waltieren die Überwachung mehrerer strategischer Häfen und immerhin der Atom-U-Boot-Basis *Trident* in Bangor (Staat Washington) anzuvertrauen. 1991 setzt die Navy während des Golfkriegs Große Tümmler ein, um die irakischen Minen aufzuspüren und die kuwaitischen Schiffe zu eskortieren. Sie schickt mehrere Waltiere, ausgerüstet mit einer *nose gun*, einem Nasenkegel aus Glasfibern und mit einem Schlagbolzen versehen, in den Kampf. Damit er sich nicht irrt, lernt der Delphin im Prinzip, ein Paßwort wiederzuerkennen (zum Beispiel zwei Knacklaute, ein Schnalzen), das ihm die »eigenen« Taucher geben. Den *Marine Mammal Protection Act* von 1972, der das Fangen eines jeden Meeressäugetiers auf dem Territorium der Vereinigten Staaten untersagt, mißachtend, nimmt die US-Navy unter Berufung auf die »Staatsräson« eine Quote von jährlich 25 Tieren für sich in Anspruch – die ihr skrupellose Söldner liefern. Die Ausbildung der Tierrekruten ähnelt eher derjenigen der *marines* als einer geduldigen Schulung. Diejenigen, die sich weigern zu arbeiten, werden mißhandelt, ausgehungert, geschlagen. Einige verheddern sich in ihrer Ausrüstung und »ertrinken«. Andere brechen sich das Genick. Rick O'Barry, der ehemalige Trainer der Fernsehdelphine *Flipper*, der inzwischen für die Wiedereingliederung der Waltiere in ihre Umwelt kämpft, erzählt, daß er die Angebote der Navy ablehnte. »Die Delphine sind keine Hunde«, erklärt er. »Wenn sie ihre 10 Kilogramm Fische verschlungen haben, scheren sie sich einen Dreck um das, was Sie von ihm verlangen.«

Zu Beginn der neunziger Jahre zweifelt man zunehmend an der Zuverlässigkeit der »Militär-Delphine«. Man hat viele wegen »Disziplinlosigkeit« bereits wieder freigelassen. Man hat ein Männchen, das auf geheimer Mission war, dabei erwischt, wie es mit einem ungezähmten Weibchen schäkerte. Andere Tiere, die einen Feind in die Luft sprengen sollen, legen ihm friedlich den Kopf auf die Schulter ...

Wie soll man sich auf einen Soldaten verlassen, der nur jedem zweiten Befehl gehorcht und seinen Auftrag vergißt, um auf Fischfang zu gehen oder den Weiberröcken hinterherzulaufen? 1992 wirft die Navy das Handtuch. Sie demobilisiert etwa hundert Tiere, darunter *Maui*, 36, eine Vietnamveteranin. Allerdings weiß niemand, wie man vom Menschen geprägte Delphine wieder in ihre natürliche Umwelt eingliedern soll. Rick Trout, Rick O'Barry und Wissenschaftler wie Kim Bassos (eine Schülerin von Kenneth S. Norris) beschäftigen sich mit der Lösung des Problems.

Das Militär der Vereinigten Staaten wie der ehemaligen Sowjetunion hat lange davon geträumt, die Delphine (wie diese Atlantischen Fleckendelphine) in Superkampfschwimmer zu verwandeln, die fähig sind, Sprengladungen am Rumpf feindlicher Schiffe anzubringen. Den Delphinen mangelt es jedoch an Disziplin. Sie sind jämmerliche Soldaten!

Die Sowjets richten 1966 ein geheimes Delphinarium in der Kosakenbucht in der Nähe von Sevastopol auf der Krim ein. Ein Kanal, drei Becken, ein paar Gebäude: Das Zentrum ist für 50 Tiere berechnet. Es wird bis zu 80 beherbergen. Die Experimente sind schrecklich: Vier Fünftel der »Rekruten« sterben. Man implantiert ihnen Elektroden, man hält sie in Überdruckkammern, um Tests mit extremen Druckverhältnissen zu machen, man taucht sie in verschmutztes oder mit Bakterien verseuchtes Wasser, man testet ihre Reaktionen auf alle möglichen Drogen, man läßt sie an Fallschirmen herab, man versenkt sie in Bergseen.
Bis zum Beginn der achtziger Jahre, wo man meint, sie ausreichend »studiert« zu haben, werden auf diese Weise 5000 Delphine auf dem Altar der »Wissenschaft« geopfert.
Der eigentlich militärische Einsatzplan für diese Tiere impliziert zahlreiche Übungen. Man läßt sie die Bucht von Sevastopol und die benachbarten Buchten bewachen. Sie lernen, »feindliche« Taucher anzugreifen, Torpedos heraufzuholen, Wracks zu suchen ... Beim Zusammenbruch der Sowjetunion befinden sich im Delphinarium von Sevastopol, das die Rote Armee aufgegeben hat, nur noch sechs Tiere. Es untersteht heute der Akademie der Wissenschaften der Ukraine und hat sich dem Schutz der Meeressäugetiere des Schwarzen Meeres verschrieben. Die ihn dringend nötig haben.

Gegenseitige Hilfe

MIT DEN DELPHINEN FISCHEN »Es gibt«, erzählt Plinius der Ältere in seiner *Naturgeschichte* (VIII, 9), »in der Provinz Narbo auf dem Gebiet von Nemausus einen Weiher namens Latera, in dem die Delphine häufig zusammen mit den Menschen fischen. Ein riesiger Schwarm von Meeräschen schwimmt zu einem bestimmten feststehenden Zeitpunkt durch den engen Eingang ins Meer hinaus. [...] Sobald die Fischer davon Kenntnis erlangt haben, laden sie Simon ein, indem sie ihn vom Ufer her rufen. [...] Die Delphine beeilen sich, ihrem Wunsch nachzukommen. [...] Sie versperren den Zugang zu den großen Tiefen und drängen die erschrockenen Meeräschen in die seichten Gewässer; die Fischer werfen ihre Netze über die Fische. [...] Wenn der Fischfang beendet ist, teilen sie sich die Meeräschen, die sie getötet haben; da sie sich jedoch bewußt sind, daß sie durch ihren Einsatz mehr als nur die Belohnung eines Tages verdient haben, warten sie bis zum folgenden Tag und fressen sich nicht nur an Fischen satt, sondern auch an in Wein getauchtem Brot.«
Die Geschichte von Delphinen und Fischern, die sich verbünden, um die Meeräschen von Latera (heute Lattes, in der Nähe von Palavas) zu fangen, geistert durch die Antike. Plinius hat sich in der Gegend aufgehalten, vielleicht hat er die Episode erlebt; wenn er sie nicht aus Trogus' *De animalibus* übernommen hat. Der Naturforscher fügt hinzu, daß das gleiche Bündnis in Kleinasien besteht, im Golf von Iasos. Andere antike Berichte überliefern ähnliche Geschichten, vor allem bei Elius und Oppius. Im Mittelalter behauptet Albert der Große, diese Art von Fischfang sei in Italien gebräuchlich. In der Renaissance erwähnt Guillaume Rondelet sie als Brauch im spanischen Palamós. Zu Beginn des 19. Jahrhunderts bezweifelt Georges Cuvier, daß die Delphine einen Vertrag mit den Menschen schließen, räumt aber ein, daß „sie sie bei der Verfolgung von Meeräschenschwärmen bisweilen zwingen, sich in die kleinen Buchten und Weiher mit Salzwasser zu flüchten; was in manchen Fällen den Fischfang ertragreicher macht."
Noch heute verbünden sich Waltiere mit Menschen, um sich ihre Nahrung zu verschaffen. Selbst wenn die »Freundschaft« nicht so zuverlässig ist, die Motivationen nicht so klar sind, und nicht immer gerecht geteilt wird! Zu Beginn dieses Jahrhunderts helfen Schwertwale in der Twofold Bay in New South Wales in Australien den Walfängern bei der Jagd auf den Buckelwal: Die Schwertwale melden den Harpunieren die Ankunft der wandernden Buckelwale. Sie isolieren eine Gruppe dieser Riesen und treiben sie zum Standort, indem sie ihnen verbieten zu tauchen. Die Menschen töten die

Zahlreiche Menschen hören heute den Ruf der freien Delphine. Wer jemals eine Begegnung auf hoher See mit den Fleckendelphinen der Bahamas (auf diesem Foto) oder mit irgendeiner anderen Waltierart gehabt hat, der fühlt sich verwandelt. Das Zusammenleben mit diesen Fürsten des Meeres hat etwas Magisches.

Buckelwale und überlassen den Schwertwalen ihren »Anteil« – die Teile, die sie bevorzugen: Lippen und Zunge.

In den Meeren Islands und Norwegens unterstützen andere Schwertwale während der Heringsfangzeit die Heringsfischer – zum gegenseitigen Nutzen.

In Burma hat jedes Dorf »seinen« Delphin – einen Irrawaddy-Delphin (*Orcaella brevirostris*) –, der, so sagt man, seinem Namen entspricht und am Fischfang teilnimmt. F. B. Lamb beschreibt, wie in Amazonien, auf dem Río Tepegos ein Fischer nachts den rosa Delphin (*Inia geoffrensis*) »ruft«, indem er mit seinem Paddel gegen sein Kanu klopft und auf eine besondere Weise pfeift: Das Tier erscheint und treibt ihm die Beute zu.

François-Xavier Pelletier hat in einem Dorf an der Südküste Brasiliens eine ähnliche Kooperation beobachtet und gefilmt. Bei Ebbe tragen die Fischer, im Gänsemarsch und bis zu den Schenkeln im Wasser, ihre eingerollten Wurfnetze über dem Arm. Etwa fünfzehn Große Tümmler blasen hinter der Bank von Meeräschen, die ihnen mit der Flut entgegenkommt. Die Waltiere fächern sich in einen Halbkreis aus und stürzen los. Die Männer werfen ihre Netze aus ... Die Dorfbewohner scheinen jeden Delphin des Schwarms zu kennen; sie erzählen gern, daß Coroba homosexuell ist, daß Iscubido der Bruder von Bate Cabeca ist oder daß Galatante die Tochter von Dolores ist. Wenn eines ihrer Kinder am selben Tag wie ein Delphin geboren wird, geben sie ihm seinen Namen.

Die berühmteste Zusammenarbeit zwischen Menschen und Waltieren ist von der Mannschaft Cousteaus in den sechziger Jahren studiert worden. Der Rahmen ist die Banc d'Arguin in Mauretanien. Protagonisten: Das Volk der Imragen und zwei Arten von Delphinen: der Große Tümmler und der Buckeldelphin des Atlantik (*Sousa teuszii*). Zur Zeit der Wanderungen der gelben Meeräschen fangen die Imragen diese Fische tonnenweise, deren Fleisch sie an der Sonne trocknen und aus deren Eitaschen (gesalzen und in Bienenwachs gehüllt) sie die berühmte *poutargue* herstellen, die in der gesamten Sahara und bis in den Mittelmeerraum verkauft wird. Die Imragen (deren Name »die Jagenden« bedeutet), vielleicht Mischlinge aus Schwarzen und Berbern, einst Sklaven der Mauren, bilden sieben Dörfer. Sie »rufen« die Delphine, wenn die Meeräschen in ihren Gewässern erscheinen. Sie schlagen dafür mit Stöcken auf die Wellen, was vielleicht dem Geräusch der Sprünge der Fische ähnelt. Die Delphine treiben (wenn sie nicht ihrerseits einen Schwarm von Schwertwalen fürchten) die Beute auf die Küste zu. Die Männer gehen ins Meer und breiten ihre aus Ginsterfasern geknüpften Netze aus. Die Frauen haben nicht das Recht, ihnen zu folgen; würden sie dieses Tabu brechen, würden sie eine verhängnisvolle Rückkehr der Flut auslösen. Mensch und Waltier: Jeder kommt auf seine Kosten. Die Meeräschen, eingeklemmt zwischen zwei Räubern, in Panik springend, sind leicht zu fangen. Geteilt wird mehr oder weniger gerecht: Manchmal nehmen die Delphine sich den Hauptanteil, an anderen Tagen die Menschen.

In den fischreichen Gewässern der Banc d'Arguin in Mauretanien haben die Fischer der Imragen die Gewohnheit, in der Zeit der Wanderungen der Meeräschen die Delphine zum ertragreichen gemeinsamen Fischfang zu »rufen«. Zwei Waltierarten helfen dem Menschen, ohne dabei zu vergessen, sich ihren Anteil zu nehmen: der Große Tümmler und der Buckelwal des Atlantik.

Botschafter

FREUNDE DES MENSCHEN? Miami, Florida. Auf Forschungsreise zwischen den Wasserhyazinthen, im Land der Seekühe und Alligatoren – auf dem Saint John River und in den Everglades. Die Mannschaft von Cousteau nutzt die Gelegenheit, um die Familie Asbury zu besuchen, die in einem Haus am Ufer eines Kanals im Labyrinth der Keys lebt. Vater, Mutter und die beiden Töchter erlebten ein Abenteuer. Mrs. Asbury erzählt: Eines Tages im Mai 1971 taucht »lächelnd« eine schimmernde Gestalt vor der Anlegestelle auf. Es ist ein Großer Tümmler. Ein Weibchen ... es stößt leise Schreie aus, schlägt Kapriolen, nimmt die Fische an, die man ihm hinhält. Es erhält den Namen Dolly. Jeden Tag kommt es wieder. Es springt, stellt sich auf seinen Schwanz, spielt Ball. Es nimmt mit voller Geschwindigkeit die Mädchen, Tina und Kelly, mit, die sich an seine Rückenflosse hängen. Woher kommt es? Wo hat es diese Kunststücke gelernt? Es scheint, als sei sein Besuch geplant; als habe das Delphinweibchen von den Seinen den Auftrag erhalten, freundschaftliche Beziehungen zu unserer Art aufzunehmen. Ist Dolly eine »Botschafterin«?
Einen Augenblick scheint es so. Die Wahrheit ist weniger poetisch, weniger schön. Die Mannschaft von Cousteau forscht nach. Dolly kennt die Menschen seit langem. Sie ist dressiert worden. Sie kommt aus dem von den Amerikanern schamhaft ihr »Forschungszentrum« genannten Key West – einer militärischen Ausbildungsbasis für Meeressäugetiere. Wegen Disziplinlosigkeit ist sie freigelassen worden. Rege, schlau, schwamm sie los und klebte das Paket, das man ihr anvertraute (und das eine Sprengladung enthielt), an den Rumpf des feindlichen Schiffs. Ein übers andere Mal brachte sie es jedoch ihren Dresseuren zurück!
Wie auch immer. Die »Botschafter«-Delphine bringen die Freunde der Tiere zum Träumen. Gibt es sie wirklich, der Wahrheit bisweilen ebenso nah wie die kalte Wissenschaft? Besuchen sie uns als Botschafter der Harmonie und des Friedens, wie die Dichter des Meeres es sich gerne vorstellen? Hugo Verlomme, Autor des Romans *Mermère*, schreibt: »Bewaffnet mit riesigen Radioteleskopen suchen wir verzweifelt den Himmel ab auf der Suche nach außerirdischem Leben, doch die Delphine sind da, unter unseren Augen, beredter denn je in diesem zu Ende gehenden Jahrtausend. An uns jetzt, auf ihr Warten zu antworten ...« Haben die Waltiere eine »Kultur« entwickelt, und sei es auch nur ansatzweise, von der unseren weit entfernt? Und sind sie uns wohlgesonnen? Ohne so abstrakte oder moralische Begriffe überzustrapazieren, sind sie einfach neugierig auf uns und bereit, eine Art »Dialog« mit uns zu beginnen? Der Neuseeländer Wade Doak ist davon überzeugt. Er schwimmt seit 20 Jahren mit den Delphinen in ihrem Reich, ihren Rhythmus und ihre Wünsche respektierend. John Lilly zufolge träumt er von einem faszinierenden »Project Interlock« der Kommunikation zwischen ihnen und uns (*to interlock* bedeutet ›sich miteinander verbinden‹). Er spielt ihnen unsere Musik vor. Er will ein »Woodstock Delphine-Menschen« in der Meeresgrotte Rikoriko bei den Poor-Knights Islands organisieren. Er macht sich Gedanken über diese »ganz offen anthropomorphisierende« Idee: »Niemand weiß, was passieren würde, wenn Waltiere, diese Tiere mit dem entwickelten Gehirn, mit der Ethik und der Höflichkeit behandelt würden, die wir in unseren Begegnungen mit Vertretern unserer eigenen Art auf fremdem Boden für wesentlich erachten.«
Laut Wade Doak gibt es für die freien Delphine mindestens sechs Arten, an die Menschen zu richten »was Zeichen zu sein scheinen«: »1. Sprünge in bedeutungsvollen Augenblicken, zum Beispiel im Moment des Aufbrechens. 2. Absichtliche Spritzer, gerichtet an die Menschen auf einem Schiff nach einem visuellen Kontakt aus der Nähe. 3. Vokalisierungen und Pfiffe aus dem Spritzloch nach Rufen oder Pfiffen von Menschen. 4. Kurzes und wiederholtes Losschwimmen in eine bestimmte Richtung – was wir ›Führungsverhalten‹ nennen –, um den Taucher zu einem verirrten Partner oder einem verlorenen Gegenstand zu führen oder einer Yacht zu helfen, ein Hindernis zu überwinden. 5. Defäkation. 6. Berührung als letztes Mittel.«

Die Delphine, die man »Botschafter« nennt, schenken den Menschen spontan ihre Gegenwart und ihre »Freundschaft«. Sie werfen eine interessante Frage auf. Handelt es sich in Wahrheit um Tiere, die von ihrem Volk zu uns »geschickt« werden? Um ehemalige desorientierte Gefangene? Oder um Asoziale, Ausgestoßene, von ihrem Schwarm Verstoßene?

Zahlreiche Walforscher messen diesen Demonstrationen nicht soviel Bedeutung zu. Sie weigern sich, an die »Botschafter« zu glauben, mögen die »Fürsten des Meeres« auch noch so intelligent sein. Sie sehen in ihnen nicht die Symbole einer neuen Allianz, einer wiedergefundenen Harmonie zwischen Mensch und Natur, sondern, prosaischer: ehemalige Gefangene, die in Militärzentren oder Meeresparks dressiert worden sind, an den Menschen gewöhnt, gezähmt und wegen Disziplinlosigkeit oder »Inkompetenz« wieder freigelassen. Es sei denn (eine andere Hypothese), diese Geschöpfe nähern sich uns aus Eigennutz, als Tischgenossen, wie die Wölfe, die von unseren Vorfahren in Hunde verwandelt wurden. Oder es handelt sich um schwierige Charaktere oder Asoziale, die ihr Clan verstoßen hat, »Omega«-Tiere, Prügelknaben, die sich an uns klammern, weil die Delphine es verabscheuen, allein zu leben ...

In jüngerer Zeit
ist es vorgekommen,
daß Waltiere sich um
Menschen kümmern ...

Beschränken wir uns auf die Fakten. Seit langem schon besuchen Waltiere die Menschen – lange bevor wir sie für den Zirkus oder das Kriegführen dressieren. Daß die Bläser bisweilen Personen in Gefahr beistehen, scheint es zu allen Zeiten und in allen Meeren gegeben zu haben. In seiner Abhandlung *Von der Intelligenz der Tiere* schreibt Plutarch im 1. Jahrhundert unserer Zeitrechnung: »Der Delphin braucht keinen Menschen, und doch ist er der Freund aller Menschen und hat ihnen häufig wertvolle Hilfe gewährt.« Seit der Antike kursieren Berichte, in denen ein Waltier einen Schiffbrüchigen auf seinem Rücken zur Küste trägt. Plinius der Ältere erzählt: »Unter der Herrschaft des göttlichen Augustus schwamm ein Delphin im See Lucrin; ein armes Kind, das von seinem Haus von Baiae nach Puteoli geht, um dort die Schule zu besuchen, gab ihm den Namen Simon. [...] So tief verborgen es auch war, das Tier schwamm aus der Tiefe der Wasser herbei und [...] bot ihm seinen Rücken an, damit es sich darauf setze. [...] So trug er es mehrere Jahre, bis zu dem Tag, da das Kind von einer Krankheit dahingerafft wurde; der Delphin kehrte häufig an den gewohnten Ort zurück, traurig, mit Zeichen der Betrübnis; er starb seinerseits an Kummer.« In seinen *Briefen* erzählt Plinius der Jüngere, wie in der Nähe des Sees Bizerte in Tunesien ein Kind aus der Kolonie Hippone von einem Delphin vor dem Ertrinken gerettet wurde und beide unzertrennliche Freunde wurden. Proconsul Flavius reiste sogar höchstpersönlich an, um das Wunder zu sehen. Das Schauspiel lockte viele Leute an. Streitereien unter Geschäftsleuten brachen aus. Schließlich befahlen die Edilen der Stadt, daß man den Delphin heimlich töte, um die Ordnung wiederherzustellen ... Die gleiche Art von Freundschaft zwischen einem Kind und einem verletzten Delphin gab es auf der Insel Potosolene in Kleinasien. Oder auch in der Nähe von Byzanz ...
In jüngerer Zeit ist es vorgekommen, daß Waltiere sich um Menschen kümmern. 1989 erzählt ein australischer Surfer namens Adam MacGuine: »Die Delphine spielen mit mir – viel besser als ich – im Wasser. Plötzlich bringt mich ein Stoß aus dem Gleichgewicht; ich werde hinausgeschleudert; ein erneuter Stoß auf die Seite; das Blut fließt in Strömen. Ich merke, daß ein Hai mich angreift. Ich glaube mich verloren ... Doch die Delphine tauchen auf und schirmen mich ab. Als ich den Strand erreiche, werde ich ohnmächtig. Ihnen habe ich es zu verdanken, daß ich noch lebe.«
Über die Delphine als »Botschafter« ist viel geschrieben worden und wird wohl auch weiterhin viel geschrieben werden. Vielleicht messen wir ihnen eine übertriebene Bedeutung bei, weil wir uns schämen, daß wir sie in einem solchen Maße abgeschlachtet und den Planeten so sehr verwüstet haben ...
Einer der berühmtesten Delphine schwamm von 1888 bis 1912 in der Cook-

Die Allianz zwischen Delphinen und Menschen scheint heute ganz gut zu funktionieren. Wenn wir klug genug sind, die Meere nicht auszuplündern, zu zerstören und zu vergiften, werden die Waltiere (hier ein Gemeiner Delphin) uns ihre Freundschaft schenken und tausend akrobatische Kunststücke, die ihre Stärke, ihre Geschmeidigkeit und ihr Spieltrieb ihnen ermöglichen. Träume von Schönheit.

Straße zwischen den beiden großen Inseln Neuseelands. Dieser Rissodelphin oder graue Delphin (*Grampus griseus*), Pelorus Jack genannt, eskortierte die Schiffe, ja führte sie sogar durch das Labyrinth der Riffe. Zur gleichen Zeit halfen Schwertwale den Walfängern bei der Jagd auf den Buckelwal in der Twofold Bay in New South Wales (Australien). Manche wurden zutraulich: Old Tom zog die Taue der Fischer mit seinen Zähnen. Er starb 1932; ausgestopft kann man ihm im Museum von Eden sehen.

1955 erhält Neuseeland Besuch von einem Tümmlerweibchen, Omo. Zwischen 1970 und 1980 dann von den Männchen Horace, Rampal und Tammy. An der Atlantikküste der Vereinigten Staaten heißen die »Botschafter« Carolina Snowball in South Carolina und Dolly in Florida; bei ihr allerdings weiß man, woher sie kommt ... Ein anderes Weibchen, Georgy Girl, läßt sich von den Badenden reiten und verschwindet dann mit einem Männchen seiner Art. Zwischen 1976 und 1978 leistet das Männchen Sandy bei den Bahamas den Schwimmern und Tauchern Gesellschaft.

In Europa besuchen die ersten zutraulichen Delphine Großbritannien. Von 1972 bis 1978 folgt das Männchen Donald oder Beaky den Badenden zwischen der Isle of Man und Wales; er mag die Kontakte mit den Männern und Frauen, auch solche mit sexueller Konnotation. Von 1981 bis 1984 treibt Percy in den Gewässern von Porthreath in Cornwall seine Späße. Dann Simo in Wales. Seit 1987 bezaubert Dorad (oder Fungie) die Beobachter in Dingle in Irland. Freddi (oder Dugal) produziert sich in der Mündung des Coquet River im Norden Newcastles ... Schottland sieht bei Fife (in den sechziger Jahren) Charlie blasen, später den jungen Schwertwal Okkie, den die Aktivitäten einer Ölplattform faszinieren.

1972 zeigt an der Atlantikküste Spaniens, in der Nähe von La Coruña, das Tümmlerweibchen Nina auf tausend Arten seine Zuneigung; dazu gehört auch eine verwirrende Sinnlichkeit, wie Jacques Renoir, der Kameramann der *Calypso*, bezeugt: »Die Grenzen«, erzählt er, »scheinen aufgehoben ... Zwischen Tier und Mensch entsteht eine merkwürdige Sympathie. Ninas Haut

ist wunderbar weich. Das Fleisch ihres Geschlechts scheint mir perlmuttartig. Ich wäre außerstande zu sagen, was zwischen uns geschieht, welcher Art die Gefühle sind, die wir füreinander empfinden. Aber da ist etwas.« Nina scheint nicht gezähmt worden zu sein; eher könnte man sagen, daß sie das Leben mit den Menschen »wählt«. Eines Tages will ein Schwarm ihrer Artgenossen sie in der kleinen Bucht, in der sie lebt, abholen; sie weigert sich, ihnen zu folgen. Sie wird durch Krankheit sterben.
An der spanischen Mittelmeerküste, zwischen Almería und Castel del Ferro, erfreuen die Späße von Moses, einem einzelgängerischen Männchen. Ein anderer zutraulicher Delphin spukt an den griechischen Küsten des Peloponnes herum. In der Nähe von Crotor, in Kroatien, knüpft Yotsa zahlreiche Kontakte an, während sich in Italien Romeo in der Bucht von Neapel heimisch fühlt, in der (Plinius zufolge) sein Vorfahr Simon schwamm, der das Kind auf dem Rücken trug. Auch Norwegen hat seinen Besucher, ebenso Israel: Dobbie spielt bei Eilat. Der erstaunlichste »Botschafter« der letzten Jahre, Jojo, empfängt die Taucher bei Providenciales, einer kleinen Insel des Archipels der Turks- und Caicos-Inseln in der Karibik. Die unglaubliche Zutraulichkeit dieses Großen Tümmlers ist vielleicht darauf zurückzuführen, daß er bereits Bekanntschaft mit dem Menschen gemacht hatte: Man vermutet, daß er tatsächlich Liberty ist, ein ehemaliger Rekrut der US-Navy, der 1974 in der offenen See bei Eleuthera (Bahamas) wieder freigelassen worden war.
In Frankreich bezaubert Jean-Louis – irrtümlich so genannt, denn es handelt sich um ein Weibchen – die Taucher in der Bretagne, in der Baie des Trépassés. Um es zu rufen, braucht man nur mit einer Ankerkette an einem Metallgegenstand zu reiben. Seit 1987 bläst das Tier, 1979 gesichtet, nicht mehr in diesen Gewässern. Ist es gestorben oder mit Artgenossen fortgeschwommen? Im Mittelmeer paradierte vor einigen Jahren Marine gerne in der Nähe von Carry-le-Rouet, westlich von Marseille. Auch sie ist verschwunden ... Andere Delphine kommen heran ... Eine blaue Welle verwandelt sich im Becken von Arcachon in ein lebendiges Wesen mit grauer Haut. Dreieckige Rückenflosse, langer Schnabel, »Lächeln« um den Mund: Das Tier ist François getauft worden ... bis man festgestellt hat, daß es ein Weibchen ist. Françoise also! Dieses Delphinweibchen spielt mit den Schiffen in der Nähe von Cap Ferret ... in denselben Wassern wie ein Schwarm von seßhaften Artgenossen, unter die es sich bisweilen vorsichtig mischt. Im Mittel-

Bei Monkey Mia, in der Shark Bay in Westaustralien, sind Delphine – Große Tümmler – und Menschen sich auf erstaunliche Weise nahegekommen. Seit 1964 nähern die kleinen Fürsten des Meeres sich den Schiffen. Sehr bald schon ist ein Teil des lokalen Schwarms bereit, bis zum Strand zu kommen, um die Menschen zu begrüßen. Anrührende Szenen ...

Mit dem Menschen ist nichts leicht. Die erfolgreiche Gemeinschaft von Monkey Mia ist leider dabei, ins Negative umzukippen. Die zu zahlreichen und häufig allzu dummen Touristen (manche werfen den Delphinen Hühnerknochen zu!) stören die Waltiere, verwandeln sie in Almosenempfänger und gefährden damit letztlich dieses Wunder an Harmonie.

meerraum schwimmt Fanny im Kanal von Port-Saint-Louis-du-Rhône, in der Camargue, und besucht die Erdölraffinerien von Fos-sur-Mer: Ein Beweis, daß die Waltiere uns unsere Verwüstungen verzeihen. Scheu, akzeptiert sie nur den Kontakt mit einem Mädchen und ihrem Hund. Die drollige Dolphy bezieht in den Gewässern der Pyrénées-Orientales, bei Collioure, Banyuls oder Cerbère (wo sie andere Namen wie Charlie oder Marie bekommen hat), Quartier. Die beiden schönsten modernen Geschichten, in denen wilde Delphine die Menschen grüßen, sind die von Maravilla und von Monkey Mia. In den Gewässern der Bermudas, wo 1656 die Galeone *Nuestra Señora de la Maravilla* sank, spielen Fleckendelphine (*Stenella frontalis*) mit den Menschen. Matt Biondi, der »Delphin-Mensch«, der amerikanische Schwimmchampion, der 1988 bei den Olympischen Spielen in Seoul die Goldmedaillen abräumte, schwimmt gerne mit ihnen. Die Waltiere tanzen rhythmisch zur Musik eines Unterwassersynthesizers. Die Walforscherin Denise Herzing kennt jedes Individuum der Gruppe: Chopper, Stubby, Didi, Scallopfin, White Blaze, Remora, Kid, Romeo ...

Bei Monkey Mia, in der Shark Bay in Westaustralien, beginnt alles 1964: Ninny Watts hört einen Großen Tümmler in der Nähe ihres Boots. Sie hält ihm einen Fisch hin, den er annimmt. Sie tauft ihn Charlie. Er ruft seine Artgenossen zusammen. Die Touristen strömen herbei, um Speckeldy Betty, Crooked Fin oder Baby Cookie usw. zu bewundern. In den achtziger Jahren nimmt die Zahl der zutraulichen Tümmler immer weiter zu: Bald tummeln sich an die 250 Tiere in der Shark Bay. Die Zahl der Besucher nimmt schneller zu: 40 000 jährlich ... Ein gutes Geschäft – für die Geschäftsleute dieses neuen Tempels der Natur. Hotels und Frittenbuden schießen aus dem Boden. Die Touristen gebärden sich wie die Hunnen. Die Ranger müssen für Ordnung sorgen. Man führt Regeln ein: Es ist verboten, eine bestimmte Linie zu überschreiten, auf den Waltieren zu reiten, sich an ihre Rückenflossen zu hängen, ihnen so idiotisches Futter wie Hühnerknochen zuzuwerfen! Man studiert das Verhalten des Schwarms. Walforscherinnen wie Barbara Smuts oder Rachel Smolker entdecken beispielsweise, daß die Delphine Koalitionen bilden. Die drei Männchen Snubby, Sickle und Bibi verbünden sich verschiedentlich, um ein Weibchen zu isolieren und sich mit ihm zu paaren, was manchmal wie eine kollektive Vergewaltigung wirkt. Koalitionen von Männchen greifen andere an. Oder Weibchen mucken auf und schlagen die Angeber in die Flucht ... Man stellt fest, daß nur ein Teil der Delphine der Bucht es wagt, sich den Menschen zu nähern. Manche treibt der Wunsch nachzuahmen oder zu gefallen, sogar dazu, einen Fisch zu fangen und einer Walforscherin als Geschenk zu bringen. Andere bleiben vorsichtig in der offenen See.

Monkey Mia gleicht einer Wirklichkeit gewordenen Utopie: Zum ersten Mal scheinen Menschen und Delphine harmonisch zusammenzuleben. Doch leider ist das Paradies nicht von dieser Erde. Mehrere Tiere sterben durch Krankheiten, die durch die zunehmende Verschmutzung des Ortes hervorgerufen werden. Das (geduldete) Füttern durch die Touristen führt schneller als gefürchtet zu abweichenden Verhaltensweisen, die die Struktur der Clans zerstören. Zu Optimismus besteht kein Anlaß mehr.

Zueignung

BLAUE TRÄUME »Der Mensch träumt blaue Träume. Nasse ... Ich werde in einem Werk dieser moralischen Haltung nicht den Ausdruck ›feuchte Träume‹ verwenden. Sie haben ihn zu Gedichten, Bildern, Symphonien, Volksliedern inspiriert. Im Schlafen wie im Wachen stellt er sich vor, daß er in eine vollkommene Flüssigkeit eintaucht, weich auf seiner Haut, auf seine Temperatur abgestimmt, in der er vor Lust vergeht. Ursprüngliches Glück. Die Definition des Nirwana.

Die Lust, in der Allheit des Wassers aufzugehen, ist Gegenstand von Analysen und sogar Psychoanalysen gewesen. Man hat darin die Sehnsucht nach

Der Kreis scheint sich zu schließen. Das Schicksal der Schwertwale und das der Menschen sind miteinander verbunden. Die Waltiere haben das große Gehirn im Meer zur gleichen Zeit »erfunden«, wie die Primaten es auf dem Festland »erfanden«. Dieser zweifache und erhabene Aufstieg zur Intelligenz verbindet heute Wasser, Luft und Leben im Wunder des Bewußtseins.

der Rückkehr in den mütterlichen Schoß erkannt, die Lust, erneut im Fruchtwasser zu plätschern, wo man an seinem Daumen gelutscht hat, beherbergt, mit Sauerstoff versorgt, ernährt und glückselig, neun Monate lang. Man kann darin auch den unbewußten Wunsch sehen, in umgekehrter Richtung und im Schnellgang die Geschichte der Evolution zu durchlaufen. Die Zellen sind im Wasser und im Lehm entstanden, mit ein wenig Schaum und Basalt vielleicht. Es hat den Anschein, als bewahre unser Organismus eine undeutliche Erinnerung daran. Seit es vor fast vier Milliarden Jahren in Gestalt von Bakterien und blaugrünen Algen erschienen ist, hat das Leben tausend Anstrengungen unternommen, um sein Urelement zu verlassen. Mehrere Male ist es ihm gelungen. Die Algen haben die Pflanzen auf dem Land hervorgebracht. Die Würmer, die Skorpione, die Insekten haben die Kontinente erobert. Die Fische haben im Devon vor 370 Millionen Jahren in Gestalt von verblüffenden Amphibien wie den Ichthyostegalia den Ozean verlassen. Im Laufe ihrer weiteren Entwicklung mußten die Wirbeltiere sich dann von dem Zwang befreien, sich im Meer oder in den stehenden Gewässern fortpflanzen zu müssen. Die Reptilien haben das Ei mit Schale geschaffen. Die Säugetiere haben die Schale fortgenommen, den Uterus erfunden und den Embryo wieder in einen Miniaturozean versenkt!

Die Natur weiß nicht, was sie sucht, aber sie findet. Kaum dem Wasser entstiegen, wollten manche Tiere schon wieder dahin zurück. Reptilien wie die Schildkröten, die Krokodile oder die Ichthyosaurier. Vögel wie die Pinguine. Säugetiere natürlich: Flußpferde, Biber, Fischotter planschen mit unterschiedlicher Eleganz. Die Robben schwimmen wie Najaden. Die Waltiere sind die Geister des Meeres. Ich wundere mich nicht, daß der Delphin durch die nassen Träume der Menschen spukt. Die Obsession ist älter als *Flipper*. Seit ich mir einen (bescheidenen) Ruf als Kenner der Waltiere erworben habe, erhalte ich Dutzende von Briefen, die mich fragen, wo man diesen Tieren begegnet, sie grüßen, aus er Nähe betrachten, streicheln kann. Der Großteil dieser Zusendungen stammt von der Hand junger Mädchen. Sie sind zauberhaft. Sinnlich. Heimlich geschrieben. Hübsch wie die Blütenblätter von Rosen, auf denen Tautropfen perlen. Ein Hauch von Zoophilie geht von ihnen aus ... Ich verdächtige diese jungen Mädchen nicht der Perversion. Doch ich weiß, daß es sie in Amazonien oder an den Ufern des Indus gibt. Ich versuche herauszufinden, warum der Delphin (Männchen und Weibchen) so viele Leidenschaften weckt. Er ähnelt in gewisser Weise dem Menschen. Seine Haut ist nackt wie die unsere, angenehm warm und weich. Er ist geschmeidig und muskulös. Ein hübscher Bursche. Man sagt ihm nach, daß er freundlich ist, eine Sprache besitzt und imstande ist zu verstehen.

Ich denke, daß er uns vor allem deswegen verführt, weil er eine unermeßliche Weite bevölkert, wo das Bewußtsein sich in der universellen Flüssigkeit auflöst, die dem Bett von Liebenden, dem Fruchtwasser und der Matrix des Lebens ähnelt. Der Delphin ist ein ewiger Fötus, der lächelt wie Buddha und sein Glück in die blaue Suppe der Ursprünge zwitschert.«

(Aus: Yves Pascalet, *Terre sauvage* 53 (Juli/August 1991); auch in *Humeurs sauvages*, Paris (Seghers, 1993)

Rechte Seite: Symbole der Schönheit der Welt, Bilder der Einheit der Organismen auf unserem Planeten. Diese Atlantischen Fleckendelphine scheinen wie ein Gedicht auf das Wasser gesetzt zu sein. Wir Menschen sind eine Verwandlung des Schaums des Lebens. Ebenso zerbrechlich wie die vom Wind in die Luft geblasene Gischt im Reich unserer Delphinbrüder.

ANHANG

REGISTER

A

B

C

D

R

S

T

U

V

W

Z

BIBLIOGRAPHIE

Die Bibliographie der französischen Originalausgabe ist für die deutsche Ausgabe um einige deutsch- und englischsprachige Titel ergänzt worden.

Adam, Elena, »Orques, dans le sillage de l'ogre des mers«, in: *Terre sauvage* 31 (Juli/August 1989)

Adam, E., »Naître avec les dauphins«, in: *Terre sauvage* 71 (März 1993)

Aristoteles, *Historia animalium* (griech./franz.), texte établi et traduit par Pierre Louis, Paris (Les Belles Lettres) 1969; engl. Übers. London (Heinemann) 1965 ff. (3 Bde)

The Bellerive Symposium on Whales and Dolphins in: Captivity, *Proceedings*, Genf (Juli 1990)

Bernal, Dean, »Jo-Jo, Giochi con me?« in: *Airone* 127 (November 1991)

Bernon, Gabriel, »Bélougas, les revenants de l'île Sommerset«, in: *Terre sauvage* 90 (Dezember 1994)

Bompar, Jean-Michel et al., »Les Dauphins méditerranéens victimes d'un virus mortel«, in: *La Recherche* 231 (April 1991)

Bonner, W. Nigel, *Whales*, Poole (Blandford Press) 1980

Bonner, W. N., *Whales of the World*, New York (Facts on File) 1989

Bright, Michael, *Herrscher der Meere – Wale, Delphine, Haie*, München/Wien/Zürich (BLV) 1992

Bryden, M. M. (Hg.), *Research on Dolphins*, Oxford (Clarendon Press) 1986

Busnel, René-Guy, »Information in the Human Whistled Language and Sea Mammal Whistling«, in: K. S. Norris (1966)

Clarke, Malcolm, »La Tête du cachalot«, in: *Pour la Science* 17 (März 1979)

Collet, Anne/Duguy, Raymond, *Les Dauphins, historique et biologie*, Paris (Le Rocher) 1987 (Science et Découvertes)

Cousteau, Jacques-Yves/Diolé, Philippe, *Wale – Gefährdete Riesen der See*, München/ Zürich (Droemer/Knaur) 1972

Cousteau, J.-Y./Diolé, Ph., *Les Dauphins et la liberté*, Paris (Flammarion) 1975; dt.: *Delphine – Intelligente Freunde des Menschen* , München/Zürich (Droemer/Knaur) 1975

Cousteau, J.-Y./Paccalet, Yves, *La Planète des baleines*, Paris (Robert Laffont) 1986

Cousteau, J.-Y./Diolé, Ph., *Geheimnisse und Rätsel des Meeres – Unter Haien, Walen, Robben und Delphinen*, München/Zürich (Droemer/Knaur) 1979

Cox, Vic, *Wale und Delphine*, Erlangen (Müller) 1990

Cummins, Joseph E., »Extinction: The PCB Threat to Marine Mammals« in: *The Ecogist* 18, 6 (1966)

Doak, Wade, *Encounters with Whales and Dolphins*, Dobbs Ferry, NY (Sheridan House) 1989

Doak, Wade, *Ambassadeur des dauphins*, Paris (J. C. Lattès) 1993

Dobbs, Horace, *Das Buch der Delphine*, München (Heyne) 1991

Dubrana, Didier, »Brouillage meurtrier«, in: *Science et Vie* 890 (November 1991)

Duguy, Raymond/Robineau, Daniel, *Guide des mammifères marins d'Europe*, Neuchâtel/ Paris (Delachaux et Niestlé) 1982; dt.: *Handbuch der Säugetiere Europas*, Bd. 6.1. Meeressäuger Teil I, Wiesbaden (AULA-Verlag) 1992

D'Vincent, Cynthia, *Reisen mit den Walen*, München (Heyne) 1990

Ellis, Richard, *Mensch und Wal – Die Geschichte eines ungleichen Kampfes*, München/ Zürich (Droemer/Knaur) 1993

Evans, Peter G. H., *The Natural History of Whales and Dolphins*, Bromley (Christopher Helm Publishers) 1987

Gaskin, David E., *The Ecology of Whales and Dolphins*, London (Heinemann) 1982

Gewalt, Wolfgang, *Auf den Spuren der Wale – Expeditionen von Alaska bis Kap Horn*, Düsseldorf (Econ) 1986

Guinet, Christophe/Jouventin, Pierre, »La Vie sociale des ›baleines tueuses‹«, in: *La Recherche* 220 (April 1990)

Harrison, Richard/Bryden, M. M., *Balaeines, dauphins et marsouins*, Paris (Bordas) 1989

Herzing, Denise, »Comment devenir dauphin«, in: *Terre sauvage* 64 (Juli/August 1992)

Julienne, Jérôme/Le Bloas, Renée, »Les Dauphins insoumis de l'U.S. Navy«, in: *Terre sauvage* 96 (Juni 1995)

Klinkowska, Margaret, *Dolphins, Porpoises and Whales of the World – The IUCN Red Data Book*, Cambridge (IUCN) 1991
Leatherwood, Stephen/Reeves, Randall R., *The Sierra Club Handbook of Whales and Dolphins*, San Francisco 1993
Manfredo, Valeria, *Giganten der Meere – Wale und Delphine*, Würzburg (Stürtz) 1993
Martin, Anthony R., *Das große Bestimmungsbuch der Wale und Delphine – Beschreibung aller 78 bekannten Arten mit Verbreitungskarten*, München (Mosaik Verlag) 1991
May, John (Hg.), *Das Greenpeace-Buch der Delphine*, Hamburg (Interbook) 1990
Moukhametov, Lev, »Le Sommeil des mammifères marins«, in: *La Recherche* 217 (Januar 1990)
Nollman, Jim, *Dolphin Dreamtime*, London (Anthony Blond) 1985; dt.: *Die Botschaft der Delphine – Tiere lehren uns die Natur verstehen*, München (Ed. Meyster) 1992
Norris, Kenneth S., *Whales, Dolphins and Porpoises*, Berkeley/Los Angeles (University of California Press) 1966
Norris, K. S., *Die Zeit der Delphine – Leben und Überleben einer bedrohten Art*, München (Piper) 1994
ders., »Dolphins in Crisis«, in: *National Geographic Magazine* 182, 3 (September 1992)
O'Barry, Richard, »Dolphins in Captivity: Wastes Lives, Wasted Minds«, in: *The Animals Agenda* (März 1989)
O'Barry, R., *Das Lächeln des Delphins – Ein faszinierender Blick in das Leben der gelehrigen Meeressäugetiere*, Bergisch Gladbach (Lübbe) 1990
Paccalet, Yves, »Gestes d'amour: la tendresse et les rites amoureux chez les mammifères marins«, in: *Terre sauvage*, Hors série 2 (1989)
Paccalet, Yves u. Gabriel, *Le Dauphin, prince des vagues*, B. D., Bruxelles (Hélyode) 1993
Paccalet, Y., *Wale*, München (Mosaik Verlag) 1993
Paccalet, Y., *La mer et la vie*, Paris (Larousse) 1994
Payne, Roger (Hg.), *Communication and Behavior of Whales*, Boulder, Colo. (Westview Press) 1983
Pelletier, François-Xavier, *Ballade pour un dauphin sacré*, Paris (Arthaud) 1988
Plinius der Ältere, *Naturkunde* (lat./dt.), hrsg. u. übers. v. Roderich König in Zusammenarbeit mit Gerhard Winkler, München (Heimeran) 1973 ff.
Pryor, Karen (Hg.), *Dolphin societies – Discoveries and puzzles*, Berkeley (Univ. of California Press) 1991
Purves, P. E., *Echolocation in Whales and Dolphins*, London (Academic Press) 1983
Réseau-Cétacés 1–16 (März 1991 – Juni 1995)
Rondelet, Guillaume, »Les Dauphins de la pleine lune«, in: *Terre sauvage* 86 (Juli/ August) 1994
Rosane, David, »Etre dauphin aujourd'hui«, in: *Terre sauvage* 73 (September 1993)
Schusterman, Ronald. J. (Hg.), *Dolphin Cognition and Behavior – A Comparative Approach*, Hillsdale, NJ (Erlbaum) 1986
Semena, Nikolaï, »Les Dauphin de Crimée déposent les armes«, Moskau (Izvestia), in: *Courrier international* 239 (1.–7. Juni 1995)
Smuts, Barbara, »Dauphins, mystères et drôles de mœurs«, in: *Terre sauvage* 53 (Juli/ August 1991)
Stehr, Herwart (Redaktion), *Wale, Delphine und andere Meeressäugetiere*, München (Orbis Verlag) 1992
Stenuit, Robert, Dauphin, mon Cousin , Paris (Le Livre de poche) 1972; dt.: *Delphine, meine Freunde*, München/Wien/Zürich (BLV) 1970
Sylvestre, Jean-Pierre, *Baleines et cachalots*, Neuchâtel/Paris (Delachaux et Niestlé) April 1989
ders., *Guide des dauphins et marsouins*, Neuchâtel/Paris (Delachaux et Niestlé) 1990
ders., »Dauphins, la mort en eau douce«, in: *Science et nature* 3 (Juli/August) 1990
Tomiline, A. *Le Monde des baleines et des dauphins*, Editions de Moscou 1974
Vadrot, Claude-Marie, »La Galère des pitres«, in: *Géo* 83 (Januar 1986)
Van Heel, Dudok, *Extraordinaires dauphins*, Bruxelles/Paris (Rossel Edition) 1974
Verlomme, Hugo/Soutif, Maurice/Kanas, Katia, *A bout de souffle* 136 (Juni 1990
Verlomme, H./Soutif, M. et al. »Avec les ambassadeurs de la mer«, in: *Géo* 158 (April 1992
Watson, Lyall, *Sea Guide to Whales of the World*, London (Hutchinson and Co Publishers) 1981
Wells, Randall S., »Secrets of a High Society«, in: *National Wildlife* (August/September 1989)
Würsig, Bernd, »Les Dauphins«, in: *Pour la Science* 19 (Mai 1979)

BILDNACHWEISE

Zeichnungen von Gabriel Paccalet: 22, 35 (o.), 37, 38, 42, 43, 57, 58, 60, 70, 71, 72 (u.), 73, 74, 75. Gamma/Edkashi: 140 (o.). Gamma/Martin: 178. Grinberg Itamar: 165 (r.). Homme-Nature/ Pelletier, François-Xavier: 26, 27, 174. Innerspace Visions/Conlin, Mark: 46. Innerspace Visions/Nolan, Michael: 56, 86/87, 100, 108. Innerspace Visions/ Perrine, Doug: 20, 50, 62, 76/77, 102, 104 (r.), 109, 115, 116, 130, 131, 142, 181. Innerspace Visions/ Watt, James D.: 40/41, 69, 72 (o.). Jacana/Ferrara/PHR: 47 (u.). Jacana/Gohier: 51. Jacana/Krasemanns/PHR: 140 (u.). Jacana/ Soury: 14, 39, 49, 55, 123 (r.). Ochoki, Gregory: 29. Plisson, Philip: 176/77. Pozzoli, Lionel: 139. Sammis, Dan: 63, 78, 97, 119, 120/21, 128 (l.), 134/35, 161. Save Bild/Auscape/Parrer, D. u. E.: 98, 99. Save Bild/Maywald: 169. Save Bild/Minden Pictures/ Nickin, Flip: 8/9, 15, 30, 31, 32/33, 34, 54, 59, 64/65, 67, 79, 80. 88, 89, 90/91, 92, 94, 95, 104 (l.), 105, 106/07, 118, 124, 125, 126, 127, 129 (l.), 132, 138, 141, 144, 146, 148/49, 153, 154, 156, 157, 158/59, 162, 163, 165 (r.), 166/67, 171, 172, 178/79, 180. Sea and See/Allisy: 93. Sea and See/Lorang, Eric: 155. Sea and See/Torlinjon: 101. Sipa-Image/Sunstar: 175- Sipa-Press/East News: 19. Sunset/Animals Animals: 35 (u.), 123 (l.). Sunset/ANT: 44/45, 48, 110. Sunset/FLPA: 61. Sunset/Lacz: 111, 128 (r.), 147, 170. The Cousteau Society: 25, 28, 66, 150/51, 164. Visa/ Folley: 12/13. Watt, James D.: 16/17, 18, 21, 23, 52, 83, 84, 85, 113, 117, 136/37, 143 (r.), 143 (l.).